지금은 통성으로 기도할 때입니다

하늘 문이 열리는
파워 통성기도

성경암송학교(BRS)는 복음적이고 성경적인 선교단체로서,
신명기 6장 4~9절의 말씀에 근거하여
이 땅의 모든 교회와 목회자, 그리고 크리스천들과 그들의 자녀들이
하나님의 말씀을 암송하고, 하브루타하고, 테필린복음을 선포하면서
하나님의 말씀을 실천하도록 돕는 기독교 교육기관입니다.

하늘 문을 열리는
파워 통성기도

초판1쇄 인쇄 : 2025년 02월 10일
초판1쇄 발행 : 2025년 02월 17일

지은이   박종신
펴낸이   박종신
디자인   디자인니엘
교 정   이명현 이경실
펴낸곳   성경암송학교(BRS)
등 록   제2018-000006호(2014.4.30)
전 화   010-3018-0693/ FAX 041-532-0698
인쇄처   영진문원
홈페이지   www.amsong.kr
전자우편   jpm001@daum.net

ISBN   979-11-88552-30-6(03230)

※ 책 가격은 뒷 표지에 있습니다.
※ 이 출판물은 저작권법에 의해 보호받는 저작물로 무단전제와 복제를 절대 금합니다.
※ 잘못 만들어진 책은 구입하신 서점에서 교환해 드립니다.

추천사

기도의 부흥을 위해
주께서 예비하신 선물

우리 시대는 영성이 굶주린 구도자들이 대거 영적인 순례의 길로 나아가고 있는 시대입니다. 뉴에이지의 영성은 이런 시대의 공백을 메꾸는 거짓된 대안으로 사람들의 영혼을 미혹하고 있습니다. 저자는 성경적인 기도만이 이런 시대의 유일한 치유책이라고 믿고 있습니다.

저자는 기도의 여러 유형의 방편을 균형 있게 수용하면서도 하나님께서 한국교회에 내리신 통성기도의 선물을 역동적으로 사용하자고 제안합니다.

평양 대부흥의 한복판에서 터져 나온 통성기도는 이 시대의 교회와 성도들에게 우리가 그렇게 목말라하는 부흥을 다시 한번 가져다줄 것입니다.

저자의 성경적이면서도 실제적인 그 가이드를 따라가다 보면 우리는 어느 사이 기도의 부흥을 경험하고 있는 자신을 발견하게 될 것입니다. 이 책은 이 시대의 외롭고 목마른 영혼들의 기도의 부흥을 위해 주께서 예비하신 선물입니다.

이동원 원로목사 (지구촌교회)

프롤로그

지금은
통성으로 기도할 때입니다.

• 내 인생 최악의 시련이 연속적으로 다가올 때

2024년 12월 24일,

온 세상이 예수님의 탄생을 기념하며 기쁨으로 가득해야 할 성탄절 전날.

경기도 수도권 제1순환고속도로 인근 갓길에 세워진 승합차 안에서 60대 교회 목사가 스스로 생을 마감한 채 발견되었다. 차량 안에는 자신의 처지를 비관하는 내용의 유서가 남겨져 있었다고 한다.

얼마나 깊은 고통 속에 있었기에 이런 선택을 했을까? 기도할 수 있었음에도 왜 그 길을 택했을까? 혹시 기도의 무용함을 느끼게 되었기에 기도조차 하지 못했을까? 성도들에게 "어렵고 힘들 때 기도하라!"고 외쳤을 그가, 왜 자신의 삶은 자살로 마무리했을까? 똑같은 인간으로서 연약함이 있었을지라도, 하나님의 종으로 부름을 받아 최소 30년 이상 목회 사역을 감당하며 생명의 말씀을 전했을 그 목사의 죽음은 그저 안타깝고 비통할 뿐이다. 그의 마음을 짓눌렀던 고통이 얼마나 컸을까…

살다 보면 누구나 인생의 무게에 짓눌려 주저앉고 싶을 만큼 힘들고 고통스러운 순간을 맞이할 때가 있다. 그 고통이 너무나 깊고 앞이 보이지 않아, 울고 또 울다 지쳐 잠이 드는 날도 있다. 해결할 방법이 보이지 않는 절망과 막막함에 사로잡히면, 온몸에서 힘이 빠지고 주저앉게 되는 것이 인간의 연약함이다. 이런 상황을 우리는 흔히 "설상가상"이라고 표현한다.

"설상가상(雪上加霜)"은 불행한 상황 위에 또 다른 불행이 겹치는 것을 의미한다. 이는 이미 힘든 처지에 놓인 사람이 추가적인 고통을 겪게 되는 경우를 나타내며, 어려운 상황이 더욱 악화되는 것을 표현하는 데 사용된다. 이처럼 불행이 겹치는 상황은 사람에게 최악의 심리적 타격을 주는 것이다. 이는 사람이 경험할 수 있는 최악의 상황을 상징한다. 안타깝게도, 하나님의 자녀인 크리스천들조차 이러한 시련에서 예외가 될 수 없다는 사실이다.

• 강화도에서 모든 것을 다 잃었을 때

나 역시 이러한 일을 겪은 적이 있다. 내가 섬기고 있는 성경암송학교(BRS)는 2016년 강화도에 3,000평의 대지와 5개 동의 건물을 매

입 조건으로 임대하기로 계약했다. 성경암송을 위해 방문한 성도들을 예수님의 이름으로 섬기기 위한 최적의 장소로 마련되었다.

그러나 그곳은 쓰레기가 쌓여 있고, 썩고 더럽고, 전혀 관리되지 않은 상태였다. 우리는 그 건물에 적지 않은 금액을 투자하여 인테리어를 마치고 성경암송 사역을 시작했다. 정말 지옥 같은 곳을 천국으로 만들며, 꿈에 그리던 사역에 박차를 가하고 있었을 때의 일이다.

그러나 건물의 주인이자 교회의 장로였던 그는 사기꾼이었다. 우리 몰래 그 건물을 다른 사람에게 팔아넘겼고, 성경암송학교는 보증금과 투자된 금액을 한 푼도 돌려받지 못한 채 거리로 쫓겨나게 되었다. 이 보증금과 투자금은 나와 성경암송학교가 가진 모든 것, 그리고 성경암송을 사랑하는 성도들이 십시일반으로 모아준 소중한 헌금이었다. 그중에는 극심한 가난 속에서 드려진, 사렙다 과부의 마지막 남은 밀가루와 기름처럼 귀하고 값진 헌금도 포함되어 있었다.

그뿐만 아니라, 오히려 사기꾼에게 소송까지 당하며 죽고 싶을 만큼 고통스러운 시간을 겪었다. 이보다 더 큰 망신은 상상조차 할 수 없었다. 나는 오직 신실하게 하나님의 사역을 위해 강화도로 들어왔고, 모든 것을 바쳐 투자했는데 이런 일을 겪다니, 도저히 이해할 수 없었다. 하나님을 원망하는 마음이 솟구쳤고, 차라리 죽고 싶다는 생각까지 들었다.

성경암송학교를 위해 기도하며 헌금을 드렸던 후원자들의 얼굴을 이제 어떻게 마주할 수 있을까? 후원자들 앞에서 이 상황을 어떻게 설명해야 할까? 내가 무엇을 잘못했기에 이런 고통을 겪는 것일까? 할 수 있는 것은 아무 것도 없었다.

   그럼에도 불구하고 내가 할 수 있는 것은 기도뿐이었다. 죽도록 기도했고, 매달려 기도했다. 그러나 상황은 점점 나빠지고 있었고, 기도를 해도 응답이 보이지 않자 견딜 수 없을 정도로 숨이 막혔던 기억이 떠오른다.

• 최악의 순간에 우리가 해야 할 기도

   최악의 순간에 우리 크리스천들은 어떻게 해야 할까? 솔직히 말한다면, 이처럼 힘든 순간에는 살기 위한 생존의 기도가 필요하다. 하늘 문이 열리는 능력의 기도가 필요하다. 기도를 통해 우리는 하나님께 우리의 아픔과 고통을 진솔하게 나누고, 그분의 위로와 인도를 간구하는 시간을 가져야 한다. 사방이 가로막힌 고난의 시간, 너무 고통스러워 눈물조차 나오지 않은 상황에 생존을 위한 기도 말고는 달리 도리가 없기 때문이다. 이런 상황에 [파워 통성기도]만큼 위대한 것은 없다.

   [파워 통성기도]는 단순히 큰 소리로 요청하는 행위가 아니라, 우리의 마음을 하나님께 열고 그분과 깊은 교감을 나누는 과정이다. [파워 통성기도]를 통해 우리는 하나님의 평안과 힘을 경험하며, 다시 일어설 용기를 얻게 될 것이다. 결국, [파워 통성기도]는 절망 속에서 하늘의 문을 여는 강력한 능력이기 때문이다.

고통의 서사와 관련된 연구로 유명한 아서 프랭크(Arthur Frank)의 저서 〈아픈 몸을 살다〉에는 깊은 감동을 주는 아름다운 문장이 있다. 그는 이 책에서 "하나님은 문을 닫으시면서 창문을 여신다"는 절절한 고백을 한다. 이 말은 우리가 인생의 어려움 속에서 어떤 문이 닫혔을 때, 그 상황이 끝이 아니라 새로운 가능성과 기회가 열리는 시작임을 의미한다.

프랭크는 고통과 아픔 속에서도 하나님께서 우리에게 주시는 은혜를 발견할 수 있다고 강조한다. 이때가 바로 우리에게는 "통성기도의 시간"인 것이다. 우리는 [파워 통성기도]로 하나님께 나아가야 한다. 비록 세상의 문이 닫힌 것 같을 때, 하나님의 자녀 된 우리는 [파워 통성기도]를 통해 하늘 문을 열어야 한다. [파워 통성기도]는 한국 크리스천 특유의 기도이며, [파워 통성기도]의 폭발적인 힘은 우리를 새로운 영적 세계로 인도한다. 지금부터 [파워 통성기도]를 통해 하늘의 은혜를 경험해 보자.

• **한국인, 한국교회의 기도**

한국교회에는 다른 나라에서는 보기 힘든 독특한 기도 문화가 있다. 새벽기도, 철야기도, 산기도, 작정기도, 금식기도, 통성기도 등이다. 전 세계 어디를 가도, 심지어 한국에 복음을 전해주었던 미국교회에도 없는 것이 바로 이런 기도들이다.

한국은 진정 '기도의 나라'라 불릴 만하다. 2025년 현재, 기독교가 한국에 전해 내려온 지 불과 140년이 지났지만, 한국교회는 놀라운 성장세를 기록해 왔다. 그 결과, 세계 10대 교회 중 절반이 한국교회가 될 정도로 부흥의 역사를 이뤄냈다. 이러한 부흥의 배경에는 한국인들의 독특하고 열정적 기도 문화가 중요한 역할을 했다는 것을 부정할 사람이 없을 것이다.

• 영적 사대주의에서 벗어나야 하는 이유

그러나 어느 순간부터 한국교회는 독특하고 위대한 기도의 유산을 버리고 서구의 기도 문화를 조건 없이 추종하게 되었다. 그 과정에서 한국교회의 기도 전통과 문화를 경시하거나 잃어버리게 되었다. 기독교가 서구에서 전래된 이후, 서구의 신앙 방식과 문화를 무비판적으로 따르려는 경향이 나타나기 시작했다. 찬양 방식, 예배형식, 심지어 한국교회만의 자랑인 기도 문화까지도 저버리기 시작했다.

이러한 영적 사대주의는 신앙의 본질을 왜곡할 위험이 있다. 기독교의 진리는 변할 수 없지만, 그것이 표현되고 실천되는 방법은 각 문화와 전통에 따라 다양할 수 있다고 믿고 있다. 그러나 한국의 많은 교회와 크리스천들은 외국의 것만이 좋고, 한국의 것을 무시하는 영적 사대주의에 빠져들고 있었다.

한국교회가 한국의 독특하고 주체성을 가진 기독교 문화와 전통들을 저버리고 서구 기독교 문화와 전통을 지나치게 의지하는 사이 한국교회는 더 부흥되고 발전한 것이 아니라 오히려 침체하기 시작했다. 그 이유는 영적 사대주의에 빠져 한국교회, 한국인 특유의 주체성과 영성을 상실했기 때문이다.

한국교회는 영적 사대주의에서 벗어나야 한다. 서구 교회의 좋은 점은 얼마든지 받아들이되 하나님이 한국교회에 주신 독특하고 탁월한 영성을 회복해야 한다. 기독교 신앙을 자국의 문화와 역사 속에서 새롭게 이해하고, 한국교회에 맞는 방식으로 신앙을 실천해야 한다. 이는 기독교 신앙을 보다 풍부하고 깊이 있게 만들며, 한국 크리스천의 신앙에 더 적절하고 의미 있는 방식으로 적용할 수 있게 하기 때문이다.

• 양보할 수 없는 것

양보할 수 없는 것이 있다. 그것은 바로 한국산 기도이다. 앞서 언급한 것처럼 한국산 기도는 세계 어디에서도 찾아볼 수 없는 독특한 기도 문화이다. 새벽기도, 철야기도, 산기도, 작정기도, 금식기도, 통성기도는 한국교회의 특별한 능력과 간구의 방식이다.

오랜 외국 생활을 경험한 나로서는 미국, 캐나다, 영국, 호주 등에서 새벽기도나 철야기도, 산기도, 작정기도, 금식기도, 통성기도를 본 적이 거의 없다. 그들은 한국인만큼 오래 기도하지 않으며, 한국인처럼 간절하게 기도하지 않는다. 또한, 그들은 한국인처럼 울부짖으며 소리내어 기도하지도 않고, 새벽에 나와 기도하는 모습도 찾아볼 수 없었다.

나는 그들의 기도에 관한 책들을 읽어왔다. 리처드 포스터(Richard Foster), E.M. 바운즈(E.M. Bounds), 팀 켈러(Tim Keller), 앤드루 머레이(Andrew Murray), 헨리 나우웬(Henri Nouwen), 필립 얀시(Philip Yancey), 빌 하이벨스(Bill Hybels), A. W. 토저(A. W. Tozer), 스토미 오마샨(Stormie Omartian), 조지 뮬러(George Müller), 짐 심발라(Jim Cymbala) 등의 저서에서 도움이 되는 많은 원리를 배웠다. 이들 덕분에 기도가 무엇인지에 대한 보다 명확한 개념을 이해하게 되었다. 실제로 이 책에서도 그들의 주장들을 인용하기도 했다.

하지만 시간이 지나면서, 그들의 기도에 관한 주장들이 어떤 결과를 가져왔는지 궁금해졌다. 그리고 과연 얼마나 많은 사람들이 기도에 전념하게 되었는지 알고 싶었다. 그러나 현실을 살펴보면, 기도에 관한 책들이 많은 사람들에게 읽힐수록 기도하는 사람들은 줄어들고, 기도 시간은 짧아지며, 기도원들은 대부분 폐쇄되었고, 기도의 열기는 놀랄 만큼 식어가고 있었다.

• 2005년에 있었던 일

이런 흐름 속에서, 나는 20년 전인 2005년에 [하늘 문이 열리는 파워 통성기도]를 출간했다. 그 당시에도 지금처럼 외국 유명 저자들의 책이 베스트셀러 상위권을 장악하고 있었다. 당시 젊고, 목회 경력이 짧은 내가 기도에 관한 책을 출판한다는 것은 어불성설에 가까웠다. 과연 내가 어떤 자격으로 기도 책을 집필할 수 있겠는가? 더군다나, 누가 내 책을 읽어줄 것인가? 출판 자체가 거의 불가능하다고 여길 정도였다.

그러나 단 하나, 기도와 통성기도가 다시 살아나야 한다는 일념으로 [하늘 문이 열리는 파워 통성기도]를 집필하고 출간했다. 두려움이 있었지만, 누구보다도 [파워 통성기도]의 깊은 은혜를 체험한 나는 식어가던 한국교회의 통성기도를 되살리고자 하는 마음으로 이 책을 집필했다.

외국의 유명 저자들에 비하면 무명의 존재임을 자각하면서도, 통성기도의 은혜와 하늘 문이 열리는 놀라운 응답을 체험했기에 확신을 가지고 열심히 키보드를 두드렸다. 다행히 정말 많은 분이 이 책을 읽어주었고, 이 책은 베스트셀러에 올랐고, 밀레니엄을 대표하는 「기도의 책 100권」에 포함되는 영광을 누렸다.

• 20년 동안의 통성기도 임상실험

2005년, 이 책이 출간되기 훨씬 이전부터 2025년이 되기까지 20년이 넘는 기간 동안 이 책의 내용을 바탕으로 통성기도의 임상시험을 진행하였다. 이러한 임상시험을 실시한 이유는 세 가지였다. 첫째, 나는 이 책의 내용을 깊이 믿고 있으며, 현재도 [파워 통성기도]를 실천하고 있기 때문이었다. 둘째, [파워 통성기도]가 하늘의 문을 여는 능력의 기도인지를 매 순간 체험하고 싶었다. 셋째, 기도는 단순히 이루어지는 것이 아니라, 지속적인 훈련을 통해 완성된다는 확신을 갖고 나 자신을 훈련하는 시간을 갖기 위함이었다.

어떠한 탁월한 이론이나 주장이 시간이 흐름에 따라 퇴색하거나 유행에 밀려 사라지는 경우가 많다. 20년 전의 주장을 오늘날에도 받아들이는 사람은 드물 것이다. 그러나 이 책이 중요한 이유는 [파워 통성기도]가 유행을 따르는 것이 아니라, 영원한 가치가 있는 기도이기 때문이다. 통성기도는 나의 생애뿐 아니라 모든 이에게 해당되는 진리가 될 것이다. [파워 통성기도]는 삶의 한 순간이 아니라, 처음부터 끝까지 이어지는 과정이기 때문이다.

나는 이 책이 최고의 [파워 통성기도] 안내서인 동시에 하늘 문을 여는 한국인 특유의 기도라는 것을 확신하고 있다. 나는 이 책이 나와 한국교회, 그리고 한국의 크리스천들에게 필요한 저서가 될 것이라 확신하고 있다.

이러한 믿음을 바탕으로, 나는 지난 20년 동안 이 책에서 제시한 기도를 그대로 실험해왔다. 내가 주장했던 기도가 올바른 기도인지, 실천이 가능한 기도인지를 확인하기 위해 실험이 필요했다. 책에서 제시한 육하원칙에 따라 기도하며, 이러한 방식으로 기도할 때 하늘의 문이 열리는 역사가 일어나는지를 확인하고자 하였다. 무엇보다도, 이

기도가 성경적인지 판단하기 위해 성경을 읽고 묵상하며 기도하였다.

20년간의 통성기도의 임상을 거친 결과, 이 책에서 주장한 [파워 통성기도]가 성경적이며 한국인에게 가장 최적화된 기도라는 확신을 가질 수 있었다. 또한, 지속적으로 실천 가능한 기도라는 결론에 도달할 수 있었다. 물론, 본능적인 통성기도에 익숙한 사람이 갑자기 육하원칙에 따라 기도하기는 쉽지 않을 수 있겠지만, 꾸준히 훈련한다면 분명히 실천 가능하다는 확신을 갖고 있다.

• 우리는 [파워 통성기도]를 해야 한다

나는 한국교회의 전통인 통성기도가 완전한 기도라고 생각한다. 물론 모든 기도에는 장단점이 존재하며, 통성기도에도 어려운 점이 있다. 이와 관련된 자세한 내용은 책에서 다루겠지만, 통성기도는 그 자체로 최고의 기도라 할 수 있다. 특히 통성기도는 한국인들에게 가장 적합한 기도 방식이라고 확신하고 있다.

동시에 한국 크리스천들은 통성기도를 포기할 수 없다는 사실이다. 통성기도는 한국인의 기도 방식으로, 한국인에게 가장 적합하고 효과적인 기도 방법이다. 따라서 통성기도를 체계화하고, 더 깊은 기도의 세계와 풍부한 응답을 경험하기 위해서는 통성기도의 본질, 필요성, 그리고 응답 과정에 대해 깊이 이해할 필요가 있다. 더 나아가 한국교회의 부흥과 성장을 위해서도 통성기도에 관한 연구와 실험이 필요했다. 이렇게 탄생한 기도가 바로 [파워 통성기도]이다.

• 20년 후의 [파워 통성기도]에 대한 새로운 조명

새롭게 집필된 개정판은 20년 전의 책과 원리와 주장이 똑같다. 기도의 원리와 주장이 변하지 않았기 때문이다. 다만 더 어려워진 교회적 상황에서 통성기도를 더 강하게 만들 실제적 사례를 강화했다. 큰소리로 기도한다고 [파워 통성기도]가 아니다. 부르짖는다고 무조건 응답받는 것이 아니다. 간절하게 기도한다고 하늘 문이 열리는 것이 아니다. 모든 것에는 이론도 있지만, 그에 따른 훈련은 반드시 필요하다.

[파워 통성기도]는 단순한 외침이 아니라, 하나님과의 진정한 교제의 통로이다. 우리는 모두 통성기도를 통해 자신의 한계를 뛰어넘어 하나님의 뜻을 구하고, 그분의 임재를 깊이 경험할 수 있을 것이다. 이제, 통성기도의 참된 의미를 다시금 깨닫고 그 힘을 회복할 때이다.

통성기도는 단순히 소리 높여 외치는 기도가 아니라, 우리의 영혼이 하나님 앞에서 벌거벗듯 솔직해지고, 온 마음을 다해 그분께 나아가는 강력한 도구이다. 많은 이들이 오해하듯 [파워 통성기도]는 감정적 폭발이 아닌, 하나님과의 깊은 교제와 영적 싸움의 현장이다. 그 자리에서 우리는 인간적인 한계를 초월하여 성령의 도우심을 구하고, 그분의 뜻을 붙잡는다.

우리의 목소리가 높아지는 것은, 그만큼 절박하고 간절한 마음으로 하나님께 나아가고자 하는 표현이다. 이 통성기도를 통해 우리는 하나님께서 주시는 평안과 응답을 경험하며, 내면의 갈등과 싸움을 이겨낼 힘을 얻게 될 것이다. 통성기도가 형식에 그치지 않고, 하나님과의 진정한 만남이 될 때, 그 안에서 우리는 변화되고 회복된다.

이제, [파워 통성기도]의 본질을 회복해야 할 때이다. [파워 통성기도]가 개인과 교회를 넘어 세상에 어떤 영적 영향력을 미칠 수 있는지 깊이 고민하며, 다시 한번 한국인의 기도인 통성기도의 자리로 나아가길 요청한다. [파워 통성기도]는 우리 신앙의 불씨를 되살리고 한국 교회를 부흥시키는 원동력임을 기억하며, 하나님과의 깊은 교제를 새롭게 시작해 보자.

또 다른 20년 후의 임상 결과를 기대하며

저자 박종신

CONTENTS

추천사 / 004

프롤로그 / 006

01 한국교회의 통성기도

1. 한국교회의 기도의 문제 / 023
2. 한국교회 기도의 현주소 / 031
3. 기도의 회복 / 036
4. 통성기도의 유래 / 044
5. 통성기도에 대한 비판 / 050
6. 통성기도의 미래 / 061

02 통성기도의 입문

1. 기도에 대한 정의 / 071
2. 기도의 주적을 경계하라 / 083
3. 통성기도로 승리하기 위한 훈련 / 097
4. 통성기도의 육하원칙 / 120

03 통성기도의 실제

1. 찬양 Praise / 138
2. 죄의 고백 Confession / 154
3. 감사 Thanksgiving / 176
4. 중보 Intercede / 184
5. 간구 Supplication / 197
6. 듣는 기도 Listening prayer / 208
7. 나의 기도 목록표 / 230

04 기도의 응답

1. 응답받지 못하는 기도 / 233
2. 잘못 구하는 기도 / 255
3. 기도응답의 유형 / 267
4. 기도보다 더 중요한 것 / 280

01
한국교회의 통성기도

1 한국교회의 기도의 문제
2 한국교회 기도의 현주소
3 기도의 회복
4 통성기도의 유래
5 통성기도에 대한 비판
6 통성기도의 미래

1
한국교회의 기도의 문제

기도 없이 인간은 살 수 없다.

모든 종교는 기도를 요구해 왔으며, 기도를 배제한 종교는 존재하지 않는다. 존스(Jones)라는 학자는 "사람이 왜 기도하는가?"라는 질문을 "뻐꾸기는 왜 밤에 우는가?" 혹은 "독수리는 왜 끝없이 창공을 치솟아 올라가는가?"와 같은 질문과 다를 바 없다고 말했다. 기도는 사람의 본능이기 때문이다.

기독교와 같이 다른 종교들도 기도를 강조한다. 이슬람교, 유대교, 기독교 등 유일신을 믿는 보편적인 종교들은 어김없이 기도를 신앙의 핵심으로 꼽는다. 유대교인들은 하루에 세 차례 테필린 기도를 한다. 무슬림들은 매일 다섯 차례 기도한다. 물론 유일신을 믿는 종교만 기도하는 것은 아니다. 불교도들은 영적인 세계와 자연계를 하나로 묶고, 고통에서 자유로워지며, 자비를 베풀게 해달라는 염원을 담은 기도를 드린다. 힌두교도들도 수많은 신 가운데 하나를 정하여 도움을 청하는 기도를 드린다. 윤회의 사슬에서 벗어나 절대자와 하나가 되기를 소망하는 기도를 드린다. 5,000년의 역사를 가진 샤머니즘에서도 기도의 정성은 빠지지 않는다. 이렇듯 수많은 종교 역시 기도를 강조하며 신앙의 핵심으로 여긴다. 그러나 기독교의 기도는 다른 종교의 기도와는 다른 점이 아주 많다. 기독교에서는 일관되게 기도에 대해 이렇게 정의한다.

"기도는 하나님과의 교제이며, 크리스천들의 호흡이다."

더글라스 스티어(Douglas Van Steere, 1901-1995)는 퀘이커 교도(Quaker)로서 잘 알려진 신학자이자 영성가였다. 그는 특히 기도와 영성에 대한 깊이 있는 통찰을 담은 여러 저서를 남겼다. 그는 기도를 하나님과의 대화이자 깊은 교제로 이해했으며, 이를 통해 영적인 성숙과 내적 변화를 추구했다. 그가 했던 기도에 대한 유명한 정의가 있다.

"기도는 끊임없이 쏟아져 나오는 사랑의 응답이며, 모든 영혼을 인도하시는 하나님과의 교제이다."

스티어를 비롯한 영성가들 중에 기도의 중요성을 강조하지 않는 사람은 거의 없을 것이다. 그들은 모두 하나님을 믿는 성도라면 당연히 기도해야 하며, 기도를 통해 하나님과의 교제가 지속되어야 한다고 강조한다. 하나님을 믿는다고 하면서도 기도를 소홀히 하거나 기도하지 않는 사람은 매우 드물다. 만약 크리스천이라고 하면서 기도를 부정한다면, 그는 하나님을 알지 못하거나 하나님에 대한 믿음이 부족한 사람이라고 할 수밖에 없을 것이다.

그러나 많은 크리스천들이 기도를 진정한 교제로 활용하지 않고, 일방적인 청원으로 여기는 경향이 있다. 그들은 기도가 하나님과의 교제라고 말은 하지만, 정작 하나님의 음성을 듣거나 그분의 뜻을 헤아리기보다는 자기 말만 하고 서둘러 기도의 자리를 떠나곤 한다. 그 이유는 무엇일까? 많은 크리스천들이 기도를 하나님과의 교제라고 하면서도 일방적으로 말하고 돌아서는 이유를 다섯 가지로 이해할 수 있다.

첫째, 기도에 대한 이해 부족 때문이다.

많은 사람은 기도를 하나님과의 '대화'라기보다는 '청원'으로만 여긴다. 기도를 통해 자신의 필요와 소망을 하나님께 아뢰는 것만을 목적으로 삼다 보니, 일방적으로 말하는 것에 익숙해지는 것이다. 하나님의 음성을 듣는 일에는 전혀 관심이 없는 듯하다. 기도는 상호의 소통임에도 불구하고, 하나님의 응답을 기다리기보다는 제 생각만 전달하는 방식으로 끝내게 된다.

둘째, 인내와 경청의 부족이다.

기도 후 하나님의 음성이나 응답을 기다리기 위해서는 인내가 필요하다. 하지만 현대 사회는 즉각적인 결과를 선호하는 경향이 강하다.

사람들은 기도 후 곧바로 응답을 기대하다가, 기다림의 시간을 견디지 못하고 돌아서곤 한다. 하나님께서 주시는 응답은 때로는 즉각적이지 않고, 삶의 여러 상황을 통해 차분히 이루어진다. 이를 기다리지 않고, 마치 기도가 끝나면 모든 일이 바로 해결될 것처럼 기대하는 경우가 많기 때문이다.

셋째, 하나님의 음성을 듣는 법을 전혀 모르기 때문이다.

많은 사람이 기도 중 하나님의 음성을 듣는 방법을 잘 알지 못한다. 하나님의 응답은 종종 성경 말씀, 마음의 평안, 지혜로운 생각, 또는 삶의 주변 환경에서 나타날 수 있지만, 이를 인식하는 훈련이 부족할 수 있다. 따라서 기도 후에도 하나님이 어떻게 응답하시는지 잘 알지 못해 일방적인 대화로 끝나게 되는 것이다. 후에 설명할 '듣는 기도'에 대해 전혀 이해하지 못하기 때문이다.

넷째, 영적 성숙의 부족 때문이다.

기도는 영적 성숙과 깊은 신앙에서 비롯된 대화이다. 영적으로 더 성숙한 사람들은 기도가 하나님께 자신의 마음을 여는 동시에, 하나님의 뜻을 듣고 순종하려는 태도라는 것을 이해한다. 그러나 영적으로 미성숙한 단계에서는 하나님께 자기의 요구를 전달하는 데에만 집중하기 쉽다.

다섯째, 바쁜 삶과 몰입의 결여 때문이다.

　바쁜 일상에서 기도를 짧고 형식적으로 하게 될 때, 진정한 교제보다는 의무적인 행위로 끝나버리게 된다. 기도를 위해선 시간과 마음의 여유가 필요하지만, 일상의 분주함에 밀려 충분한 기도 시간을 확보하지 못한 채 급히 끝내버리는 경우가 많다.

　이러한 이유로 인해 사람들은 기도를 하나님과의 교제라고 하면서도, 깊은 상호작용이 아니라 일방적으로 끝내는 경우가 많다. 결국 기도 중에 하나님과의 교제는 끝내 이루어지지 않으며 일방적인 청원으로 끝나고 마는 것이다. 참된 기도는 하나님께 말을 전하는 것뿐 아니라, 그분의 뜻을 듣고 마음에 결단하고 순종하는 것임을 기억하는 것이 중요하다.

　그러면 지금부터 한국교회의 기도에 대해 말해 보자. 한국교회는 짧은 역사에도 불구하고 전 세계적으로 '기도하는 교회'로 알려져 있다. 한국교회의 목회자들은 기도를 매우 강조하며, 교인들도 이를 성도의 자세로 받아들인다. 많은 사람이 한국교회의 급속한 성장요인이 성도들의 기도에 있다고 분석한다.

　한국교회는 오랫동안 기도에 매진해 왔지만, 1980년대 후반부터 성장의 정체기에 접어들었고, 2000년대에는 마이너스 성장이 시작되었다. 2019년에 시작된 코로나19 팬데믹 이후, 문을 닫는 교회들도 급격히 늘어나고 있다. 이런 상황의 원인은 무엇일까? 과연 기도의 부족 때문일까?

분명한 사실은 한국교회의 침체 원인이 단순히 기도의 부족 때문만은 아니라는 것이다. 오히려 잘못된 기도가 비정상적인 성장과 세속화를 초래했다는 지적이 많다. 특히 2020년 이후부터는 그 기도의 열기마저 눈에 띄게 약화되었다. 한때 교회와 산을 울리던 기도의 열정과 함성은 점차 사라져가고 있는 현실이다.

하지만 아직 희망은 있다. 여전히 많은 교회와 성도들은 기도에 열심이다. 목회자들은 강단에서 기도의 중요성을 강조하며, 기도가 모든 문제를 해결할 수 있는 능력이라고 확신 있게 외치고 있다. 교회가 성(性) 윤리 문제, 교파 이기주의, 부당한 재산 문제, 목회직 세습, 그리고 소송과 폭력으로 얼룩진 상황에서도 새벽기도와 철야기도는 여전히 지속되고 있다.

우리가 놓쳐선 안 될 중요한 사실은, 기도는 멈추지 않아야 한다는 것이다. 기도는 교회의 문제를 해결할 수 있는 유일한 열쇠이다. 그렇기에, 지금의 도전 속에서도 우리의 기도는 더 깊어지고, 더 강해져야 한다.

그러나 진정한 문제는 무엇일까? 열심히 기도하는데도 불구하고, 교회와 크리스천의 삶이 여전히 변화되지 않아 세상의 비난을 받고 있는 현실이다. 어려움에 처한 사람들에게 기도는 마치 만병통치약처럼 권해지지만, 모든 문제가 단순히 기도만으로 해결될 수 있는 것은 아니다.

크리스천들은 기도하기에 앞서, 성경이 기도에 대해 어떻게 가르치고 있는지 올바르게 이해해야 한다. 기도는 단순한 종교적 경험이나 자기만족을 위한 것이 아니다. 일반 종교에서 기도는 종종 종교적 의무를 채우거나 자기 위로의 수단이 될 수 있지만, 기독교의 기도는 그와 다르다. 기도는 자신의 의나 공로를 드러내기 위한 것이 아니라, 성경에 근거한 올바른 기도이어야만 한다.

기도가 살아 있으면 개인이 살고, 개인이 살아야 가정이 살며, 가정이 살아야 교회가 살아난다. 그리고 교회가 살아야 민족이 살아날 수 있다. 아무리 많이 기도해도 그 기도가 올바르지 않다면, 개인과 가정, 교회와 나라는 결코 회복될 수 없음을 역사는 증명하고 있다. 기도의 본질을 다시 회복해야 한다. 기도는 단순한 반복이나 의례가 아닌, 하나님의 뜻을 구하는 신실한 대화이다.

하브루타 질문

1 기도에 대한 당신의 정의를 기록하라.

2 저자는 기도를 '하나님과의 교제 또는 크리스천의 호흡'이라고 정의했는데 당신은 이 말에 동의하는가? 만약 동의한다면 당신의 기도는 교제 또는 호흡과 같이 당신의 삶 속에서 가장 중요하게 작용하고 있는가?

3 급성장을 하던 한국교회가 1988년 이후 소강국면에 접어들었으며 2000년대 이후에는 마이너스가 되고 있는데 그 원인이 어디에 있다고 생각하는가?

4 한국의 크리스천들이 그렇게 열심히 기도함에도 불구하고 세상에 긍정적인 영향력을 미치기는커녕 오히려 비판과 지탄의 대상이 되는 이유는 무엇인가?

5 이 책을 통해 기도에 대해 공부하면서 어떤 기대를 가지고 있는가?

2
한국교회 기도의 현주소

한국 사람들이 기도하는 방식은 독특하다.

한국교회의 기도 문화에는 전통 종교를 배경으로 한 지극히 한국적인 기법들이 포함되어 있다. 대표적인 방법으로는 새벽기도, 철야기도, 한국식 중보기도, 통성기도 등이 있다. 이러한 기도들은 다른 나라에서는 찾아볼 수 없는 특별한 기도 문화이다.

한국교회는 새벽기도를 중요하게 여긴다. 많은 크리스천들은 독실한 신앙을 자부하면서 새벽기도에 참석하지 않는 것을 위선으로 여기기도 한다. 여전히 많은 교회는 매주 한 차례 철야기도를 진행하는 전통을 이어가고 있다. 또한 한국교회에서 일반적으로 이루어지는 통성기도는 독특한 토착화된 기도 방식이다. 여러 성도들이 모인 공적인 자리에서 기도할 때는 질서를 지켜야 하지만, 한국교회의 통성기도에서는 개인이 옆 사람을 의식하지 않고 큰 소리로 기도한다.

중보기도 역시 한국교회의 독특한 기도 방법 중 하나이다. 물론 서구

교회나 기독교 역사에서도 이웃을 위한 중보기도가 존재하는데, 이는 성경이 이웃을 위해 기도하라고 가르치기 때문이다. 그러나 한국교회의 중보기도는 서구 교회의 중보기도와는 다른 의미를 내포하고 있다.

중보기도가 이웃을 위한 기도라는 점은 문제가 없지만, 무엇을 기도하느냐는 매우 중요한 문제로 다루어져야 한다. 한국의 성도들은 일반적으로 자신이나 타인의 출세, 건강, 사업 성공, 대학 합격, 질병 치유, 또는 다른 사람의 구원을 위해 기도한다. 즉, 이웃의 형통과 복을 바라는 기도가 대부분을 차지한다.

그러나 이러한 기도가 과연 적절한 내용인지, 그리고 어떤 방식으로 이루어져야 하는지는 반드시 고려해야 할 사항이다. 앞서 언급한 기도의 방법이나 내용은 전 세계 교회에서 유래한 것이 아닌, 한국교회만의 독특한 특성이다. 따라서 이러한 기도에 대한 성경적인 검증이 필요하다.

기도를 잘못 이해하여 인간의 추한 욕망을 하나님 앞에 내놓고 경솔하고 무례한 태도로 부당한 요구를 하는 것은 오히려 하나님을 욕되게 할 수 있다. 그렇다면 한국 크리스천들은 과연 이러한 기도들을 누구로부터 계승했는가? 앞서 언급한 새벽기도, 철야기도, 통성기도, 중보기도, 기도원 기도 등 기독교 역사에서도 찾아볼 수 없는 이러한 기도의 형태는 어디서 유래한 것인가? 조심스럽게 생각해 볼 수 있는 점은 이러한 기도의 형태가 거의 한국의 전통 종교인 샤머니즘에서 차용된 것이라는 사실이다.

19세기 말 한국에 기독교가 들어오기 전부터 일반 한국인들 사이에서는 새벽기도와 철야기도를 하는 이들이 많았다. 새벽기도는 여성들의 종교성과 밀접한 관련이 있다. 극소수의 남성들 중에서 새벽기도를 하는 이들이 있었지만, 당시 가정주부들은 대개 가정의 무당 역할을 하며 매일 새벽 정화수를 떠놓고 조왕신에게 빌면서 성미(誠米)를 바쳤던 전통이 있었다. 이러한 전통은 나중에 길선주 목사의 새벽기도와 접목되어 오늘날까지 한국 교회의 전통으로 이어졌다. 이는 원래 기독교의 기도 방식이 아니라 한국의 전통적 기도의례와 습합된 토착화된 종교 행위의 대표적인 사례이다.

철야기도는 원래 산기도와 관련이 있었다. 기독교 전래 초기에는 유행했으나, 1970년대 이후 기도원 운동과 함께 한국교회의 산기도 운동이 일어났다. 이 운동은 지금은 시들해졌지만 한때는 산기도를 하지 않으면 진정한 영적 신앙인으로 인정받지 못할 정도로 활발했다. "소나무 하나를 뽑지 못하면 응답을 받지 못한다"는 재미있는 이야기도 전해졌다. 그 당시 철야기도는 매우 활성화되었으며, 지금도 한국교회의 중요한 특징으로 남아 있다.

한국교회에서만 보편화된 통성기도는 우리 민족의 한풀이와 관련이 있으며, 한국 무속과도 연결된다. 한국교회의 통성기도는 가슴에 쌓인 것들을 큰 소리로 토해내며 카타르시스를 제공받는 방식이었다. 한국교회 초기 성경을 읽는 이들 중에는 성경의 내용이 한풀이의 모본으로 여겨지기도 했다.

기독교 전래 초기 성경을 받아 읽던 이들은 공관복음서의 귀신을 쫓아내는 사건과 질병 치유의 기사를 접하면서 무의식 속에서 무속종교와 유사한 종교로 인식했을 가능성이 있다. 이러한 신앙적 사고를 가진 채 새로운 종교를 받아들인 크리스천들은 기도를 하면서도 그와 상응하는 종교적 개념을 그대로 지니고 있었던 것으로 보인다.

한국교회에서 일반적으로 말하는 중보기도는 구복적 방편으로서의 기도이다. 이는 한국 전통 종교의 기복적 성격과 악귀의 영향을 물리치는 종교성과 관련된다. 무속신앙에서는 신령을 구슬리고 달래야 할 대상으로 여긴다. 신령을 잘 달래고 그에게 잘 보이면 복을 받을 수 있으며, 재앙을 물리칠 수 있다고 믿는 것이다.

기독교 신앙이 한국의 무속신앙과 명확한 구분이 이루어지지 않음으로써 하나님을 오해하게 되었고, 그 결과 기복적 중보기도가 발생했다. 이외에도 40일 새벽기도, 백일 작정기도, 영역 확보를 위한 땅 밟기 등은 한국적 종교 풍습에서 유래한 것들이다.

이러한 종교 풍습에서 비롯된 한국인의 열성적인 기도 자세는 전 세계에 유래가 없는 교회 성장을 이끌었으나, 이에 따른 부작용도 만만치 않았다. 기도가 점점 기복적이고 형식적인 모습으로 전락하며, 기도의 진정한 의미를 상실하게 되었다. 미신적이고 자기중심적인 기도가 되면서 성경과 점점 거리가 멀어지고, 허공을 치는 맹목적인 기도로 전락하게 되었다. 이러한 변화는 1980년 후반 이후 한국교회의 영적 침체를 초래한 계기가 되었다.

하브루타 질문

1 한국교회의 기도 중 전통 종교를 배경으로 하는 독특한 기도의 종류에 대해 생각나는 대로 적어보라.

2 통성기도에 대해 지금까지 느낀 점을 기록해 보라.

3 한국의 기도가 성경적인 검증을 필요로 하는 이유를 설명해 보라.

4 한국교회의 특징 중 하나인 철야기도에 대해 알고 있는 내용을 기록해 보라.

5 한국적인 기도에서 나타나는 부작용은 무엇이며, 이를 어떻게 개선할 수 있을까?

3
기도의 회복

기도 중에는 부패된 기도가 있다.

기도는 하나님의 말씀을 들음으로 인한 신앙적 반응으로서의 하나님과의 대화이다. 따라서 사람의 마음에서 자생적으로 우러나오는 기도 자체가 하나님께 영광이 되는 것은 아니다. 도리어 부패한 사람의 마음에서 나오는 기도는 그것이 설령 진심이라 할지라도 그것 자체로서는 악한 것일 따름이다. 그래서 성경은, 성경적인 기도가 아닌 기도는 가증한 것이라 분명히 밝히고 있다.

사람이 귀를 돌려 율법을 듣지 아니하면 그의 기도도 가증하니라 | 잠언 28:9

사람은 태어나면서부터 자기의 능력을 갖추기 위해 애쓰며 수고한다. 그러는 가운데 자신에 대해 알게 모르게 깊은 신뢰를 가지고 살아간다. 성장하면서 사람들은 자신이 중요하게 생각하는 가치관을 갖게 되며, 옳다고 생각하는 것에 대해 자신의 주장이나 고집이 생긴다. 자신이 경험했던 기억을 살려 사물을 판단하는 지혜를 갖는데 여기서 선입견이 발생하게 된다. 한번 옳다고 생각했던 것과 대치되는 현상에 대해 편견이라는 무기가 생겨나게 된다.

이러한 사람이 자신의 머리를 조아리고 무릎을 꿇고 자신의 가치관과 주장, 그리고 선입견과 편견을 배제한 채 전능하신 하나님께 기도한다는 것은 굉장히 자존심이 상하는 것이다. 사람은 어려운 일을 만나거나 막막한 일을 만날 때 어쩔 수 없이 기도하게 되지만, 본능적으로 기도에 대치된 삶을 살아 온 사람에게 기도는 익숙할 수 없을 것이다.

결국 사람은 깊은 기도의 세계로 들어 갈 수 없도록 태어난 존재이다. 따라서 기도를 한다고 하지만, 사람은 자신의 가치관과 주장, 그리고 선입견과 편견에서 벗어나지 못한 채 기도의 테두리만 빙빙 돌기 일쑤이다. 이러한 가운데 이기적인 기도가 양산되고, 중언부언 기도와 미신적인 기도가 태어나게 된다.

기도를 통해 들어가게 되는 영적인 깊은 세계에 입문하지 못한 사람의 기도는 주변을 빙빙 도는 겉핥기식의 기도에 머문다. 이를 대체하기 위해 사람들은 방언기도를 원하고 사모한다. 방언기도는 하나님이 주신 은사로서 우선 장시간 기도할 수 있는 장점과 함께 영적인 세계를 체험한다는 유익이 있다. 그래서 인격적이고 대화적인 기도를 원하는 것이 아니라 신들린 사람처럼 일방적으로 기도에 몰입하기를 원한다.

한국교회의 문제점은 겉핥기식의 기도로 깊은 영적인 기도의 세계를 체험하지 못한다는 것이다. 따라서 기도하는 사람은 많지만 응답이 없고, 열심히(방언기도 포함) 기도하지만 기도자의 삶에 열매와 변화가 없다.

> **내가 만일 방언으로 기도하면 나의 영이 기도하거니와 나의 마음은 열매를 맺지 못하리라** | 고전 14:14

바울이 방언으로 기도할 때 발생하는 상황을 설명하고 있다. 이 말씀의 의미를 다음과 같이 해석할 수 있다. 내가 만일 방언으로 기도하면, 내 영혼은 하나님과의 깊은 교제를 나누지만, 내 마음(이성)은 그 기도의 내용을 이해하거나 그로 인해 직접적인 유익을 얻지 못한다는 말씀이다. 즉, 바울은 방언으로 기도할 때 영적으로는 유익이 있지만, 그 기도의 의미를 스스로 이해하지 못하기 때문에 마음이나 이성의 열매, 즉 지적인 이해나 깨달음을 얻기 어렵다는 점을 말하고 있다.

우리 모두가 인정하는 부분이다. 심지어 불신자들에게 통성기도로 인해 광신자 집단으로 오해하게 하여 전도의 문을 막기도 한다. 기도사역은 교회의 기도의 공동체성을 일깨울 뿐 아니라 교회의 능력을 회복하고 성도들의 신앙성장과 사명을 발견하는데 매우 중요한 역할을 감당하는 영성훈련의 방법이다. 그러기 위해선 먼저 기도의 회복이 일어나야 한다.

한국교회의 목회자들 중에는 기도의 침체를 다른 기도로 돌파하려는 사람들이 있다. 기도의 원리로 돌아가지 않고 기존의 기도방식을 다른 기도의 방식으로 대체하려는 운동이다. 그중 대표적인 것이 관상

기도에 집착하는 것이다.

관상기도(Contemplative Prayer)는 기독교의 전통적인 영성 훈련 중 하나로, 하나님과의 깊은 교제와 묵상을 통해 내적 고요와 친밀함을 추구하는 기도이다. 관상기도는 단어가 표방하는 것처럼 다른 사람을 위해 기도하고 중세시대부터 내려온 기도의 깊은 세계를 발견하자는 좋은 취지를 가지고 있다.

그러나 관상기도에도 몇 가지 잠재적인 문제점이나 위험 요소가 있을 수 있다. 신학적 왜곡 가능성, 자아중심적인 접근, 영적 혼동, 기도의 목적 왜곡, 경험에 대한 의존성, 성경적 기반의 약화 등이 있다. 따라서 관상기도는 기독교 전통에서 중요한 영적 훈련이 될 수 있지만, 그 과정이 신학적으로 올바르게 뒷받침되지 않거나 하나님 중심이 아닌 자기중심적으로 흐를 때 문제가 발생할 수 있다.

관상기도가 성경 묵상보다는 주로 침묵과 명상에 의존할 경우, 성경적인 진리의 중요성을 간과할 위험이 있다. 기도가 성경적인 가르침에 근거하지 않고, 감정적이거나 직관적인 방식에 치우치게 되면 올바른 신앙의 길에서 벗어날 위험이 있다. 때로는 귀신에 사로잡힐 수 있다는 점도 부인할 수 없는 사실이다.

동시에, 기도에 관한 책을 읽는 것으로 대리만족을 느끼는 경우도 있다. 사람들은 기도에 대한 책을 읽으면서 마치 자신이 실제로 기도한 것처럼 착각하기도 한다. 예를 들어, 기도가 약화되기 시작한 1988년부터 기도에 관한 책들이 베스트셀러가 되었고, 수많은 크리스천들에게 널리 읽혀졌다. 기도를 하지 않으면서 오히려 기도에 대한 책들이 더 많이 읽혀졌다는 사실이다. 사람들은 이렇게 기도에 대한 책을 많이 읽으면서 기도에 대한 대리만족을 얻는 것이다. 그러나 기도에 관한 책을 읽는 것과 기도의 원리를 깨닫고 실제로 기도하는 것은 분명히 다르다.

기도에 대한 책들은 여전히 인기를 끌며 판매되고 있다. 비록 기도의 능력이 약화되고, 실제로 기도하는 이들이 점차 줄어드는 시대임에도 불구하고, 이러한 책들이 꾸준히 사랑받는 이유는 무엇일까? 이는 기도에 관한 책을 읽으면서 마치 자신이 기도에 대해 깊이 이해하고 있다고 느끼는 일종의 착각에서 비롯된다. 사람들은 기도에 대해 배우고 읽는 과정에서 자신이 신앙 생활을 잘하고 있다고 믿으며, 실제로 기도하지 않더라도 영적 삶에서 중요한 무언가를 하고 있다고 스스로 위로하는 경향이 있다.

통성기도에 대한 또 다른 오해도 있다. 통성기도를 단체기도로 오해하는 것이다. 물론 대부분의 경우 단체로 통성기도를 할 수 있다. 그렇다고 통성기도가 단체기도만을 의미하는 것은 아니다.

물론 성경에도 많은 사람이 모여 통성으로 기도했던 것을 찾아볼 수 있다. 사도행전 4장 24~31절, 역대하 20장 15~22절, 사도행전 2장 1~4절, 에스라 3장 10~13절 등이 백성들이 드린 통성기도의 모습이었다. 이 말씀들은 사람들이 함께 모여 소리내어 기도하거나 찬양하는 장면을 보여준다. 통성기도는 특정한 방식으로 기도하라는 명령이 아닌, 공동체가 함께 기도하는 방법의 하나로 이해될 수 있다.

　이러한 단체 통성기도는 성도들이 함께 모여 동일한 목적을 위해 기도할 때, 공동체적 유대감을 강화하는 데 도움이 된다. 모두가 함께 소리내어 기도함으로써, 하나님 앞에서 하나 된 마음을 느끼게 된다.

　소리내어 기도함으로써 마음이 흩어지지 않고 기도에 더욱 집중할 수 있게 된다. 통성기도는 기도하는 동안 자신의 목소리를 들으며 기도에 몰입하게 해주며, 다른 사람들의 기도 소리도 기도의 열정을 고조시키는 역할을 한다. 통성기도는 성도들의 영적 열정을 불러일으키고, 기도에 대한 강한 힘을 경험하게도 한다. 많은 사람이 함께 기도할 때 성령의 역사를 더욱 강하게 느낄 수 있고, 이는 신앙의 성장을 촉진하는 계기가 된다.

　문제는 통성기도가 반복적으로 이루어질 때, 형식적이거나 습관적으로 변할 수 있다는 것이다. 소리내어 기도하는 자체에 집중하다 보면, 진정한 기도보다는 외형적인 소리에만 치중하게 되어 기도의 본질을 잃을 수 있다.

　통성기도는 여러 사람이 동시에 소리내어 기도하기 때문에, 개인이 기도하는 내용이 진정성 있게 전달되지 않을 수 있다. 다른 사람들이 기도하는 것에 맞추거나, 소리만 크게 내려고 할 때, 기도의 진정성과 하나님과의 깊은 교제가 부족해질 수 있다. 여러 사람이 동시에 큰 소리로 기도하다 보면 소음이 발생할 수 있고, 때로는 혼란을 초래할 수 있다. 특히 조용한 기도나 묵상에 집중하려는 사람들에게는 방해가 될 수 있다. 소음이 커질수록 기도에 집중하기 어려운 환경이 조성될 수도 있다.

그러나 분명한 것은, 통성기도가 개인 기도로 더 효과적일 수 있다는 사실이다. 예레미야 33장 3절의 "너는 내게 부르짖으라 내가 네게 응답하겠고 네가 알지 못하는 크고 은밀한 일을 네게 보이리라"는 말씀은 예레미야 개인에게 명령하신 내용이다. 또 예수님께서 말씀하신 골방 개인 기도가 은밀한 기도를 의미하는 것이 아니다.

> 너는 기도할 때에 네 골방에 들어가 문을 닫고 은밀한 중에 계신 네 아버지께 기도하라 은밀한 중에 보시는 네 아버지께서 갚으시리라 | 마 6:6

이 말씀은 골방에서 기도를 조용히 하라는 것이 아니다. 골방에 들어간다는 것이 기도를 은밀하게 하라는 의미가 아니다. 골방으로 들어가, 개인적으로 기도하되 하나님을 대면하는 기도를 하라는 것이다. 하나님께 기도할 때 때로는 조용하게 기도할 수 있지만, 때로는 목소리를 높여 간절한 마음으로 통성기도를 할 수 있는 것이다.

이러한 점을 보완하고 다시 기도의 불이 타오르기 위해서는 기존의 한국교회 기도의 형식을 유지하되 더욱 성경적인 기도로 돌아가야 하는 것이다. 기존의 새벽기도, 철야기도, 중보기도, 통성기도를 성경으로 재조명하여 깊은 기도의 세계로 들어가는 것이 시급하다. 그중에서 가장 한국적이고 세계를 놀라게 했던 폭발적인 능력 기도인 통성기도를 고찰하려고 한다.

하브루타 질문

1. 우리는 기도를 대부분 선한 것으로 이해해 왔다. 그러나 기도가 악할 수 있다는 사실에 동의할 수 있는가? 그렇다면 어떤 기도가 악하다고 생각하는가?

2. 개인에게 기도가 어렵고 깊은 기도의 세계로 들어가기 힘든 이유가 무엇일까?

3. 방언기도에 대한 성경의 입장과 함께 당신의 견해를 이야기해 보라.

4. 한국교회의 기도 회복을 위해 어떤 방안이 필요하다고 생각하는가?

5. 기도에 관한 책들이 불티나게 팔리던 1988년 이후 오히려 기도가 약화되기 시작한 이유는 무엇이라고 생각하는가?

4
통성기도의 유래

통성기도란 무엇인가?

통성기도는 한국교회에서 특히 널리 행해지는 기도 방식으로, 여러 사람이 함께 모여 큰 소리로 하나님께 부르짖으며 기도하는 것을 의미한다. "통성"이라는 말 자체는 "한 목소리로" 또는 "함께 소리내어"라는 뜻으로, 개개인이 각자의 기도를 소리내어 하나님께 드리면서도 한 마음으로 하나님께 나아가는 형태의 기도이다. 통성기도의 주요 특징은 다음과 같다.

첫째로, 통성기도는 간절함과 열정의 기도이다.

통성기도는 기도자가 하나님께 간절히 나아가 자신의 마음을 온전히 드러내는 방식이다. 큰 소리로 기도함으로써 자신의 감정을 더 강렬하게 표현할 수 있고, 이러한 간절함과 열정이 기도의 중요한 요소로 작용한다.

둘째로, 통성기도는 공동체적 기도이다.

통성기도는 주로 여러 성도가 함께 모여 기도하는 자리에서 이루어졌다. 이때 각자는 자신의 기도를 드리지만, 공동체 전체가 한마음으로 하나님께 나아가는 경험을 하게 된다. 이러한 기도는 성도의 연합과 영적 돌파를 위한 기도로 여겨졌다.

셋째로, 영적 돌파의 기도이다.

통성기도는 영적인 싸움에서 승리를 위한 중요한 수단으로 여겨지며, 기도자들이 각자의 문제나 영적 장벽을 넘어설 수 있는 힘을 얻는 도구로 간주하였다. 예레미야 33:3절의 말씀처럼 "내게 부르짖으라, 내가 네게 응답하겠다"라는 하나님의 약속을 붙들고 간절히 부르짖는 기도가 영적 돌파를 이끌었다.

넷째로, 기도의 몰입과 집중력이 강한 기도이다.

통성기도는 소리내어 기도하는 방식이므로, 기도하는 사람은 자기 기도에 더 깊이 몰입하게 된다. 이 방식은 다른 것에 주의를 분산시키기보다는, 더욱 집중할 수 있는 환경을 제공했다.

다섯째로, 통성기도는 성경적 근거가 있는 기도이다.

성경에는 간절히 부르짖는 기도에 대한 여러 구절이 있다. 대표적으로 예레미야 33:3절 말씀에서 하나님은 "내게 부르짖으라 내가 네게 응답하겠고"라고 말씀하셨다. 또한, 열왕기상 18장에서 엘리야가 하나님께 간절히 부르짖는 기도를 드리고 응답을 받은 이야기도 통성기도의 예시로 자주 인용된다.

이렇듯 통성기도는 단순한 형식적 기도와는 달리, 기도자가 하나님과 더욱 깊은 교제와 간절한 소통을 경험하게 해주는 기도의 방식으로, 특히 한국교회에서는 중요한 기도 형태로 자리 잡고 있다.

한국에서 예배가 형성되던 시기를 1870년에서 1900년으로 잡는데, 이 기간에 선교사들에 의해 전통 종교와 문화 속에 소개된 예배는 주로 회심자들을 얻기 위한 19세기 미국식 부흥회 형식으로 선교에 초점을 둔 비예전적 예배였다. 예배 시간에 선교사들은 열심 있는 기도를 강조하였고 무릎을 꿇고 두 눈을 감고, 두 손을 모아 큰 소리로 기도하도록 하였다.

1907년 '대부흥 운동'을 거치면서 하나님을 믿지 않던 길선주 목사가 그를 감히 '아버지'라 부를 수 없어 '상제님'이라고 부르며 기도하다 새벽 1시쯤 하나님의 목소리를 들었다는 기도가 한국적인 새벽기도, 철야기도, 통성기도의 시초가 되었다.

여러 역사적 자료를 보면, 대부흥 운동 당시 외국 선교사들과 길선주, 정춘수, 전계은 등이 가세한 평양과 원산의 기도 열기는 감동의 격류를 느끼기에 충분했다. 대한제국 말 비운의 역사를 바라보았던 크리스천들의 아픈 가슴은 자신을 통회하고 성찰하는 모습으로 터져 나왔고 죄로 오염된 자신의 영혼은 민족의 운명에 투영되었다.

통성은 한자로 "通聲" 혹은 "痛聲"으로 쓸 수 있는데, "각기 다른 이들의 목소리가 신비롭게 조화되어 하나의 소리가 되어 그 여운을 남긴다"는 뜻에서 通하는 소리였으며, 죄에 대한 자복과 암울한 민족의 미래에 대한 절망으로 인해 痛하는 소리였다. 通이든 痛이든 그것은 사람 심연에서 솟아오르는 비음(悲吟)이라 말할 수 있다.

한국 기독교와 관련하자면 저마다의 痛이 되어 通으로 드려졌던 기도가 통성기도였다. 통성기도는 함께 고난을 이겨낼 수 있었던 힘이었고, 절망과 분노를 기도의 채널을 통하여 삭히는 일이었다. 퍽퍽한 세상살이에서 만난 그 분 앞에서 "주여, 나를 불쌍히 여기소서"라고 더욱 심하게 부르짖었던 기도였다.

이후 통성기도는 한국교회의 중요한 기도 형태로 자리 잡았다. 7~80년대 경제개발과 교회 부흥의 시대를 거치면서 통성기도는 그 위치를 더욱 굳건히 하였고 특히 보수 교단에서는 주된 기도 형태로 자리 잡았다.

이렇게 한국교회에서 통성기도가 성장을 거듭날 수 있었던 것은 단시간 내에 괄목할 만한 부흥을 이끌어낸 한국교회의 현실과 맞물려 있다. 어떤 목표를 정하고 그 목표를 향해 부르짖는 통성기도는 빠른 부흥을 이루는데 적합한 기도의 형태였다. 통성기도는 그 어떤 기도의 방법보다 강청기도(Heartfelt Supplication)에 적합해서 마음의 소원과 열정을 불태우기에 충분했다.

강청기도란 "진정한 간구" 또는 "진심 어린 기도"를 의미한다. 이는 깊은 감정과 진정성을 담아 하나님께 간절히 기도하는 것을 의미한다. 즉, 마음 깊은 곳에서 우러나오는 요청이나 기도를 나타낸다. 이렇게 통성은 성장과 부흥의 시대에 걸맞은 기도 형태였다. 통성기도의 시작은 어느 정도 민족적, 시대적 상황을 담고 있었지만 이후 통성기도는 부흥과 성장을 대변하는 상징이 되었다.

하브루타 질문

1 선교사들에 의해 시작되었던, 기도와 선교에 초점을 맞춘 비예전적 예배가 한국교회에 어떤 영향을 주었는가?

2 통성기도에 대한 당신의 견해를 설명해 보라.

3 통성기도가 부흥과 성장에 걸맞는 기도 형태로 보수적인 교단에서 쉽게 자리를 잡을 수 있었던 이유는 무엇인가?.

4 마태복음 6장 5~15절을 읽고, 예수님이 제자들에게 제시한 기도의 내용 중 오늘날 당신이 반드시 기억해야 할 점에 대해 공유해 보라.

5
통성기도에 대한 비판

통성기도에 대해 비판의 소리도 많다.

통성기도는 개인이 소리 내어 드리는 기도 방식으로, 주로 단체로 모여 각자 큰 소리로 기도할 때 사용되었다. 기도하는 사람들은 자기의 기도에 집중하며 간절한 마음으로 하나님께 부르짖는데, 이런 형태의 기도는 특히 한국교회에서 많이 행해진 것으로 알려져 있다. 통성기도의 능력은 다음과 같은 중요한 요소들을 설명할 수 있을 것이다.

첫째로, 통성기도는 간절함과 진정성의 기도였다.

통성기도의 핵심은 하나님께 대한 간절한 마음과 진정성이다. 소리 내어 기도함으로써 마음의 깊은 곳에 있는 감정을 표현하고, 하나님과 더 가까운 관계를 맺을 수 있다. 이 과정에서 기도자는 자신의 약함을 인정하고, 오직 하나님의 도우심에 의존하게 된다. 이러한 간절함은 기도의 능력을 극대화하며, 하나님께서 그 간구에 귀 기울이신다는 믿음을 강화시켰다.

둘째로, 통성기도는 영적 돌파를 만들어 준 기도였다.

통성기도는 영적 싸움에서 돌파구를 만드는 데 중요한 역할을 한다고 여겨졌다. 많은 성경의 인물들이 간절하게 하나님께 부르짖을 때 큰 응답을 받았던 사례들을 들 수 있다. 하나님께 부르짖는 기도는 영적 세계에서 하나님의 응답을 이끌어 내는 도구로 작용했다.

셋째로, 통성기도는 영적 연합을 이루는 기도였다.

여러 사람이 함께 소리내어 기도하면서 성도의 연합이 이루어졌다. 성도들이 하나 되어 기도할 때 그들의 기도는 더 큰 힘을 발휘할 수 있다. 마태복음 18장 20절에서 예수님은 "두세 사람이 내 이름으로 모인 곳에는 나도 그들 중에 있느니라"라고 하셨다. 이처럼 공동체적 기도의 능력은 개인 기도보다도 더욱 강력하게 작용했다.

넷째로, 통성기도는 감정적 해방을 제공해 준 기도였다.

통성기도는 기도자에게 감정적 해방과 치유를 제공한다. 큰 소리로 기도함으로써 마음속에 억눌려 있던 감정들을 표현할 수 있으며, 이는 스트레스와 긴장까지 해소하는 역할도 했다. 또한, 이는 성령의 역사로 이어져 기도자가 평안과 기쁨을 경험할 수 있도록 도와준다.

다섯째로, 기도의 집중력을 강화시켜 준 기도였다.

통성으로 기도하면, 주변 환경에 주의가 분산되지 않고, 기도에 더욱 집중할 수 있다. 큰 소리로 자기의 기도를 표현하는 과정에서 기도자는 그 기도에 더욱 몰입하게 되며, 이로 인해 더욱 깊이 있는 기도를 할 수 있게 된다.

이렇듯 통성기도는 기도의 한 방식으로, 그 능력은 기도자의 간절한 마음, 하나님과의 깊은 교제, 공동체의 연합, 그리고 영적 돌파를 통해 발휘되었다. 이 기도는 단순한 형식이 아니라, 하나님 앞에 간절히 나아가 큰 소리로 그분의 도우심을 구하고, 영적인 강력함을 체험하는 기도로 인식되었다.

통성기도가 영적 능력과 기도의 집중을 대변하는 기도였음에도 불구하고 기도의 방식에 대해 이의를 제기하고 비판하는 사람들이 점점 많아지고 있다. 1884년 이후로 한국에 들어온 서구의 선교사들은 대부분 미국의 청교도 전통과 부흥 운동을 경험한 사람들이었으므로 통성기도는 아니었지만, 열정적인 기도를 강조하였다.

선교사들이 소개한 초기 한국교회의 예배와 기도, 찬송은 전통적 예전에 근거한 것이 아니라 선교 정책에 의해 보다 자유롭게 구성된 형태였다. 이 말은 한국교회가 전통적인 예전이나 기도의 다양한 방법들을 접할 기회가 없었음을 뜻한다. 통성기도들이 비판받는 주된 이유는 다음과 같다.

첫째, 큰 소리로 기도하여 남들을 배려하지 않는다는 비판이 많다.

다른 사람들의 입장을 고려하지 않은 채 큰소리로 기도하며 다른 사람의 기도와 묵상을 방해할 수 있다. 하나님이 듣지 못하시는 분처럼 여기며 고래고래 소리를 지르는 모습은 결코 아름답지 않다는 지적이 있다. 이러한 통성기도의 방식은 때로 외부에서 광신자 집단으로 오해받을 소지가 있다.

통성기도는 공동체가 함께 기도하는 방식이지만, 각자의 기도 제목을 소리내어 말하다 보니, 개인 기도와 공동 기도 간의 혼동이 생길 수 있다. 이로 인해 공동체적 중보기도가 잘 이루어지지 않을 수 있다.

둘째, '중언부언'의 기도라는 비판이 있다.

'중언부언'의 헬라어 단어 '바타로게세테'는 히브리어 "파트 파트"라는 말로, 어린아이들이 어른들로부터 말을 배울 때 말의 뜻도 알지 못하고 부모를 따라 할 때의 발음을 의미한다. 예수님은 중언부언 기도를 철저히 경계하셨음에도 통성기도를 보면 대부분 중언부언적인 기도를 하는 경우가 많다. "주시옵소서"를 반복한다든지, "주여!"를 의미 없이 기계적으로 반복하는 모습을 보게 된다.

셋째, 일방통행적인 기도라는 비판이 있다.

기도에 대해 조금이라도 아는 사람은 누구나 기도를 '교제'라고 정의

한다. 기도는 하나님과의 대화인데 일방적으로 기도를 하는 동안 과연 하나님의 음성에 귀를 기울일 수 있는지 의문을 제기하는 이들이 있다. 일방적인 자기 요구만 들먹이다가 시간이 되면 돌아가 버리는 기도의 모습은 진정한 의미에서의 교제라고 표현하기에 어려움이 있다.

넷째, 이기적이고 자기중심적인 기도라는 비판이 있다.

헌신과 하나님의 뜻을 이루기보다는 아이들이 떼를 부리듯 자기 요구만 관철하려는 경향이 많다. 하나님의 뜻이 무엇이며, 하나님의 사역을 위해 어떻게 헌신할 것인가를 묻기보다는 자신의 요구만 관철하려는 기도는 기복적이며 이기적인 기도라고 할 수 있을 것이다.

다섯째, 열매 없는 기도라는 비판이 있다.

'하루에 7시간을 기도한다.', '기도의 종이다.', '기도 중에 은사를 받았다.', '기도 중에 성령세례를 받았다.', '기도 중에 방언을 받았다.' 등등 많은 사례를 간증하지만, 실생활을 보면 성령의 열매가 나타나지 않는 삶을 살아가는 사람들이 적지 않다. 기도한다고 하면서 실망을 주는 경우가 많다. 기도를 많이 하는데도 열매를 맺지 못한다든지, 기도에 전념하는 데 반하여 세상 사람들에게 본이 되지 못하는 삶을 산다든지, 기도 중에 소명을 받고 목회자가 되었는데 능력 있는 목회를 하지 못하는 목회자들도 적지 않다.

여섯째, 믿음이 없는 사람들의 기도라는 비판이 있다.

기도 내용을 들어보면 '주시옵소서'를 반복하는 크리스천들이 있다. 예수님은 '무엇을 먹을까?' '무엇을 입을까?' '무엇을 마실까?'를 구하지 말고 하나님의 나라와 그의 의를 구하라고 말씀하셨다. 그럼에도 많은 크리스천이 하나님의 나라와 그의 의에는 관심이 없고 오직 자신의 의식주와 필요에 몰두하는 모습을 보인다. 먼저 하나님의 나라와 그의 의를 구하라는 말씀은 먼 나라 이야기처럼 비춰질 때가 많다.

일곱째, 지나칠 정도로 무례한 기도라는 비판이 있다.

통성기도는 때로 간절함이 지나쳐 무례하게 느껴지기도 한다. 마치 자기의 스트레스를 해소하는 것처럼 기도하는 것은 하나님 앞에서 무례한 것이다. 온유하고 겸손한 태도로 기도하기보다 하늘을 향해 윽박지르거나 거칠게 기도하는 모습은 무례하게 느껴진다. 또 불신자나 새신자들에게 혐오감을 주는 비이성적인 행동으로 비쳐지기도 한다.

이렇듯 통성기도는 많은 비판의 요소를 안고 있다. 그중에서 가장 안타까운 것은 그동안 한국교회는 통성기도에 밀려 조용하면서도 하나님과 깊이 교제할 수 있는 기도의 방법들을 간과했다는 점이다. 큰 소리로 기도하는 것만이 간절하고 집중적인 기도로 여겨진 탓이기도 했다.

기도의 방법이 참으로 중요한 것은 어떤 기도 방법이든 그것은 기도의 본질에 대한 실천적 고민이 담겨있기 때문이다. 기독교 전통 속에서 관상과 묵상을 강조한 것은 하나님 존전에 내 입을 닫고 그분의 음성을 들으며 그분과 교제하는 사귐의 중요성을 강조한 것이다.

앞선 믿음의 선배들은 기도가 무엇인지를 살피고 거기에 적합한 기도의 형태를 만들어 실천하였다. 자신의 간청을 소리로 아뢰는 시간이 있었다면 말과 생각을 중지하고 침묵 속에서 자기 말을 돌아보는 시간이 있었다. 그것은 참된 실체 되신 하나님을 응시하는 시간이었다. 그리고 그 응시는 그분과 기쁜 연합으로 이어졌다. 우리 기도에서 침묵의 상실은 이 땅에서 통성기도의 출생, 성장과 무관하지 않을 것이다.

새벽기도회, 수요예배, 금요 기도회, 주일예배까지 소리 없이 기도할 수 없는 기도의 체질이 굳어진 교회들이 많이 있다. 묵상이라고 적혀 있는 예배 순서마저도 마이크를 통하여 사회자의 중얼거리는 기도소리는 계속 들려오고, 교인들도 입을 열어 함께 중얼거린다. 흔히 볼 수 있는 예배 모습이다. 말하지 않고는 견딜 수 없고, 어떤 소리든 들리지 않으면 불안한 현대인의 심리가 기도를 통하여 그대로 나타난다. 입을 열어 무언가 아뢰어야 하는 시간을 침묵, 즉 듣는 상태로 전환해야 한다는 것이 자신들에게 낯설게 되었다.

아이든 어른이든 이젠 침묵이 어색하게 되었고 침묵의 울림을 듣기에는 우리의 귀가 고음(高音)으로 익숙해졌다. 설교도, 찬양도, 기도도, TV 프로도, 사람들의 말소리도 우리를 고음에 시달리게 하지만 이내 우리 귀는 고음에 천연덕스럽게 길들여졌다. 소리에 길들여진 사람들은 소리를 통해서만 자신의 존재를 확인한다. 그래서 '소리'로 확인될 수 있는 통성기도는 침묵 기도보다 현대인들에게 더 친숙하게 된 것이 현실이다.

통성기도는 우리 민족의 역사적 정황과 맞물려 독특하게 형성되었고 또한 우리 내면에 통성기도의 욕망을 불러일으켰다. 결과 교회 현장에서 행해지는 통성 일색의 기도는 기도의 본질에 심각한 손상을 입히게 하였다.

우리는 성경에서 한나의 슬픈 기도 소리와 시편 시인들의 부르짖음을 듣는다. 선지자들의 절규와 욥의 외침을 듣는다. 그것은 한국교회처럼 집단적인 通聲은 아닐지라도 한 개인의 痛聲이었다. 가시에 찔리면 순간 비명을 지르듯, 고통의 시간이 계속되면 자신도 모르게 신음이 새어 나오듯, 기도 세계에 고통의 신음이 왜 없겠는가.

그럼에도 그러한 통성기도가 기도의 변함없는 방법으로 사용될 때는 문제가 달라질 수 있다는 것이다. 기도가 마치 자신의 바람을 소리 높여 부르짖는 것으로만 여겨지기 때문이다. 한국교회 교인들이 기도의 가장 중요한 의미를 강청으로 생각하고 그것을 중심으로 기도 세계를 구축하는 것도 바로 이 때문이다. 기도를 강청의 의미로만 받아들이는 한국교회 교인들의 사고 중심에는 언제나 통성기도가 놓여있었다. 박은규 전 목원대 교수는 한국교회 교인들 기도의 문제점을 설문조사를 통해 다음과 같이 결론 내렸다.

"한국인 신도들은 열심히 기도하고 있으나 그들의 기도 생활의 큰 문제 중 하나는 그들의 이기심이다. 바로 '나 자신만을 위한 기도'이다. 말이 쉼 없이 이어지는 통성기도 시간에는 그만큼 남을 돌아볼 시간이 적었다는 사실이다. 아니 정확히 말하면 나를 돌아볼 시간이 없었다."

이는 무언가를 계속해서 강청하지 않으면 내가 기도하고 있지 않은 것처럼 느껴지기 때문이다. 침묵이 기도의 중요한 방법으로 교회에서 사라지지 않았다면 오늘날 우리의 기도가 자기 생각만을 밀어붙이는 방식은 아니었을 것이다. 무언가를 이루려는 욕구가 기도의 동기를 유발하는 것은 사실이지만 욕구가 실현된 것이 반드시 기도가 응답된 것으로 판단할 수 없다. 오히려 바람으로 시작된 기도자의 마음이 그 바람으로부터 자유할 때, 그때 기도는 우리 심령 가운데서 살아난다. 바람으로부터의 자유는 우리의 의지가 하나님에게로 옮겨졌음을 말하며 이것이 기도 응답이며, 하나님과의 사귐이다.

우리가 기도를 관계나 사귐의 의미로 바라보았더라면 통성기도가 기도의 세계를 이렇게 온통 잠식하지 않았을 것이다. 강청기도가 불필요하다는 말은 아니다. 단지 강청기도가 전부이며 그 강청기도에 통성기도가 사용될 때 발생하는 부작용을 지적한 것이다. 기도가 간청에 집중하게 될 때 자기중심적인 기도가 될 가능성이 높아진다.

사람은 소리를 지르다가도 시간이 지나면 자신을 조용히 돌아보며 성찰하기도 하고 조목조목 이야기하다가도 시선만으로 더 분명한 말을 주고받기도 한다. 간청의 의지와 욕망을 내려놓고 하나님의 뜻을 고요히 살피는 자리에서는 조용한 침묵 기도가 당연하게 요구되는 이유이다.

분명 통성기도는 한 시대를 이겨내게 했던 한국교회의 중요한 신앙 에

너지이며 능력이었다. 그래서 우리에게 의미 있는 기도의 한 형태이었다. 그러나 통성기도가 비록 우리의 열정을 끓게 만들고, 간절함을 자아내는 기도라 할지라도, 걸음을 멈추고 생각을 멈추어 우리의 삶과 교회를 돌아보는 침묵 기도나 묵상기도가 필요하다. 매일 기도하는 사람은 안다. 침묵이 사라진 기도가 얼마나 자신을 메마르게 하는지를 말이다.

　통성기도가 사람 내면의 한 시점을 드러내는 기도가 아니라 어떤 순간에도 적용될 수 있는 기도의 표준처럼 행해진다면 그것은 왜곡된 기도의 형태로 전락할 위험이 있다. 통성기도가 일정 부분 개발과 발전에 전용된 기도의 형태여서 사람들을 일터로 이끄는 것이라면 침묵기도는 우리의 걸음을 멈추고 우리를 뒤돌아보게 한다.

　목회는 사람들을 얼마나 분주하게 만드는가가 아니라 어떻게 하면 바쁜 걸음을 멈추게 하는 것인가 하는 것이다. 통성기도가 세상에서 쉼 없이 뛰어다니던 사람들의 발걸음을 교회에서마저 더 빨리 움직이게 만들어 자신의 삶과 기도의 언어를 한순간도 돌아보지 못하게 만드는 것은 아닌지 살필 일이다. 침묵이 사라진 교회에서는 더 이상의 희망을 기대할 수 없다. 우리는 소리만 요란한 부실 공사를 많이 봤다. 곧 무너질 건물에 희망을 걸 사람은 아무도 없다. 통성기도가 침묵기도와의 교류를 통해 보다 깊은 기도의 세계를 만들지 못한다면 부실한 기도 앞에 오히려 절망을 경험하게 될 것이다.

하브루타 질문

1 통성기도가 비판받는 주된 이유를 나름대로 기술해 보라.

2 성경에서 말하는 기도 방법과 통성기도 방법 사이에 대치되는 부분은 어떤 것이 있는가?

3 한국의 크리스천들에게 통성기도가 묵상기도보다 더 친숙해진 이유는 무엇인가?

4 통성기도가 기도의 세계를 온통 잠식함으로 생기는 부작용에 대해 아는 대로 말해 보라.

5 통성기도에 보충해야 할 부분이 있다면 무엇인가?

6
통성기도의 미래

세월이 흐르는 동안 통성기도는 대안 없는 비판들로 인해 서서히 약화되고 있다.

그렇다면 통성기도를 중단해야 하는가? 그렇게 문제가 많고 비판의 대상이 된다면 그러한 통성기도는 중단되어야 한단 말인가? 과연 그런가? 확실히 통성기도는 뜨거운 감자임에 틀림이 없다. 그러나 이것은 전적으로 통성기도를 잘못 이해했을 뿐 아니라 성경적 가르침에 따른 기도훈련의 부재로 통성기도가 잘못 고착되고 있기 때문이다. 이에 대한 처방은 기도는 반드시 훈련되어야 한다는 사실이다.

오스왈드 챔버스(Oswald Chambers)는 그의 저서인 「주님은 나의 최고봉」에서 기도의 훈련과 헌신이 신앙생활에서 중요하다고 강조했다. 그는 "기도는 자연스럽게 나오는 것이 아니라 훈련을 통해 더 깊어질 수 있다"라고 말했다.

남아프리카 출신의 신학자이자 목사였던 앤드류 머레이(Andrew

Murray)는 기도의 중요성을 강조하면서 훈련된 기도가 하나님과의 더 깊은 교제를 이끌어 낸다고 주장했다. 그의 저서인 「기도의 학교」에서는 기도를 배우고 훈련하는 과정에 대해 자세히 설명하고 있다.

「영적 훈련과 성장의 길」의 저자 리처드 포스터 (Richard Foster)는 기도를 포함한 영적 훈련의 중요성을 설명하면서, "기도는 연습과 훈련을 통해 성숙해질 수 있다"라고 가르쳤다. 팀 켈러(Timothy Keller) 역시 그의 저서 「팀 켈러의 기도」에서 "기도는 반드시 훈련되어야 한다"라고 말하고 있다. 이렇듯 기도가 훈련되어야 한다면 통성기도 역시 훈련을 통해 새로워져야 할 필요가 있는 것이다.

기도는 크게 두 가지로 나눌 수 있는데 음성기도(Vocal prayer)와 침묵기도(Contemplative prayer)가 있다. 음성기도란 소리를 내서 기도하는 기도이며, 침묵기도는 말 그대로 소리를 내지 않고 묵상하는 가운데 드려지는 기도이다. 침묵기도에는 묵상기도, 관상기도, 듣는 기도 등이 있다.

음성기도의 대표는 바로 통성기도이다. 그리고 통성기도 안에는 찬양기도, 회개기도, 감사기도, 중보기도, 간구기도가 내포되어 있다. 따라서 통성기도는 소리를 내서 기도하는 모든 기도부터 묵상기도까지 포함한 성경적 종합 기도이며 최고 수준의 기도이다. 예레미야 33장 3절은 이렇게 통성기도를 강조한다.

너는 내게 부르짖으라. 내가 네게 응답하겠고 네가 알지 못하는 크고 비밀한 일을 네게 보이리라 | 렘 33:3

그동안 통성기도를 기복적이고 자기중심적이며 소란한 기도로 여기게 된 것은 기도에 대한 성경적 훈련이 부족했기 때문이다. 즉 열심히 소리를 내서 기도했지만, 그 기도는 성경적 통성기도가 아닌 기복적인 통성기도였던 것을 부인할 수 없다. 즉, 성경을 통해 훈련받은 기도가 아니라 본능에 의해 드려지는 자기중심적인 기도였다.

성경은 분명 통성기도를 옹호하고 지지한다. 통성기도는 대부분의 사람들이 생각하는 것처럼 한국태생의 기도가 아니라 사실은 성경에서 출발한 기도였다. 성경은 부르짖어 기도하라고 말씀하고 있다. 그동안 통성기도가 비판을 받아온 것은 통성기도에 대한 신학 부재의 문제였다. 동시에 기도훈련을 받지 못한 기도자의 문제였을 뿐이다. 정확하게 말하면 통성기도의 문제점은 통성기도자의 문제이었지 통성기도 자체의 문제는 아니었다.

대부분의 사람들은 앞에서 언급한 것처럼 침묵기도와 통성기도가 대치되는 것으로 이해한다. 그러나 성경적인 관점으로 볼 때 통성기도가 침묵기도와 서로 대치되는 것이 아니라 서로 보완하는 것이다. 통성기도 후에는 반드시 침묵기도가 이어져야 한다. 통성기도의 6번째 단계는 바로 듣는 기도이다.

하나님의 음성을 듣는 기도 없이 통성으로만 끝난 기도는 무의미하다. 통성기도를 제대로 이해하는 사람은 통성기도를 비판할 수 없다. 통성기도의 참모습을 이해한다면 감탄할 수밖에 없을 정도로 탁월한 기도가 바로 통성기도이다.

지금 한국교회가 전무후무한 기독교 국가가 될 수 있었던 것은 전적인 하나님의 은혜이다. 그런데 이런 은혜의 배경에는 통성기도의 간절함이 있었다. 전 세계적으로 이렇게 간절히 하나님 앞에 엎드려 통성으로 간구하는 민족이 어디에 있었는가. 새벽마다, 기도 모임 때마다 교회와 산에서 울려 퍼지는 통성기도를 하나님이 들으시고 이 민족에게 은혜를 베푸신 것이다.

미국에 이어 가장 많은 25,000여 명의 선교사를 파송할 수 있는 은혜, 복음이 들어 온 지 140여 년 만에 경제적인 축복까지 허락하신 것은 하나님께 부르짖어 기도한 덕분이었다.

> 나를 사랑하는 자들이 나의 사랑을 입으며 나를 간절히 찾는 자가 나를 만날 것이니라 | 잠 8:17

하나님을 간절히 찾는 가운데 하나님께서는 하늘의 복을 내려주셔서 가난과 식민지의 억압에서 구원해 주시고, 구제받던 나라에서 구제하는 나라로, 선교사들을 파송 받던 나라에서 미국 다음으로 많은 선교사를 파송하는 나라로 은혜를 베풀어 주셨다. 하나님께서 우리 민족의 간절한 기도를 들으시고 한없는 은혜를 베풀어 주신 것이다. 전무후무한 일이다. 이를 통성기도 외에 무엇으로 해석할 수 있겠는가.

참으로 애석한 것은 통성기도가 점점 사라지고 있다는 사실이다. 많은 신학자와 목회자들이 문제점이 많다는 이유로 통성기도를 성경과 신학적으로 옹호할 생각은 하지 않고 비판하는 사이 통성기도는 힘을 잃어버리고 말았다. 크리스천이라는 확신이 있는 사람이라면 그 누구도 통성기도를 하지 않은 사람이 없고, 통성기도의 은혜를 체험하지 않은 사람은 없지만, 신학적으로 옹호하는 사람은 없었던 것 같다.

명백한 증거로 수많은 기독교 출판물 중에서 통성기도에 대한 책이 한 권도 없었다는 사실은 통성기도의 중요성과 교육을 간과한 대표적인 예라고 할 수 있다. 초대교회를 보라. 그들은 언제나 모여서 통성으로 기도했다. 사도행전 2장 42절을 보라.

> 그들이 사도의 가르침을 받아 서로 교제하고 떡을 떼며 오로지 기도하기를 힘쓰니라 | 행 2:42

그들은 사도의 가르침을 받았다. 그리고 "오로지"(專)는 기도에 힘쓴 모습을 그대로 그린 것이다. 그리고 기도하기에 힘쓴 결과 이적과 기사를 만들어 냈다. 초대교회의 역사는 바로 통성기도의 역사였다. 지금도 이적과 기사는 초대교회와 동일하게 일어날 수 있다.

그러면 왜 지금은 그런 이적과 기사가 일어나지 않는가? 기도에 오로지 힘쓰지 않기 때문이다. 과연 초대교회와 같이 오로지 통성기도에 힘쓰고 있는가? 만일 그렇게 기도한다면 초대교회의 역사가 지금, 이 순간에도 지속될 것이 분명하다. 문제는 통성으로 기도하지 않는다는 것이다. 스위스 출신의 신학자인 한스 울스 폰 발타자르(Hans Urs von Balthasar)는 이렇게 말했다.

"마치 소리내어 기도하는 기도는 초보자들에게 더 잘 어울리고, 관상기도나 침묵기도는 수준 높은 사람들에게 더 어울리는 것인 양 생각하거나, 혹은 소리내어 기도하는 것을 묵상하는 것보다 더 열등하게 보는 것은 잘못이다. 왜냐하면 이 둘의 관계는 어느 한 편이 결정짓고 전제하기 때문이고 전자는 후자의 결과를 직접 가져오기 때문이다."

급성장하던 한국교회가 갑자기 힘을 잃고 침체한 이유는 당연하다. 영적인 원동력을 잃어버렸기 때문이다. 그 원동력은 바로 통성기도를 통해 나온다. 한국교회의 특징인 부르짖어 기도하는 가운데 교회는 영적인 원동력으로 세워졌다.

각 나라마다 하나님의 주신 은혜가 있다. 특별히 한국인들에게 주신 은혜가 바로 통성기도였다. 소나무 뿌리를 뽑아대면서 "하나님, 이 민족에게 복을 내려주옵소서"라고 외치던 한국 성도들의 간절함을 하나님은 외면하지 않으셨다. 하늘의 문을 여시고 세계 속에서 가장 위대한 하나님의 교회를 세워가신 것이다. 세계 10대 교회 중에서 5개 이상이 한국 땅에 세워진 사실은 통성기도의 능력과 무관치 않다. 한국은 통성기도로 하늘의 문을 여는 역사를 경험한 것이다. 결과 저 세계에 유례없는 세계적인 교회들이 이 작은 한국 땅에서 일어날 수 있었다.

통성기도는 순복음교회나 열정적인 기도를 하는 교회들의 전유물이 아니다. 통성기도는 한국적 기도이며, 하늘의 문을 여는 능력의 기도이다. 하나님은 한국교회를 통성기도로 세우셨고 앞으로도 세우실 것이다. 한국교회의 능력은 여의도 광장에서 100만 명이 엎드려 통성으로 부르짖어 하늘의 문을 열었던 기도 덕분이다. 지금 '기독교 TV'를 통해 얼마든지 집에서도 말씀 집회를 시청할 수 있다. 그러나 함께 모여 통성으로 기도할 때 하늘 문이 열리는 역사가 일어날 것을 믿는다.

지금은 부활절 연합 예배를 드려도 모이지 않는다. 140년여 만에 한국 땅에 6만 교회가 세워지고, 산간벽지에도 교회가 세워진 원동력은 100만의 크리스천들이 여의도 광장에서, 전국의 교회당에서 함께 모여 외치던 통성기도의 승리였다. 통성기도가 살아나야 교회가 살고 민족이 산다.

C.S 루이스는 그의 저서인 '스크루테이프의 편지'에서 사탄이 가장 효율적으로 크리스천을 공격하는 방법의 하나로 침묵기도와 묵상기도를 지적했다.

> "바로 이거다. 얼핏 보면, 원수(예수 그리스도) 편의 최고 선임자들이 수행하는 침묵기도와 비슷하기도 하니, 영리하면서도 게으른 환자(크리스천)들을 오랫동안 속여 넘기기에 딱 좋지, 뭐냐. 또 설사 그렇게까지는 못한다고 하더라도 육체의 자세와 기도는 전혀 상관이 없다고 속이는 것은 문제가 없을 것이다."

침묵기도에서 간절함을 찾기는 자못 어려워 보인다. 침묵기도에선 내적 고요와 마음의 평안이 유지되는 것으로 보인다. 간절함을 담은 기도는 통성기도이다. 분명한 것은 오직 통성기도가 한국교회를 회복시킬 수 있다는 사실이다. 한국교회가 살아야 한국이 산다. 초대교회와 같이 통성으로 간절히 기도하는 간구만이 유일한 해법이라고 확신한다. 귀신이 떠나가고 악령이 깨어지는 역사는 기도 외에는 불가능하다. 마가복음 9장 29절에서 예수님은 이렇게 말씀하셨다.

> 이르시되 기도 외에 다른 것으로는 이런 종류가 나갈 수 없느니라 하시니라
> | 막 9:29

그럼 이 기도가 과연 무슨 기도인가? 골방에서 하나님과 조용조용히 교제하는 기도인가? 내적 고요와 마음의 평안을 유지하는 수동적인 기도인가? 아니다. 이 기도는 바로 강력하게 부르짖어 외치는 통성기도이다.

이제 구체적으로 성경에 나오는 믿음의 조상들의 기도를 살펴보면서 통성기도의 법칙과 비밀을 살펴보려고 한다. 이제 부르짖는 원초적인 기도에서 하나님의 보좌를 움직이는 기도 중 가장 수준이 높은 통성기도의 세계로 들어가 보자.

하브루타 질문

① 저자는 통성기도에 대한 오해가 기도훈련의 부재에서 비롯되었다고 하는데 그 근거를 말해 보라.

② 통성기도는 단순히 소리를 높여서 드리는 기도가 아니라 성경적 종합 기도라고 할 수 있는데 통성기도에 내포된 기도를 말해 보라.

③ 성경적 통성기도와 기복적 통성기도에는 어떤 차이가 있는가?

④ 통성기도가 한국교회를 급성장시킨 사실을 부인할 사람은 없다고 저자는 주장하는데 과연 통성기도를 통해 얻을 수 있는 은혜는 무엇인가?

⑤ 통성기도가 다시 회복되고 대한민국에 기도의 불이 붙기 위해선 어떤 노력이 있어야 하는가?

02

통성기도의 입문

1. 기도에 대한 정의
2. 기도의 주적을 경계하라
3. 통성기도로 승리하기 위한 훈련
4. 통성기도의 육하원칙

1
기도에 대한 정의

기도는 만사를 변화시킨다.

기도가 만사를 변화시킨다는 말을 환언하면, 만사(萬事)가 기도로 좌우된다는 말이다. 기도에는 엄청난 능력이 있다. 성도와 교회를 변화시키는 것은 물론 국가 전체를 변화시키는 능력이 있다. "스코틀랜드를 내게 주소서"라고 기도했던 존 낙스(John Knox, 1513-1572)는 이렇게 말했다.

"기도하는 한 사람이 기도하지 않는 한 민족보다 강하다."

'피의 메리'로 불렸던 스코틀랜드의 메리 여왕은 존 낙스를 향해 이렇게 말했다.

"존 낙스, 한 사람의 기도가 백만 대군보다 더 무섭다."

이렇게 기도에는 강한 능력과 힘이 있다는 것은 분명한 사실이다. 그런데 어찌하여 수많은 크리스천이 그토록 자주 패배하는가? 어찌하여 수많은 교회 사역자가 그토록 자주 용기를 잃고 낙심하는가? 왜 한국교회는 침체하고 있는가? 수많은 목회자와 성도들은 이제 한국교회의 침체를 공식으로 받아들여야만 하는 시점이 되었다고 고백한다. 그 이유는 어디에 있을까? 바로 기도에 실패했기 때문이다.

어찌하여 사역자들이 그들의 사역을 통해 '어둠에서 빛으로' 이끌어 내는 영혼이 그리 적은가? 전체 인구의 20%라는 크리스천의 비율은 다른 말로 하면 80%가 불신자라는 말인데, 왜 더 이상 복음이 전파되지 않으며 회심하는 사람들이 적어지고 있는가? 그 이유는 바로 기도에 실패했기 때문이다.

초대교회 능력의 원천은 오직 말씀과 기도였다. 그들은 말씀의 가르침을 받은 후에 오로지 기도하기에 힘썼다. 초대교회 성도들은 서로 말씀으로 교제하고 떡을 떼는 일 외에는 오로지 기도에만 힘썼다.

그들이 기도에 힘쓴 결과, 구원받는 자들이 날마다 더해지는 역사가 일어났다(행 2:47). 앉은뱅이가 베드로와 요한을 통해 일어나는 기적이 일어났다(행 3:8). 겁쟁이 베드로의 설교로 하루에 남자만 오천 명이 회개하고 예수를 믿는 역사가 일어났다(행 4:4) 이렇듯 기도에는 무한의 능력이 있음을 초대교회는 우리에게 증명해 주었다.

예수 그리스도는 어제나 오늘이나 영원히 동일하신 분이시다. 그분은 오늘도 여전히 능력이 무한하신 분이시다. 그분은 지금도 사람들이 구원받고 그분의 품으로 돌아오기를 기다리고 계신다. 그분의 팔이 짧아 구원하지 못하는 것이 아니라 우리가 기도에 실패하고 있기 때문에 그분의 음성을 들을 수 없으며 그분 앞에 팔을 내밀 수 없는 것이다. 모든 실패의 원인은 단 하나이다. 바로 기도에 실패했기 때문이다.

과연 그렇다면 우리는 우리의 기도에 대해 점검해야 한다. 도대체 기도란 무엇인가? 어떻게 기도해야 하는가? 기도에 성공하는 방법은 무엇인가? 그리고 번번이 기도에 실패하는 이유는 무엇인가?

기도의 일반적인 정의는 '하나님께 비는 것'이다. 신앙생활을 한 지 얼마 되지 않은 사람에게 '기도가 무엇인가'를 질문한다면 아마도 '자기의 소원을 하나님께 아뢰는 것이다'라고 말할 것이다. 그러나 성경을 공부하고 오랫동안 신앙생활을 한 사람이라면 '기도란 하나님의 뜻을 구하는 것이다'라는 멋진 정답을 말할 수 있을 것이다.

그렇다. 어쨌든 기도는 하나님의 도움을 구하는 것이다. 사람은 유한하고 연약한 존재이기 때문에 전능하고 능력이 많으신 하나님께 도움을 구하는 것이 바로 기도이다. 우리는 그분이 바로 천지 만물을 지으시고 사람을 특별한 존재로 만드신 하나님이라고 믿고 고백한다. 따라서 기도란 우리의 부족함을 하나님께 내어놓고 도우심을 구하는 행위이다. 기도의 본질을 성경으로 조명해 보면 다음과 같다.

첫째, 기도는 하나님과 영적인 대화이다.

사람은 자기가 느끼고 생각하는 내용을 언어라는 수단을 통해 나타낸다. 그런데 그 표현은 대상과 방법에 따라 다르게 지칭된다. 즉 한 사람이 여러 사람에게 일방적으로 표현하는 것을 연설이나 강의라고 하고, 한 사람이 다른 사람과 서로 말을 주고받는 것을 대화라고 한다. 기도는 일방적인 것이 아닌 서로 말을 주고받는 하나님과의 대화이다.

그런데 대화가 보다 진솔해지고 깊어지려면 서로 인격적으로 공유하는 면이 많아져야 한다. 즉 서로 간의 인격을 더욱 신뢰해야 한다는 것이다. 그러기 위해서는 상대방에게 인격적인 신뢰감을 주어야 함은 당연하다.

크리스천들은 사람들과 대화할 뿐만 아니라 하나님과도 대화한다. 즉 우리는 자신의 고통과 슬픔, 번뇌와 아픔, 기쁨과 감사 등 모든 것을 우리를 창조하신 하나님께 표현하는 것이다. 이와 같이 하나님과 인격적인 사귐, 영적인 토론이 곧 기도이다.

그런데 기도의 대화는 언어를 매개로 할지라도 사람과의 대화는 다르다. 하나님은 사람이 아니라 영이시기 때문에 그분과 대화하기 위해선 영적인 대화로 이루어져야 한다. 이 영적 대화를 기도라고 정의할 수 있다.

둘째, 기도는 하나님께 대한 요청이며 간구이다.

기도가 하나님과 나누는 영적인 대화라고 해서 우리가 하나님과 대등한 관계를 맺고 있음을 뜻하는 것이 아니다. 사람은 연약하며 유한한 존재이기 때문에 자신이 필요로 하는 것을 얻기 위해 하나님께 도움과 요청을 드려야 할 필요를 가진다.

하나님은 전지하시기 때문에 사람들의 문제를 모두 아시고 도와주시기 위해 우리의 마음 문을 열고 기도로서 도움을 구하도록 촉구하고 계신다. 그러기에 우리는 마음의 문을 열고 하나님께 간구하면 하나님은 메마른 마음에 윤택함을, 피곤한 마음에 쉼과 평안 주시어 상처받은 마음을 치료해 주시며 어떤 요구라도 충만히 채워주신다는 사실을 알아야 한다. 이것이 바로 기도의 온전한 모습이다.

따라서 우리가 하나님께 구하는 데 있어 가장 중요한 것은 하나님에 대한 신뢰이며 주님의 도움을 구하려는 담대한 마음, 곧 믿음이다.

> 볼지어다 내가 문 밖에 서서 두드리노니 누구든지 내 음성을 듣고 문을 열면 내가 그에게로 들어가 그와 더불어 먹고 그는 나와 더불어 먹으리라
> | 계 3:20

셋째, 기도는 하나님의 뜻을 구하는 것이다.

많은 크리스천이 기도 응답을 받지 못한다. 그들 중에 어떤 분은 상담을 통해 "열심히 기도하지만, 응답을 받지 못합니다. 왜 그럴까요?"라고 질문한다. 그러나 이런 생각은 기도를 잘못 이해한 데서 비롯된 것이다. 기도란 사람이 일방적으로 하나님께 소원하는 바를 이루어 달라고 요청하는 것이 아니다. 그런 이해는 샤머니즘적인 생각이다.

성경이 가르치는 기도는 하나님께서 사람에게 주시려는 뜻을 올바로 깨닫고 순종하여 받는 행위를 말한다. 그것이 때로는 아픔과 함께

오는 성숙일 수도 있고, 때로는 채찍을 동반한 진리의 깨달음일 수도 있으며, 개인의 소원 응답일 수도 있다.

중요한 것은 우리가 하나님께 아뢴 내용 자체가 아니라 하나님께서 계획하시는 바가 무엇인지를 헤아리는 것이다. 이것을 바로 하나님의 뜻이라고 한다. 우리는 이런 기도의 예를 예수님의 겟세마네 동산의 기도에서 찾을 수 있다. 주님은 간절한 자신의 소원보다도 하나님의 뜻을 더 중요하게 여기셨다.

> 조금 나아가사 얼굴을 땅에 대시고 엎드려 기도하여 이르시되 내 아버지여 만일 할 만하시거든 이 잔을 내게서 지나가게 하옵소서 그러나 나의 원대로 마시옵고 아버지의 원대로 하옵소서 하시고 | 마 26:39

우리는 기도할 때마다 자기 집착에서 벗어나 하나님의 넓은 뜻에 우리의 자신을 맡겨야 한다. 그때 비로소 우리는 하나님과 참된 관계를 맺을 수 있고 기도의 참된 의미와 기쁨을 누릴 수 있을 것이다.

넷째, 기도는 믿음으로 구하는 것이다.

예수님은 기도할 때 믿음으로 기도하라고 하셨다. 마태복음 21장 22절에서 예수님은 "너희가 기도할 때에 무엇이든지 믿고 구하는 것은 다 받으리라 하시니라"라고 하셨다. 기도할 때 꼭 필요한 것은 절대적 믿음이다. 믿음으로 구할 때 응답받는 역사를 체험할 수 있다.

그런데 여기서 믿음이란 어떤 믿음인가? 내가 기도하는 것이 응답받을 것이라는 믿음인가? 아니면 약속에 대한 믿음인가? 불행하게도 많은 크리스천은 내가 기도하는 것마다 응답받는 것이 믿음이라고 생각한다.

그것은 잘못된 생각이다. 내가 기도하는 것마다 응답받을 것이라고 믿는 것은 믿음이 아닌 자신의 신념이다. 사람들이 기도에 절망하는 이유는 자신의 신념을 의지하기 때문이다. 하나님은 당신의 신념에 찬 기도에 응답하지도 않으시며 응답할 이유도 없으시다. 적지 않은 크리스천들이 자신의 신념에 찬 기도는 반드시 응답할 것이라 생각하고 있다.

여기서 믿음이란 바로 약속에 대한 믿음이다. 하나님은 성경을 통해 약속하신 것을 이루신다. 그 약속을 믿는 것이 믿음이다. 자기 기도가 대단한 것이 아니라 그분의 약속을 믿을 때 응답받는 역사가 일어난다.

밤새 고기잡이에 실패한 베드로에게 예수님은 다시 그물을 던지라고 말씀하셨다. 고기를 잡을 시간이 아니었다. 이미 그물 청소까지 끝난 상태인데 다시 그물을 던지라는 말은 상황에 맞지 않는 말일 수 있다. 그러나 베드로는 이렇게 대답했다.

시몬이 대답하여 이르되 선생님 우리들이 밤이 새도록 수고하였으되 잡은 것이 없지마는 말씀에 의지하여 내가 그물을 내리리이다 하고 | 눅 5:5

약속을 믿은 결과가 어떻게 되었는가?

그렇게 하니 고기를 잡은 것이 심히 많아 그물이 찢어지는지라 | 눅 5:7

하나님은 성경을 통해 약속을 주신다. 그래서 우리는 구약성경을 오래된 약속, 신약성경을 새로운 약속이라고 정의하는 것이다. 성경 전체가 하나님의 말씀인 동시에 약속이다. 약속의 말씀을 붙드는 것이 바로 믿음이다. 기도할 때 하나님의 약속과 내 생각이 달라도 그 약속을 믿는 것을 믿음이라고 하는 것이다. 즉 믿음이란 자신에 대한 믿음이 아니고 하나님의 약속에 대한 믿음을 의미하는 것이다.

다섯째, 기도는 하늘의 문을 여는 역사를 가져온다.

하나님은 하늘에 계신다. 하늘은 하나님의 처소이다. 그리고 하늘에는 하늘의 문이 있다. 느헤미야는 예루살렘 성전이 훼파되었다는 소식을 듣고 "내가 이 말을 듣고 앉아서 울고 수일 동안 슬퍼하며 하늘의 하나님 앞에 금식하며 기도하여"(느 1:4)라고 하였다.

성전 건축을 마친 솔로몬은 성전 봉헌기도를 드릴 때 "주는 계신 곳 하늘에서 그들의 기도와 간구를 들으시고 그들의 일을 돌보시오며 주께 범죄한 주의 백성을 용서하옵소서"(대하 6:39). 라고 기도했다. 하나님이 계신 하늘에서 그들의 기도와 간구를 들으시고 죄를 용서하신다고 고백했다. 솔로몬의 기도를 보게 되면 10번 이상 '하늘에 계신 하나님'에 대해 언급한다.

주기도문에도 '하늘에 계신 우리 아버지'라는 말이 나온다. 제자들이 예수님께 기도를 가르쳐 달라고 기도할 때 예수님은 "그러므로 너희는 이렇게 기도하라. 하늘에 계신 우리 아버지여 이름이 거룩히 여김을 받으시오며"라고 기도하라고 하셨다. 하늘은 하나님이 계신 곳이며 그곳에서 우리의 기도에 응답하기 위해 감찰하고 계신다.

> 여호와께서는 그의 성전에 계시고 여호와의 보좌는 하늘에 있음이여 그의 눈이 인생을 통촉하시고 그의 안목이 그들을 감찰하시도다 | 시 11:4

> 여호와께서 하늘에서 굽어보사 모든 인생을 살피심이여 | 시 33:13

야곱은 형 에서를 피해 밧단아람으로 도망할 때 그는 벧엘에서 하나님을 뵙게 되었다. 그때 그는 그곳에서 하나님이 계신 하늘과 하늘의 문을 보고 이렇게 고백했다.

> 이에 두려워하여 이르되 두렵도다 이 곳이여 이것은 다름 아닌 하나님의 집이요 이는 하늘의 문이로다 하고 | 창 28:17

하나님이 계시는 하늘에는 문이 있는데, 이 문을 열기도 하시고 닫기도 하시는 분이 바로 하나님이시다. 시편 기자는 "그가 위의 궁창을 명령하시며 하늘 문을 여시고"(시 78:23)라고 고백했다. 하늘 문을 여닫는 분이 바로 하나님이시다. 십일조를 드린 사람에게 하늘 문을 열고 복을 내려주시겠다고 말씀하셨다.

> 만군의 여호와가 이르노라 너희의 온전한 십일조를 창고에 들여 나의 집에 양식이 있게 하고 그것으로 나를 시험하여 내가 하늘 문을 열고 너희에게 복을 쌓을 곳이 없도록 붓지 아니하나 보라 | 말 3:10

십일조의 복을 비롯한 모든 복이 하나님이 계신 하늘로부터 내려온다.

온갖 좋은 은사와 온전한 선물이 다 위로부터 빛들의 아버지께로부터 내려오나니 그는 변함도 없으시고 회전하는 그림자도 없으시니라 | 약 1:17

온갖 좋은 것들이 위로부터 즉 하늘로부터 빛들의 아버지인 하나님으로부터 내려오는 것이다. 하늘의 하나님이 하늘의 문을 열고 온갖 좋은 것들을 내려주신다. 하늘은 하나님의 처소이며 온갖 좋은 은사와 온전한 선물이 하늘로부터 임하게 되는 것이다.

과연 그렇다면 하늘의 문은 언제 열리는가? 성경에서 하늘이 열린 사건들을 종합해 보면, 온전한 십일조를 드릴 때, 예수님께서 세례(침례)를 받고 물에서 올라오실 때, 스데반이 순교할 때 하늘이 열렸다.

신약성경에서는 예수님이 세례(침례)를 받으시는 장면이 기록되어 있다. 그런데 그중 의사로서 관찰력이 뛰어났던 누가는 예수님이 세례를 받으신 후 기도하실 때 하늘이 열린 것을 보았다. 다른 기자들은 기도를 언급하지 않았지만, 다른 기자들에 비해 관찰력이 뛰어났던 누가는 정확히 이 사실을 목격했다.

백성이 다 세례를 받을새 예수도 세례를 받으시고 기도하실 때에 하늘이 열리며 | 눅 3:21

누가는 여기서 그치지 않고 스데반이 순교하는 순간에도 하늘이 열린 사건을 기록하고 있다. 스데반이 순교하면서 기도할 때 하늘의 문이 열렸고 예수님이 하나님 우편에 서신 것을 보게 되었다.

> 스데반이 성령 충만하여 하늘을 우러러 주목하여 하나님의 영광과 및 예수께서 하나님 우편에 서신 것을 보고 말하되 보라 하늘이 열리고 인자가 하나님 우편에 서신 것을 보노라 한대 | 행 7:55~56

우리는 여기서 기도할 때 하늘의 문이 열린다는 사실을 깨닫게 된다. 베드로는 기도하기 위해 육시 기도 시간에 지붕에 올라갔다. 한참을 기도하던 베드로가 시장하여 사람들이 먹을 것을 준비하고 있을 때 갑자기 하늘이 열리면서 한 그릇이 내려오는 것을 목격하게 되었다.

> 이튿날 그들이 길을 가다가 그 성에 가까이 갔을 그 때에 베드로가 기도하려고 지붕에 올라가니 그 시각은 제 육 시더라 그가 시장하여 먹고자 하매 사람들이 준비할 때에 황홀한 중에 하늘이 열리며 한 그릇이 내려오는 것을 보니 큰 보자기 같고 네 귀를 매어 땅에 드리웠더라 | 행 10:9~11

이때가 바로 베드로의 기도 시간이었으며, 베드로는 기도 중에 하늘이 열리는 역사를 체험하게 된 것이다. 즉 기도는 하늘의 문을 여는 열쇠이다. 이미 구약의 선지자와 지도자들도 기도 중에 하늘이 열리는 체험을 했던 것을, 성경을 통해 확인할 수 있다. 기도할 때 하나님은 하늘의 문을 여시고 기도에 응답하신다. 즉 기도는 바로 하늘의 문을 여는 열쇠이다.

하브루타 질문

1 당신이 생각하는 기도의 정의를 내려 보라..

2 하나님과 영적인 대화를 잘 하기 위해서 어떻게 해야 하는가?

3 하나님께 구하는 데 있어 가장 중요한 것은 무엇이라고 생각하는가?

4 성경이 가르치는 기도의 정의에 대해 말해 보라.

5 기도 중에 하늘이 열리는 체험을 한 적이 있는가?

2
기도의 주적을 경계하라

많은 사람이 기도에 실패하고 있다.

너는 범사에 그를 인정하라 그리하면 네 길을 지도하시리라 | 잠 3:6

그런즉 너희는 먼저 그의 나라와 그의 의를 구하라 그리하면 이 모든 것을 너희에게 더하시리라 | 마 6:33

초대교회의 성도들이 오로지 기도에 전념했던 것처럼 우리도 오로지 기도에 힘써야 한다. 그러나 오로지 기도한다고 해서 그 기도가 응답으로 이어지는 것이 아니다. 모든 교회와 목회자들이 설교를 통해 기도를 강조하고, 교인들도 생명을 걸고 기도하지만 모든 기도가 다 응답으로 이어지는 것이 아니다. 실제로 적지 않은 사람들이 기도 응답에 대한 확신을 갖지 못하고 있다.

하나님 앞에 무릎 꿇고 기도하고 또 기도하는 가운데 때때로 식사를 거절하고 단잠을 경멸하면서까지 온종일 또는 온밤을 지새우는 사람들의 이야기를 듣는다. 그런데도 그들의 삶을 보면 기도의 응답을 전혀 받지 못한 사람처럼 여겨지는 경우가 있다.

과연 그렇다면 하나님께서 기도를 듣지 못하시는 것인가? 아니면 하나님은 응답하지 않으시는 것일까? 또 하나님은 어떤 사람들의 기도에는 응답하시는 데 반해 어떤 사람들의 기도에는 응답하지 않으실까? 명백한 이유가 있다. 이스라엘 백성들의 마음이 패역하였을 때 하나님은 이렇게 말씀하셨다.

> 너희가 손을 펼 때에 내가 내 눈을 너희에게서 가리고 너희가 많이 기도할지라도 내가 듣지 아니하리니 이는 너희의 손에 피가 가득함이라 | 사 1:15

고아의 아버지로 불렸던 조지 뮬러는 평생 5만 번의 기도 응답을 받았다고 한다. 그가 퀘벡에서 리버풀로 횡단하던 중 그는 뉴욕행이라고 꼬리표가 붙은 의자 하나가 정시에 도착하게 해달라고 기도하여 응답받은 일이 있다.

보급선이 승객을 승선시킬 시간 약 30분 전에 화물 취급인이 뮬러에게 아직 의자가 도착하지 않아 정시에 배에 오르지 못하겠다고 전했다. 이때 뮬러 부인은 뱃멀미가 심해 의자가 없으면 배를 탈 수 없었다. 가까운 상점에 가서 다른 의자를 구입하라는 주위 사람들의 어떤 권유도 전혀 통하지 않았다. 그때 죠지 뮬러는 이렇게 말했다.

"나는 이미 하늘에 계신 아버지께 내 아내를 위해 그 의자를 기꺼이 주시기를 특별히 기도했으니, 그렇게 하실 것을 믿을 것입니다."

그리고 그는 자신이 맡긴 물건이 잘못 전달되거나 잘못 배달되지 않을 것이라는 확신을 가졌다. 아니나 다를까 보급선이 떠나가기 직전, 차량 하나가 달려왔는데 짐 꾸러미 맨 꼭대기에 뮬러의 의자가 실려 왔다. 즉시 갑판 위로 옮겨져 조지 뮬러에게 다른 의자를 사 오라고 독촉했던 그 사람의 손에 들려졌다. 그가 조지 뮬러에게 그 의자를 넘겨주었을 때 뮬러는 전혀 놀라지 않았다. 그냥 조용히 모자를 벗고 하늘에 계신 하나님께 감사를 드리는 것이었다. 하나님의 사람 뮬러에게는 이런 기도 응답은 놀라운 것이 아니라 자연스러운 것이었다.

그러나 그런 뮬러였지만, 그가 기도를 시작한 지 7년여 동안 단 한 번도 응답다운 기도의 응답을 받지 못했다고 한다. 그는 기도의 사람이었지만 그의 기도가 처음부터 응답받은 것이 아니었다. 후에 뮬러는 고백하기를 "기도의 싸움에서 승리했을 때 응답이 왔다."라고 고백한 바가 있다. 그러면 기도의 싸움에서 승리하는 방법은 무엇인가? 그 전에 먼저 기도에 실패하는 분명한 이유를 살펴보면 기도의 싸움에서 승리하는 방법을 찾을 수 있다. 그러면 기도에 실패하는 이유는 무엇일까?

첫째는 기도를 사탄과의 싸움으로 생각하지 못하는 것이다.

기도의 배후에는 사탄이 역사한다는 사실을 인정해야 한다. 기도는 영적 싸움이다. 기도를 단순히 기도로 생각할 때 실패하게 된다. 기도를 방해하는 사탄의 역사가 있다는 사실을 알고 기도해야 한다.

> **11 마귀의 간계를 능히 대적하기 위하여 하나님의 전신 갑주를 입으라 12 우리의 씨름은 혈과 육을 상대하는 것이 아니요 통치자들과 권세들과 이 어둠의 세상 주관자들과 하늘에 있는 악의 영들을 상대함이라** | 엡 6:11~12

둘째로 기도의 배후에 얼마만큼의 곤란과 괴로움이 따르는지를 충분히 이해하지 못하는 것이다.

기도의 배후에 어떤 일이 있는지를 예상하지 않았을 때 기도에 실패할 수밖에 없다. 기도를 방해하는 기도의 배후에는 육체의 소욕이 존재하고 있다. 육체의 소욕은 우리가 상상하는 것보다 훨씬 강력하다. 그 강력한 육체의 소욕이 기도를 방해한다는 사실을 알아야 한다.

> **육체의 소욕은 성령을 거스르고 성령은 육체를 거스르나니 이 둘이 서로 대적함으로 너희가 원하는 것을 하지 못하게 하려 함이니라** | 갈 5:17

우리가 땅 위에 사는 동안 육체의 소욕을 지닐 수밖에 없다. 따라서 기도에 승리하기 위해서는 육체의 소욕으로 일어나는 좌절감을 이겨내야 한다. 우리의 육의 불순종도 다른 육의 욕망과 마찬가지로 해결하지 않으면 안 된다. 우리는 그것을 가지고 나가서 십자가에 못 박아야 한다. 그렇지 않고는 하나님과 교통하는 기도를 할 수 없다.

> 그리스도 예수의 사람들은 육체와 함께 그 정욕과 탐심을 십자가에 못 박았느니라 | 갈 5:24

우루과이의 한 작은 교회 벽에는 우리를 부끄럽게 하는 글이 쓰여 있다. 마태복음 6장 9절부터 13절에 있는 주기도문을 재고하게 하는 글이다. 한 번쯤 읽고 반성해야 할 글이다.

'하늘에 계신'이라고 하지 말라. 세상일에 빠져 있으면서,
'우리'라고 하지 말라. 너 혼자만 생각하며 살아가면서,
'아버지'라고 하지 말라. 아들딸로 살지 않으면서,
'이름이 거룩히 여김을 받으시오며'라고 하지 말라. 자기 이름을 빛내기 위해 안간힘을 쓰면서,
'나라가 임하시오며'라고 하지 말라. 물질만능의 나라를 원하면서,
'뜻이 하늘에서 이루어진 것 같이 땅에서도 이루어지이다'라고 하지 말라. 내 뜻대로 되기를 기도하면서,
'오늘날 우리에게 일용할 양식을 주옵시고'라고 하지 말라. 죽을 때까지 먹을 양식을 쌓아두려 하면서,
'우리가 우리에게 죄지은 자를 사하여 준 것 같이 우리의 죄를 사하여 주옵소서.'라고 하지 말라. 누구에게 앙심을 품고 있으면서,
'우리에게 시험에 들게 하지 마옵시고'라고 하지 말라. 죄지을 기회를 찾아다니면서,
'다만 악에서 구하옵소서.'라고 하지 말라. 악을 보고도 아무런 양심의 소리를 듣지 않으면서,
'아멘'이라고 하지 말라. 주님의 기도를 진정 내 기도로 생각하지 않으면서….

셋째로, 우리는 내 자신 속에 들어있는 육적 성품을 모르기 때문이다.

우리는 기도하지 않은 이유가 무엇인지를 파악해야 한다. 그 이유에 무관심하다면 우리의 기도 생활은 틀림없이 쇠퇴하게 될 것이다. 기억해야 할 것은 하나님과 원수가 되는 우리 육적 성품이 기도에 가담하는 것을 직접적으로 거부하지는 않는다는 사실이다. 만일 직접 거부하는 경우라면 육에 대한 우리의 싸움은 비교적 단순할 것이다.

이와는 반대로 기도에 대한 육적 성품의 반항은 적당한 때를 타서 간접적으로 아주 교활하게 움직인다는 것이다. 그것은 아주 본능적으로, 그리고 자동으로 지금 당장 기도하지 않아야 할 온갖 이유를 총동원한다는 사실이다. '지금은 너무 바쁘다.', '조용히 마음이 가라앉은 다음에 기도하자.', '나는 먼저 이 일을 하고 나면 나중에 기도할 좋은 시간을 가질 수 있다.' 등등 수많은 합리적인 이유가 발생하게 된다. 그러는 사이에 기도할 시간을 잊어버리고 하루는 지나가 버린다.

사실 우리의 육적 성품은 언제나 기도를 반대하는 자리에 선다. 그러므로 기도의 사람으로서, 이러한 사실을 간파하지 않는 한 이 드러나지 않는 방해자(귀신)의 희생물이 될 수 있다. '다음에 기도할 시간이 있겠지.'라고 생각하는 것은 아직도 우리 자신의 교활한 육신의 생각을 모르고 있다는 것을 의미한다. 우리의 육적 성품, 즉 육신의 생각은 기도의 시간을 갖기 전과 다름없이 지금도 하나님과의 만남을 두려워한다. 우리의 육신의 생각은 기도 시간을 가능한 한 짧게 하도록 유도하며, 할 수만 있다면 하나님과 홀로 있는 시간을 갖지 못하도록 우리의 마음을 흩어 놓는다.

> 육신의 생각은 하나님과 원수가 되나니 이는 하나님의 법에 굴복하지 아니할 뿐 아니라 할 수도 없음이라 | 롬 8:7

하나님의 법에 복종하지 못하는 것은 우리 육적 성품 때문만이 아니다. 우리의 싸움이 혈과 육에 대한 것이 아니라 하늘에 있는 악한 영들과의 싸움이라는 사실을 알게 된다. 하나님과 기도로 만나는 순간에 온갖 것들(사람, 전화 또는 핸드폰, 반려동물, 약속, 갑작스러운 친지 방문 등)이 합동으로 짜기라도 한 듯이 방해하는 때가 많다. 이런 음모 속에 숨겨진 공작을 발견하기란 어렵지 않을 것이다. 이런 적들을 간과하면 기도 생활에 실패할 수밖에 없다.

우리는 이 싸움을 결코 우습게 여겨선 안 된다. 무릎을 꿇고 하나님과 대면하려 할 때 기도를 방해하는 요소들이 우리의 마음과 눈앞에 선명하게 떠오른다. 지금 당장 해야 할 일이 얼마나 많으며 그중에 어떤 일은 무척이나 급한 일인가를 알게 한다. 이런 생각이 일어날 때 우리는 더욱더 마음을 가누지 못한다. 생각을 정돈하여 하나님께 말씀을 드리려 하지만 성공은 순간적일 뿐이다. 우리의 생각은 하나님과 우리를 기다리고 있는 많은 급한 일로 오락가락한다. 수많은 아이디어가 머리에서 오가고 좋은 계획들이 갑자기 생각난다.

> 시험에 들지 않게 깨어 있어 기도하라 마음에는 원이로되 육신이 약하도다 하시고 | 막 14:38

따라서 우리의 기도 시간은 하루 중에 가장 불안정한 시간이 되어 버린다. 우리들의 마음은 천 갈래, 만 갈래로 갈라진다. 응답으로 인한 기쁨과 평안과 안식은 동이 서에서 먼 것 같이 우리들에게서 멀리 있다. 그리고 그 시간을 오래 끌면 끌수록 자기 일을 게을리하고 있다고 느끼게 한다. 결론적으로 말하면, 무릎을 꿇고 있는 시간을 바로 허비된 시간으로 느끼는 것이다. 그래서 기도하기를 멈춘다. 사탄은 아주 깨끗한 승리를 거두게 된 것이다.

어떤 기독교 조사기관에서 나름대로 연구한 결과에 의하면, 사탄의 지능지수(IQ)가 6,000에 달한다는 보고를 한 적이 있다. 진위는 알 수 없지만, 분명한 사실은 사탄의 지능이 사람과는 비견이 불가능하다는 것이다. 과연 그렇다면 사탄은 기도의 무기를 사용하는 것을 절대적으로 방해할 것은 틀림이 없다. 이런 의식을 가지지 못하고 그냥 기도한다면 사탄이 기도를 방해하는 것조차 모르고 기도할 수 있다.

어떤 사람들은 기도하는 동안 엄청난 고난과 괴로움을 느낀다. 그러나 그 이유를 알지 못한다. 어째서 기도 시간에 많은 고난과 괴로움을 느끼고 있을까? 그러나 가만히 생각해 보면 그럴 수밖에 없다는 것을 곧 알게 된다. 우리가 이미 알고 있는 대로 기도가 믿음의 중심지가 되며, 하나님과 연결되는 라인이라면 사탄에게도 가장 우수하고 가장 많은 화살을 쏘아붙일 표적이 될 것은 명백한 일이다. 사탄은 누구보다도 기도의 의미를 잘 알고 있다. 따라서 사탄은 우리의 기도 생활을 향하여 가장 치열한 공격을 퍼붓는 것이다. 어떤 방법으로든지 기도를 약화할 수만 있다면 우리가 알지 못하는 사이에 하나님과 우리 사이를 가로막아 낼 것이다.

그러나 이렇게 기도를 막아내는 것을 가장 고통스럽지 않은 방법으로 시도할 것이다. 사탄은 가장 조용하고 아무런 물의가 일어나지 않을 방법을 사용할 것이다. 머리가 좋기 때문이다. 사탄은 절대로 패배하지 않기 위하여 치밀한 계획과 더불어 기도를 방해하는데 징발할 수 있는 온갖 것들을 동원한다.

C. S 루이스는 자신의 저서 스크루테이프의 편지(The Screwtape Letters)에서, 스크루테이프가 조카 웜우드에게 "기도하는 사람의 마음을 분산시켜라."라고 조언하며, 기도 중에 사소한 것에 마음을 빼앗기게 하거나 기도의 중요성을 잊게 만들려 한다. 형식적으로 기도하게 하거나, 기도하는 대상이 하나님이 아닌 주변 환경이나 자기 자신에게 집중하게 하는 것이 사탄의 전략이다.

사탄은 사람과 아주 친밀하기 때문에 우리의 육적 성품을 전적으로 활용할 것이다. 우리의 육적 성품은 사탄과 전적인 동맹을 맺고 있기 때문이다. 바로 우리들의 옛 아담이다. 우리의 육적 성품은 하나님과 원수 관계(롬 8:7)이기 때문에 사탄의 고도의 전략에 종종, 아니 대부분 이용당하게 된다.

넷째로, 기도에 대한 허언 때문이다.

기도에 대한 허언(虛言) 역시 기도를 방해하는 요소가 된다. 허언(虛

言)은 사실이 아닌, 거짓말을 의미한다. 허언은 실제로는 존재하지 않거나 일어나지 않은 일을 마치 사실인 것처럼 꾸며 말하는 것을 가리킨다. 이는 사람을 속이기 위한 의도적 거짓말일 수도 있고, 자아를 과시하거나 주목을 받기 위해 과장된 이야기를 하는 것일 수도 있다.

허언은 다양한 이유로 발생할 수 있다. 예를 들어, 자신을 과시하고 싶은 욕망이나 영적 권위를 높이고자 하는 욕구, 또는 단순히 타인의 관심을 끌기 위한 의도로 인해 나타날 수 있다. 때로는 상상력이나 판타지의 일환으로 허언할 수도 있지만, 그 경우에도 현실과 구분되지 않는 이야기를 할 때 문제가 될 수 있다.

허언을 하는 사람들은 자기를 과대평가하며, 공감이 부족하며, 권리 의식이 강하며, 찬양을 받으려는 욕구가 강하며, 거만함이 극치를 이룬다. 더 나아가 착취하려고 하며 영적인 것을 체험했다고 하면서 다른 사람의 죄를 들춰내려고 하는 특징이 있다.

특히 기도에 대해 과장된 허언을 자주 하는 대표적인 사람들이 바로 목회자들이다. 이들은 기도를 마치 만병통치약처럼 과장하며, 기도만 하면 모든 문제가 해결된다고 말하곤 한다. 이들은 교인이 어려움을 호소하면 "기도하면 돼!"라고 단정적으로 말한다. 설교 시간에는 "기도하면 모든 문제가 다 해결됩니다!", "기도할 수 있는데 왜 염려하십니까?"라고 하면서 기도를 만병통치약처럼 말한다. "내가 너희에게 뱀과 전갈을 밟으며 원수의 모든 능력을 제어할 권능을 주었으니 너희를 해칠 자가 결코 없으리라"(눅 10:19)을 인용하면서 기도만 하면 모든 문제가 다 해결된다고 주장한다.

또 성도가 극심한 고통이나 실패를 겪었을 때 "기도하지 않아서 그렇다!" 또는 "하나님의 뜻이 아니다!"라고 단정지어 버린다. 마치 자신은 하나님의 뜻을 모두 알고 있으며, 자신이 말하는 것이 진리인 양 말하는 것이다. 이단이나 사이비 교주들의 이야기가 아닌 복음적인 교단에 속한 목회자들에게서도 많이 나타나는 현상이다.

이런 목회자에게 자신의 신앙을 위탁한 성도들이 고스란히 영적인 피해를 당하게 된다. 그들은 기도를 공부하거나 훈련하지 않으려 한다. 목회자들의 말 한마디에 의존하고 따르려 한다. 이렇게 비성경적이고, 비인격적이며 비현실적인 교육을 받은 성도들은 기도 응답을 받기 어렵다. 성경의 말씀보다 목회자의 말을 더 신뢰하기 때문이다.

문제의 발생이 기도 부족 때문인지, 하나님의 뜻을 거역한 것 때문인지, 아니면 단순히 자신의 불성실이나 노력 부족 때문인지 분별하지 못하게 만든다. 이는 모든 문제의 원인을 단지 기도의 부족으로만 귀결시키려는 의도이다.

기도만 하면 반드시 응답받는다고 말하는 목회자들의 발언은 현실과 동떨어져 있으며, 신앙인들에게 잘못된 기대를 심어줄 수 있다. 이런 발언은 기도의 본질을 왜곡할 위험이 있다. 기도는 신앙생활의 중요한 부분이지만, 기도만으로 모든 문제를 해결할 수 있다는 주장은 지나친 단정이다. 기도의 응답은 하나님께서 그분의 뜻에 따라 주시는 것이며, 때로는 우리가 원하는 방식과 다를 수도 있다. 목회자들이 이를 간과하고 마치 기도가 '만병통치약'인 것처럼 말하는 것은 신도들에게 비현실적인 기대를 주거나, 기도의 진정한 의미를 오해하게 만들 수 있다.

크리스천들은 듣는 기도를 통해 하나님과 소통하고, 자신의 마음을 하나님 앞에 열어놓는 시간을 갖도록 해야 한다. 목회자들은 이 점을 강조하며, 기도의 중요성뿐만 아니라 기도가 응답되는 방식이 다양하고 복합적일 수 있다는 점도 함께 가르쳐야 할 것이다.

따라서 그냥 드려지는 기도는 백발백중 사탄의 그물에 걸리게 된다. 다만 기도에 승리하기 위해선 오직 말씀 훈련을 통한 기도이어야 한다. 말씀 훈련이 없는 기도는 깊은 기도의 세계를 체험하지 못하고 주위를 맴도는 수준에 머물게 된다. 사탄의 고도의 전략에 맞서 싸우기 위해 우리는 경계를 늦추지 말아야 한다.

대부분 목사님이 얘기하는 것과는 달리, 사탄은 사람들의 기도를 무서워하지 않는다. 대다수 사람이 하는 기도는 특별히 말씀 훈련이 없이 본능적으로 하는 기도이기 때문에 능력이 없다. 사실 본능적인 기도는 하위 수준에 머물게 하고, 중언부언하게 하고, 이기적인 기도를 양산하게 하고, 무의미하고 무기력한 기도를 지속시킬 뿐 더 나은 기도의 세계로 나가지 못하도록 한다. 결국 사탄의 궤계를 극복하지 못한 기도가 될 뿐이다.

많은 설교자가 기도하라고 하지만 그 기도가 승리를 보장해 주지는 못한다. 마치 기도만 하면 사탄들이 무서워 벌벌 떨 것처럼 설교하지만 실상은 그렇지 않다는 사실을 기도의 당사자들이 먼저 알고 있다. 마치 영화에서 위력 없는 십자가를 들고 드라큘라를 대항하는 것처럼, 능력 없는 기도를 체험하면서도 어쩔 수 없이 기도하는 자신의 초라한 모습을 보는 것이 현실이다.

그토록 간절히 기도하지만, 기도가 응답되지 않는 이유는 기도의 싸움에서 패배하기 때문이다. 기도는 하나님과의 대화이지만 사탄은 중간에서 기도를 교묘히 막아버린다. 그러므로 기도의 능력이 없는 것이다.

하브루타 질문

1 성경은 기도에 대해 강조하지만, 모든 기도가 응답받지 못하는 이유는 무엇인가?

2 당신의 기도가 실패하는 이유를 모두 열거하여 정리해 보라.

3 우리의 기도 응답을 방해하는 육체적 성품을 어떻게 다스려야 하는가?

4 기도 시간이 가장 즐거워야 하지만, 실제로 기도 시간은 복잡하고 힘든 이유는 무엇인가?

5 사탄과의 싸움에서 승리하기 위해서는 훈련된 기도를 드려야 한다. 본능적인 기도와 훈련된 기도의 차이는 무엇인가?

3
통성기도로 승리하기 위한 훈련

통성기도는 훈련한 만큼 능력이 나타난다.

크리스천들은 기도의 중요성을 잘 인식하고 있다. 기도에 관한 신학 논문을 작성하기도 하고, 다양한 방식으로 기도를 가르치며, 설교에서도 기도가 가장 중요한 주제로 자주 다뤄진다. 또한, 기독교 서적 중에서도 기도에 관한 책들이 가장 큰 비중을 차지한다.

리처드 포스터(Richard Foster), E.M. 바운스(E.M. Bounds), 팀 켈러(Tim Keller), 앤드루 머레이(Andrew Murray), 헨리 나우웬(Henri Nouwen), 필립 얀시(Philip Yancey), 빌 하이벨스(Bill Hybels), A. W. 토저(A. W. Tozer), 스톰리 오마샨(Stormie Omartian), 조지 뮬러(George Müller), 짐 심발라(Jim Cymbala)와 같은 저자들의 기도 관련 저서들은 수많은 크리스천들에게 널리 읽히고 있다. 나 역시 이들의 책을 읽었고 기도 생활에 도움을 받았던 것이 사실이다.

그러나 기도 생활에서 승리했다는 이야기는 듣기가 어렵다. 기도는 이론이 아니기 때문이다. 기도를 강조하고, 기도의 중요성에 대해 목청을 높여 외치지만 기도 생활에서 승리하기란 쉽지 않은 것이 현실이다. 대부분의 사람들은 막연하게 기도하고 막연한 응답만 얻고 있을 뿐이다.

과연 그렇다면 통성기도에 승리하기 위해 어떻게 해야 하는가? 방법은 오직 한가지이다. 통성기도를 훈련하는 것밖에는 없다. 성경은 경건에 이르기를 연단하라고 말씀하고 있다. 통성기도는 대표적인 경건의 연단 중의 하나이다.

> 7 망령되고 허탄한 신화를 버리고 경건에 이르도록 네 자신을 연단하라 8 육체의 연단은 약간의 유익이 있으나 경건은 범사에 유익하니 금생과 내생에 약속이 있느니라 9 미쁘다 이 말이여 모든 사람들이 받을 만하도다 | 딤전 4:7~9

디모데전서 4장 7~8절에 나오는 '연단'은 경건 훈련을 의미한다. 여기서 '연단'에 해당하는 헬라어는 'γυμνάζω'(훈련하다, 단련하다)이다. 훈련, 즉 영적 훈련을 통해 경건한 삶을 살아가라는 말씀이다. 이 말씀은 마치 운동선수가 신체 훈련을 통해 몸을 단련하듯이, 크리스천도 경건한 삶을 위해 영적 훈련을 꾸준히 해야 함을 의미한다. 이렇듯 영적 훈련은 기도, 성경 읽기, 묵상, 금식 등 다양한 형태로 이루어질 수 있다.

운동을 할 때 그냥 하는 사람과 훈련을 받고 하는 사람의 차이는 다르다. 농구훈련을 받은 사람과 그냥 농구하는 사람과의 차이는 엄청나다. 시간이 지나면서 그 차이는 점점 벌어진다. 탁구도 마찬가지이다.

10년 전이나 지금이나 탁구 실력이 향상되지 않은 이유는 그냥 열심히 탁구를 하기 때문이다. 골프도 그렇고, 모든 운동이 다 그렇다.

경건의 능력을 얻기 위해 훈련해야 한다. 기도의 능력을 얻기 위해 훈련해야 한다. 기도하되 그냥 하는 사람과 훈련을 받고 하는 사람은 시간이 지나면서 점점 차이가 벌어진다. 기도훈련을 받게 되면 시간이 지나면서, 기도의 능력이 생기고, 깊은 기도의 세계로 들어가게 되고, 인격이 바뀌게 되고, 가치관이 바뀌게 되고 삶이 달라진다.

모든 훈련이 한 살이라도 어릴 때 효과가 크듯이, 통성기도 훈련도 처음부터 시작해야 한다. 처음부터 통성기도 훈련을 받은 사람의 기도는 힘과 능력이 있다. 올바르게 통성기도를 훈련받은 사람은 결코 잘못될 수 없다. 통성기도 훈련은 사람의 인격과 가치관을 성경적으로 변화시키기 때문이다. 어릴 때부터 통성기도 훈련을 받은 자녀는 일평생 동안 기도의 사람으로 살아가게 될 것이다. 청소년들에게 통성기도를 훈련해야 그들이 장성한 후에도 성공적인 기도 생활을 유지할 수 있다. 어릴 때부터 '그냥' 기도한 사람은 기도에 실패한 인생이 될 수 있다.

마땅히 행할 길을 아이에게 가르치라 그리하면 늙어도 그것을 떠나지 아니하리라 | 잠 22:6

통성기도는 훈련을 통해 깊어진다. 훈련을 받을수록 더 깊은 기도의 세계를 발견하게 되고, 응답의 확신을 갖게 되며, 기도자의 인격과 가치관이 바뀌는 역사가 일어난다. 더 나아가 불신자(예수님을 믿지 않는 사람을 이렇게 표현했다)들조차 훈련된 통성기도의 아름다움에 빠지게 되어 교회와 성도들을 존경하고 전도를 받아들이게 될 것이다. 훈련을 통해 다듬어진 모습이 바로 올바른 통성기도의 모습이다. 그럼 어떤 훈련을 해야 하는가?

첫째, 말씀으로 기도하는 훈련을 해야 한다.

 기도를 많이 하는 사람들의 약점은 말씀에 소홀할 수 있다는 것이다. 기도를 많이 강조하는 목사님들을 보면, '오직 기도'를 주장하면서 성경이 마치 기도에 대해서만 언급된 것처럼 강조한다. 대부분 목회자의 설교나 간증을 들어보면 말씀에 대한 강조보다는 기도에 대해 많이 강조한다. 마치 기독교(基督敎)를 기도교(祈禱敎)로 여기는 것 같은 정도이다.

 그런 목회자들은 성도들에게 어려운 일이나 기도 제목이 발생할 때, 마치 기도만이 해법인 양 설교하고 가르친다. "기도하라"고 강조하는 경우는 많이 봤어도 말씀에 대해선 말하지 않는다. '첫째도 기도, 둘째도 기도, 셋째도 기도'라는 식으로 강조하다 보니, 성도 대부분이 기도의 중요성은 잘 알고 있지만, 말씀의 중요성에 대해서는 간과하는 현상들이 나타난다.

 불행하게도 이런 말들은 사실이 아님을 알아야 한다. 정확하게 말한다면, 기도보다 말씀이 훨씬 중요하다. 기도는 크리스천들만의 전유물이 아니다. 앞에서 설명했던 다른 종교들이나 샤머니즘은 기독교보다 기도를 더 강조하고 있다. 그러나 기독교의 기도가 다른 종교들의 기도와 다른 점은 기독교는 하나님의 말씀으로 기도하기 때문이다. 동시에 기도는 말씀을 통해서만 온전해지고 능력을 얻게 된다.

> 7 오직 강하고 극히 담대하여 나의 종 모세가 네게 명령한 그 율법을 다 지켜 행하고 우로나 좌로나 치우치지 말라 그리하면 어디로 가든지 형통하리니 8 이 율법책을 네 입에서 떠나지 말게 하며 주야로 그것을 묵상하여 그 안에 기록된 대로 다 지켜 행하라 그리하면 네 길이 평탄하게 될 것이며 네가 형통하리라 | 수 1:7~8

하나님은 여호수아에게 가장 어려운 시간에 말씀에 시간을 투자하라고 말씀하신다. 가나안 정복을 앞두고 하나님의 말씀을 지켜 행하라고 말씀하신다. 우리가 알고 있는 기도 상식과는 상반된 내용이다. 우리는 어려울 때 기도하기만 하면 되는 줄 알았는데, 우리의 상황보다 10배, 100배 더 어려운 상황에 부딪친 여호수아에게는 하나님의 말씀을 암송하는 것이 하나님의 방법임을 말씀하신다.

시편 1편은 전체 시편의 서론이며 프롤로그이다. 따라서 시편 150편 전체를 이해하려면 먼저 시편 1편의 내용을 숙지해야 한다. 시편 1편에서 강조하는 내용이 무엇인가?

> 오직 여호와의 율법을 즐거워하여 그의 율법을 주야로 묵상하는도다
> | 시 1:2

복 있는 사람이 되려면, 시냇가에 심은 나무처럼 되려면, 철을 따라 열매를 맺는 사람이 되려면, 하나님의 말씀을 밤낮으로 묵상해야 한다고 하신다. 기도하라고 말씀하시는 것이 아니라 말씀을 밤낮으로 묵상하고 중얼거리라고 하신다. 우리의 생리와는 전혀 맞지 않는 명령이다. 우리는 어려운 일을 만나면 기도 본능이 나타나는데, 기도 본능을 죽이고 말씀 본능을 가지라고 하신다.

이 말씀은 기도를 하지 말라는 말씀이 아니다. 오히려 기도를 잘하라는 말씀이다. 무기력한 기도, 응답받지 못하는 기도, 사탄의 작전에 말려드는 기도 대신 승리하는 기도 방법을 알려주시는 것이다. 그 방법이 무엇인가? 바로 말씀으로 기도하는 것이다. 따라서 우리는 기도할 때마다 이 말씀을 기억해야 한다. 예수님은 이렇게 말씀하셨다.

너희가 내 안에 거하고 내 말이 너희 안에 거하면 무엇이든지 원하는 대로 구하라 그리하면 이루리라 | 요 15:7

예수님이 친히 하신 말씀이다. 우리는 응답받는 기도를 위해선 반드시 세 가지의 원칙을 기억해야 한다. 첫째는, 우리가 예수님 안에 거하는 것이다. 우리가 예수님 안에 거한다는 것은 예수님과의 관계성을 의미하는 말씀이다. 둘째는, 예수님의 말씀이 우리 안에 거해야 한다는 것이다. 즉 하나님의 말씀을 마음에 새기는 성경암송이 있어야 한다는 것이다. 그래야만 그 말씀을 약속 삼아 기도할 수 있기 때문이다. 셋째는, 그렇게 하면 무엇을 구하든지 응답받게 된다는 말씀이다.

기도 응답의 세 가지 원칙이자 기준이라고 할 수 있다. 앤드루 머레이(Andrew Murray)는 하나님의 말씀이 기도의 내용이 되어야 한다고 말했다.

> "하나님의 말씀으로 기도하라. 말씀은 그분의 뜻을 나타내며, 그 뜻 안에서 우리는 담대히 기도할 수 있다."

우리는 왜 하나님의 말씀을 암송하고 그 말씀을 묵상해야 하는가? 가장 곤고한 시간, 가장 기도가 필요할 그 시간에 왜 우리는 하나님의 말씀을 암송하고, 묵상하고, 중얼거려야 하는가?

그것은 바로 하나님의 말씀만이 위대한 능력을 갖추고 있기 때문이다. 하나님은 말씀으로 온 세상 만물을 창조하셨으며 말씀을 통해 모든 기적과 이적을 행하셨다. 천지창조는 하나님의 말씀 대잔치의 결과였다. 예수님께서도 광야에서 시험을 받으실 때 사탄의 유혹을 즉시 말씀으로 물리치셨다. 예수님은 사십일 금식 후 사탄을 만났을 때 기도하면서 하나님의 도움을 구하지 않았다. 즉시 기록된 말씀을 사용하여 사탄을 물리치셨다. 이것이 바로 말씀의 능력 아닌가?

19세기 미국을 복음으로 변화시킨 디엘 무디(Dwight Lyman. Moody)는 거듭난 후, 하나님 앞에서 온전히 살기로 서약했지만 늘 넘어지고 비틀거리는 삶을 살았다고 한다. 무디는 이래서는 안 되겠다고 생각하고 산으로 들어가 기도하고 부흥회도 쫓아다녔다. 그러나 그곳에서 얻은 은혜는 채 한 달을 유지하지 못했다. 그래서 무디는 "나는 길가에 뿌려진 씨앗처럼 말씀의 씨가 자라지 못하는 마음 밭인가 보다."라고 탄식했다. 그러던 어느 날 문득 펴 본 말씀이 로마서 10장 16절에서 17절의 말씀이었다.

> ¹⁶ 그러나 그들이 다 복음을 순종하지 아니하였도다 이사야가 이르되 주여 우리가 전한 것을 누가 믿었나이까 하였으니 ¹⁷ 그러므로 믿음은 들음에서 나며 들음은 그리스도의 말씀으로 말미암았느니라 | 롬 10:16~17

이 말씀을 읽을 때 무디의 마음에 믿음과 깨달음이 왔다. 그것은 말씀이 믿음을 붙잡아 주는 것이며, 믿음이 흔들릴 때 예수님의 말씀을 들음으로써 믿음을 강하게 만들 수 있다는 깨달음이었다.

말씀을 통해 믿음의 성장 방법을 찾은 무디는 그날부터 매일 새벽마다 성경을 읽고 묵상하게 되었고 하나님께 믿음을 달라고 기도했다. 그리고 믿음을 크게 만들기 위해 하나님의 말씀을 입으로 시인하고 선포했으며 말씀대로 행동하며 살려고 노력했다. 그 후 무디는 세계를 뒤흔드는 신앙의 거장이 될 수 있었다. 그는 이렇게 고백했다.

> "성경은 내게 필요할 때 침상이 되었고, 어두울 때 등불이 되었으며, 일할 때 연장이 되었으며, 찬송할 때 악기가 되었고, 무지할 때 스승이 되었으며, 헛발을 디뎌 빠질 때에 반석이 되었습니다."

무디만 그런 것이 아니다. 마르틴 루터(Martin Luther)의 기도 생활을 들여다보면 매일기도와 관련해서 자칫 흘려 넘기기 쉬운 중요한 대목을 배울 수 있다. 루터는 마음 가는 대로 자유롭게 기도하기 보다는 '본문을 붙잡고' 기도하는 시간을 가졌다. 루터가 선호했던 방식, 곧 성경 본문에 토대를 둔 기도를 했다. 루터는 주기도문을 가져다가 한 구절 한 구절 주님의 간구를 자신의 말로 바꿔서 그날의 관심사를 담아 기도했고 또 그렇게 하라고 사람들에게 권했다. 루터의 기도는 말씀과 기도를 연결하는 탁월한 기법이었던 것이다.

성공적인 통성기도를 위해 말씀을 늘 가까이 두고 읽는 것에 그쳐선 안 된다. 우리는 필요한 때에 언제든지 무기 삼아 선포할 수 있는 말씀을 암송해야 한다. 사탄을 대적할 수 있도록 '손 대면 톡하고 터질 것만 같은 말씀'이 되어야 한다.

2021년 「사탄을 가지고 노는 3가지 방법」이라는 동영상을 유튜브(Youtube) 성경암송학교TV에 올렸는데, 소위 '떡상'이 되었다. 제목이 도발적이긴 하지만 사탄의 공격에 힘없이 쓰러지는 크리스천들을 돕기 위한 동영상이었다. 그 동영상을 본 사람들의 댓글들이 이어졌다. 대부분이 크리스천이었지만 그중에는 불신자들도 있었다. 크리스천이든 불신자든 사탄에 대해 그렇게 관심이 많은 줄 그때 알았다.

댓글 중에 "사탄이 매우 강해서 사람들이 감당할 수 없는데 어떻게 가지고 놀 수 있는가?"라는 내용이 주류를 이뤘다. 또 "사탄을 만나면 알고 있던 말씀도 생각나지 않아서 어떻게 대처할 수 없다"라는 내용도 있었다.

대부분 사탄의 능력을 과대하게 묘사하는 사람들이 많았다. 머리에

뿔 난 괴물 같다고 인식하는 사람이 많았다. 실제로 사탄의 능력은 엄청나며 사람이 상대하기에는 버거운 존재임이 분명하다. 그러나 사탄의 능력을 너무 지나치게 과대하게 묘사하는 것은 잘못된 것이다. 사탄의 능력보다 말씀의 능력이 훨씬 강하기 때문이다.

사탄의 능력을 인정하는 것은 신앙적인 경각심을 강조하기 위해 사용되지만, 때로는 균형 잡힌 신앙생활에 해로울 수 있다. 기독교 신앙에서는 사탄의 존재를 인정하지만, 하나님의 주권과 말씀의 능력이 사탄보다 훨씬 크다는 것을 강조한다. 따라서 사탄의 능력을 지나치게 강조하는 것은 신앙의 본질을 왜곡하는 것이다. 실제로 성경은 사탄을 갖고 놀라고 말씀한다.

> 그런즉 너희는 하나님께 복종할지어다 마귀를 대적하라 그리하면 너희를 피하리라 | 약 4:7

> 8 근신하라 깨어라 너희 대적 마귀가 우는 사자 같이 두루 다니며 삼킬 자를 찾나니 9 너희는 믿음을 굳건하게 하여 그를 대적하라 이는 세상에 있는 너희 형제들도 동일한 고난을 당하는 줄을 앎이라 | 벧전 5:8~9

> 마귀의 간계를 능히 대적하기 위하여 하나님의 전신 갑주를 입으라 | 엡 6:11

실제로 사탄의 능력은 강력하지만, 하나님의 능력은 사탄의 능력을 제어하고도 남는다. 그러면 하나님의 능력은 무엇인가? 바로 하나님 말씀의 능력이다. 우리 개인적으로는 사탄을 이길 수 없지만 하나님의 말씀을 가지면 능히 승리할 수 있다. 그러한 사례를 남기신 분이 바로 우리 예수님이시다. 예수님을 시험하던 마귀를 단순히 기록된 말씀으로 물리치셨다.

> 예수께서 대답하여 이르시되 기록되었으되 사람이 떡으로만 살 것이 아니요 하나님의 입으로부터 나오는 모든 말씀으로 살 것이라 하였느니라 하시니
> | 마 4:4

> 예수께서 이르시되 또 기록되었으되 주 너의 하나님을 시험하지 말라 하였느니라 하시니 | 마 4:7

> 이에 예수께서 말씀하시되 사탄아 물러가라 기록되었으되 주 너의 하나님께 경배하고 다만 그를 섬기라 하였느니라 | 마 4:10

이 말씀들은 모두 구약에 기록된 말씀이다. 예수님은 토씨 하나 틀리지 않고 구약의 말씀을 세 번씩이나 암송 선포하여 사탄을 대적하셨다. 결과는 무엇인가? 예수님의 일방적 승리였다. 이 사건을 통해 우리는 사탄을 대적하는 방법을 알게 되었다. 그것이 무엇인가? 무오하신 하나님의 말씀을 암송하여 적재적소에서 선포하는 것이다. 사탄을 이길 방법은 이것밖에 없다. 예수님은 기도하신 것이 아니라 하나님의 말씀을 선포하여 승리하셨다. 우리도 예수님과 같은 방법으로 사탄을 대적해야 한다.

악한 영의 세력들을 대적하는 데 성경 말씀을 사용하는 것보다 더 좋은 방법은 없다. 그러므로 말씀 암송 계획을 세우고 그것을 실행하는 것이 좋다. 반복해서 또 암송하고 또 암송하라. 이미 암기하고 있는 말씀을 몸과 마음에 새기도록 지속해서 반복하라. 100번 반복하는 것보다 101번 반복하는 것이 낫다. 그렇게 하면 성령의 검을 손에 쥐게 될 것이다.

그다음으로 말씀을 묵상해야 한다. "오직 여호와의 율법을 즐거워하며 그 율법을 주야로 묵상하는 자로다."(시 1:2) 묵상은 하나님의 말씀을 이해하고 생활에 적용할 수 있도록 되새기는 역할을 해준다. 언제 어디서나 늘 묵상하기를 힘써야 한다. 말씀을 들으면서도 묵상하고, 읽으면서도 묵상하고, 기도하면서도 묵상하고, 암송하면서도 묵상하라. 날로 성장해 가는 믿음을 보게 될 것이다.

기도할 때 기도만 하지 말고 말씀을 함께 읽고 묵상해야 한다. 자기 생각으로 기도하면 기도가 잘못될 수 있다. 악한 기도로 전락할 수 있다. 자기중심적인 기도가 될 수 있다. 기도하는 것만이 중요한 것이 아니라 하나님의 말씀에 따라서 기도해야 올바른 기도가 되며 능력 있는 기도가 된다.

사람의 생각은 럭비공과 같아서 어디로 튈지 모르는 예측 불허이다. 생각은 지식과 감정과 의지가 섞여서 작용하기 때문에 그렇다. 이처럼 예측할 수 없는 생각을 길들이고 바른길로 가도록 인도하는 것이 하나님의 말씀인 성경이다. 생각이 성경에 사로잡히고 말씀에 따라 기도할 때 능력의 기도가 되는 것이다.

  우리는 하나님의 말씀인 성경을 통해 생각을 바꿀 수 있다. 우리는 성경을 통해 하나님의 뜻을 알게 된다. 우리는 성경을 통해 기도를 온전히 하게 되고 능력을 덧입는다. 성경은 살아계신 하나님의 능력 있는 말씀이기 때문이다.

> 12 하나님의 말씀은 살아 있고 활력이 있어 좌우에 날선 어떤 검보다도 예리하여 혼과 영과 및 관절과 골수를 찔러 쪼개기까지 하며 또 마음의 생각과 뜻을 판단하나니 13 지으신 것이 하나도 그 앞에 나타나지 않음이 없고 우리의 결산을 받으실 이의 눈 앞에 만물이 벌거벗은 것 같이 드러나느니라 | 히 4:12~13

> 많은 날이 지나고 제삼년에 여호와의 말씀이 엘리야에게 임하여 이르시되 너는 가서 아합에게 보이라 내가 비를 지면에 내리리라 | 왕상 18:1

  부모들이 자녀의 요구에 응할 수밖에 없는 경우가 있다면, 자녀들이 "아빠 약속 했잖아요."라고 할 때이다. 우리가 하나님이 기뻐하시는 기도를 드리기 위해서는 약속의 말씀에 따라 기도하는 것이다. 하나님의 약속은 바로 하나님의 뜻이다. 우리의 많은 기도들이 응답되지 못하는 이유는 바로 우리 기도가 자기 욕망에 근거하고 있기 때문이다.

> 2 너희는 욕심을 내어도 얻지 못하여 살인하며 시기하여도 능히 취하지 못하므로 다투고 싸우는도다 3 너희가 얻지 못함은 구하지 아니하기 때문이요 구하여도 받지 못함은 정욕으로 쓰려고 잘못 구하기 때문이라 | 약 4:2~3

우리가 성경 말씀을 가까이할 때 우리는 하나님의 뜻을 보다 깊이 알 수 있다. 그리고 우리는 하나님의 뜻에 따라 그분의 약속을 붙들고 기도할 수 있게 된다. 그러므로 기도의 사람은 또한 말씀의 사람이어야 한다.

둘째, 겸손히 기도하는 훈련을 해야 한다.

엘리야가 갈멜산에서 기도할 때의 모습을 이렇게 묘사하고 있다.

"땅에 꿇어 엎드려 그 얼굴을 무릎 사이에 넣고" | 왕상 18:42

어느 구약학자는 '이런 기도의 모습은 자신의 피조성을 고백하는 것이며 죄인 됨을 고백하는 것이다.'라고 했다. 이런 자세가 바로 겸손한 자세이다. 통성기도의 비판 중의 하나가 바로 감정을 억제하지 못하여 무례하게 기도하는 것이라는 사실을 이미 언급한 바가 있다. 만일 누군가가 겸손하지 못하다면 그것은 자신의 피조물성과 죄인 됨을 망각한 모습이라고 정의할 수 있을 것이다.

젊은 자들아 이와 같이 장로들에게 순종하고 다 서로 겸손으로 허리를 동이라 하나님은 교만한 자를 대적하시되 겸손한 자들에게는 은혜를 주시느니라 | 벧전 5:5

겸손은 기도자의 필수조건이다. 우리는 하나님을 의지하지 않고서는 아무것도 할 수 없는 피조물임을 알아야 한다. 우리는 또한 하나님의 용서를 통해서만 하나님께 나아갈 수 있다는 것을 잊지 말아야 한다.

셋째, 기대하면서 기도하는 훈련을 해야 한다.

　만일 어떤 사람이 기도하면서 응답을 기대하지 않는다면 그가 기도를 믿는 사람이라고 할 수 없을 것이다. 엘리야는 비가 올 것을 기대하면서 기도했다. 그는 자기 사환에게 "바다 편을 바라보라."라고 지시했다. "아무것도 없나이다."라고 보고하는 사환에게 "일곱 번까지 다시 가라."고 명령한다. 그는 기도가 응답될 것을 기대하고 있었다는 구체적인 증거이다.

　마태복음을 보면 예수님이 고향 나사렛에서 기적을 행치 아니하셨는데 그 이유는 저들이 '예수님을 기대하지 아니하는' 사람들이었기 때문이다. 이것은 그들이 예수님을 믿지 아니했다는 말이다. 기대가 없는 곳에서 하나님은 일하시지 않는다.

> 그들이 믿지 않음으로 말미암아 거기서 많은 능력을 행하지 아니하시니라
> | 마 13:58

넷째, 기도한 것을 들으신 것으로 믿는 훈련을 해야 한다.

　우리가 하나님이 기도에 응답하시는 분이심을 믿고 그분의 기뻐하시는 뜻에 따라 기도했다면 우리는 기도한 바를 하나님이 들으셨다고 믿어야 한다. 엘리야는 그의 사환이 일곱 번째 바다 편을 살핀 후 "바

다에 사람의 손바닥만 한 작은 구름이 일어나고 있습니다."라는 보고를 하자 아합왕에게 "비에 맞지 않도록 마차를 갖추고 내려가소서."라고 말했다. 이것이 바로 엘리야의 믿음이다. 그는 하나님이 이미 그의 기도를 들으실 것을 믿은 것이다.

2005년에 「환경을 초월하는 사람」이라는 책이 출간되었다. 이 책은 가방 2개와 500불로 이룬 신화의 주인공인 이영수 장로의 이야기이다. 지금은 그가 어디서, 어떻게 지내는지 알지 못하지만, 한때 나는 호주에서 이영수 장로와 개인적으로 여러 차례 교제를 나눈 적이 있다.

호주 시드니에 거주하는 이영수 장로는 주변에서 만나보기 쉽지 않은, 특이한 사람 중의 한 사람이다. 이영수 장로는 정말 단순한 사람이었다. 만약 예수님이 이영수 장로를 만나면 "이만한 믿음을 만나보지 못하였노라."라고 말하실 것 같은 사람이다.

그는 1991년부터 호주에서 학원 사업을 시작하여 호주 전역에서 가장 큰 뉴칼리지(New College)를 운영하고 있으며, 한국과 미국에도 지점을 운영하고 있다. 학원을 시작하면서 그는 처음부터 이렇게 기도했다고 한다.

"하나님 300명을 보내 주십시오."

이 정도의 기도는 아주 평범한 기도인 것 같다. 이 정도의 기도는 누구나 할 수 있을 것이다. 기도할 때 3,000명을 보내달라고 말은 왜 못 하겠는가. 그런데 그가 다른 사람들과 다른 점은 기도한 내용을 그대로 이루어 주실 것을 믿는 믿음이 그에게 있었다는 것이다.

그는 먼저 믿음의 십일조를 하기로 결단했다. 믿음의 십일조란, 하나님께 기도한 대로 300명을 보내주실 것을 믿고 미리 300명분의 십일조를 하나님께 드리는 것이다. 그는 이렇게 이야기한다.

> "어떻게 심지 않고서 거둘 수가 있습니까? 심지 않으면 절대로 거둘 수 없습니다. 농사꾼이 농사를 짓지 않고 저 넓은 밭을 채워달라고 기도한다고 해서 많은 열매를 거둘 수 있겠습니까?"

그런데 문제는 그에게는 아무런 돈이 없었다는 사실이다. 믿음의 십일조를 하기 위해 돈을 빌려야 할 형편이 된 것이다. 손에 쥔 돈은 전혀 없었지만, 그는 돈을 빌려서 믿음의 십일조를 하기 시작했다. 사람들은 그를 비웃었다. "헌금도 자기 형편대로 해야지. 돈을 빌려서 하는 것이 어디 가당찮은 이야기이냐?"고 비난했다.

그렇다. 헌금은 자원하는 마음으로 해야 하고 형편대로 해야 한다는 것이 보통 크리스천들의 고정된 관념이다. 모두 그렇게 생각한다. 누가 돈을 빌려서 십일조를 한다고 하는 것을 이해할 수 있겠는가? 이영수 장로만이 할 수 있는 믿음이었다. 그렇게 11개월을 십일조를 하고 싶었더니, 하나님께서는 그의 기도대로 정확하게 300명을 보내주셨다는 사실이다.

그가 거기서 만족할 사람이라고 생각하는가? 그는 거기서 만족하지 않았다. 그는 다시 500명을 바라보며 500명에 대한 믿음의 십일조를 드렸다. 수입이 얼마가 되든 상관없이 500명분의 십일조를 드리며 기도했다.

"하나님! 500명을 보내주실 것을 믿고 드립니다."

그러자 하나님께서는 어김없이 500명의 학생을 보내 주셨다. 그다음엔 750명을 심었을 때 하나님은 750명을 다시 보내주셨다. 그다음에 1,000명을 심었고 하나님은 다시 1,000명을 보내주셨다. 그렇게 해서 지금은 10,000명 이상의 학생이 그의 학원에서 공부하고 있다는 것이다.

그러므로 내가 너희에게 말하노니 무엇이든지 기도하고 구하는 것은 받은 줄로 믿으라 그리하면 너희에게 그대로 되리라 | 막 11:24

우리는 이영수 장로만큼은 아니더라도, 기도 응답의 증거가 당장에 나타나지 아니할지라도 믿어야 한다. 하나님은 공수표를 남발하는 분이 아니시기 때문이다. 기도할 때 느낌이나 선입견을 의존하지 말라. 별로 믿을 것이 못 된다. 사람들은 느낌과 선입견을 크게 의존하는 경향이 있다. 눈에 보이는 것을 믿으려 한다. 그러나 하나님을 믿는 사람은 하나님의 말씀을 믿고 기도의 능력을 믿어야지 느낌이나 선입견에 좌우되어서는 안 된다.

지구는 평평해 보이지만 실제로는 둥글다. 옛날 사람들은 배를 타고 멀리 가지 말라고 했다. 이유는 지구가 평평하기 때문에 땅끝이나 바다 끝에 가게 되면 낭떠러지가 있어 떨어져 죽는다고 생각했기 때문이다. 그러나 실상은 전혀 달랐다.

지구는 움직이지 않는 것 같다. 그러나 지구는 맹렬하게 자전하고 있으며 무시무시한 속도로 태양을 중심으로 공전하고 있다. 자전거를 타고 시속 40km만 달려도 세상에서 가장 빠른 것 같은 느낌을 받지만, 보잉 747을 타고 시속 1,000km로 달려도 결코 빠른 느낌을 받지 못한다. 이처럼 느낌과 선입견을 버리고 환경을 초월하는 믿음을 가질 때 기도의 능력은 물론이고 놀라운 기적을 체험하게 된다.

다만 문제는, 우리에게 믿음이 없다는 것이다. 엘리야의 사환은 처음에 '아무것도 없다'라고 보고했지만, 엘리야는 믿음을 포기하지 않았다. 우리는 훈련한 만큼 능력 있는 기도를 할 수 있다.

다섯째, 통성으로 기도하는 것을 훈련해야 한다.

통성기도는 매우 중요한 기도이다. 앞에서 언급한 네 개의 훈련 모두 성공적인 통성기도를 위한 훈련이었다. 통성기도에 함정이 없는 것은 아니지만 통성기도는 침묵기도나 묵상기도보다 기도에 쉽게 집중할 수 있는 장점을 가지고 있다. 침묵기도나 묵상기도는 기도 중에 잡념에 빠지는 경우가 종종 있지만 통성으로 기도하는 순간에는 적어도 그런 문제는 해결될 수 있을 것이다.

통성기도는 어떤 간절한 문제가 있을 때 큰 소리를 내어 기도할 수 있다는 장점을 가지고 있다. 사람들은 다급한 일이 발생하거나 위기 앞에서 소리를 내어 기도하고 싶어 하는 본능이 있다. 분명히 이 본능은 하나님이 주신 것이다. 소망이 없던 소경 바디매오는 예수님이 지나간다는 소망의 소식을 듣고 부르짖었다.

"다윗의 자손이여! 나를 불쌍히 여기소서!"

체면도 위신도 필요 없었다. 마냥 소리를 질러댔다. 주변 사람들이 그에게 와서 잠잠하라고 할 때에도 그는 잠잠하지 않았다. 그는 결국 예수님의 긍휼을 입고 눈을 뜰 수 있었다. 그가 만일 침묵기도나 묵상기도를 하면서 한적한 곳에 머물러 있으면서, 예수님이 알아서 고쳐 달라고 했다면 예수님은 그냥 지나쳤을지도 모른다.

우리에게도 이런 모습이 있어야 한다. 사탄이 얽어매고 있던 죄의 사슬, 시험의 사슬을 깨뜨리는 부르짖음이 있어야 한다. 문제의 사슬을 깨는 것은 아름다운 문장이나 시가 아니라 부르짖음이다. 좀 더 간절히 부르짖으라. '시험 들었네'라고 중얼거리면서 돌아다니지 말고 간절히 힘을 내서 부르짖어 기도하라.

일주일만 금식하면서 앞에서 제시한 대로 기도해 보라. 해결되지 않을 문제가 어디 있겠는가? 태산 같은 문제들이 줄줄이 해결될 것이다. "낙심된다, 죽겠다. 인생이 왜 요 모양 요 꼴이냐?" 하면서도 부르짖어 기도하지 않는 인생은 참으로 딱한 인생이다. 금식하면서 기도해 보라. 금식은 사람의 가장 기본적이고 간절한 생명에 대한 욕구이다. 그러므로 금식은 그 어떤 것보다 간절한 통성기도이다. 주님께 생명을 걸고 기도해 보라. 문제는 반드시 해결되고 말 것이다.

성경은 전적으로 통성기도를 옹호하고 있다. 성경을 읽어보면 부르짖어 통성으로 기도하는 내용들을 소개하고 있다. 민족의 지도자인 모세는 백성들을 위해 하나님께 부르짖어 통성으로 기도했다. 하나님이 사람에게 감정을 주신 이유는 억제하라고 주신 것이 아니다. 위급한 상황, 간절한 상황에 감정을 사용하라고 주신 것이다. 통성기도에는 이런 사람의 감정이 들어갈 수 있다. 모세를 비방했던 미리암이 나병에 걸렸을 때, 아론은 슬퍼하며 이 사실을 알렸을 때 모세는 미리암을 위해 부르짖어 통성으로 기도했다.

> 모세가 여호와께 부르짖어 이르되 하나님이여 원하건대 그를 고쳐 주옵소서
> | 민 12:13

구약성서에 나오는 기도의 대부분은 부르짖는 통성기도였다. 민족의 위기 앞에 이스라엘 민족들은 부르짖어 통성으로 기도했다. 하나님은 예레미야 선지자에게 부르짖어 통성으로 기도하라고 말씀하셨다.

> 12 너희가 내게 부르짖으며 내게 와서 기도하면 내가 너희들의 기도를 들을 것이요 13 너희가 온 마음으로 나를 구하면 나를 찾을 것이요 나를 만나리라
> | 렘 29:12~13

> 2 일을 행하시는 여호와, 그것을 만들며 성취하시는 여호와, 그의 이름을 여호와라 하는 이가 이와 같이 이르시도다 3 너는 내게 부르짖으라 내가 네게 응답하겠고 네가 알지 못하는 크고 은밀한 일을 네게 보이리라 | 렘 33:2~3

예수님은 과부의 부르짖는 기도를 하나님이 응답해 주실 것을 말씀하셨다. 너무 간절한 마음에, 아니 생과 사를 오가는데 조용히 대화하는 기도는 오히려 어색한 것이다. 예수님은 체면치레도 없이 "나의 원통함을 풀어 주소서."라고 울며 부르짖었던 과부의 기도를 불의한 재판관이 외면하지 않은 것 이상으로, 우리의 부르짖는 통성기도를 외면하지 않으신다는 사실을 분명히 말씀하셨다.

하물며 하나님께서 밤낮으로 간구하는 그의 백성에게 공정한 판결을 해주시지 않겠느냐 | 눅 18:7

하브루타 질문

① 저자는 기도를 운동에 비유하고 있다. 그냥 하는 기도와 훈련된 기도 사이에는 어떤 차이가 있을까?

② 기도의 사람은 말씀의 사람이어야 한다고 했는데, 그 이유는 무엇인가?

③ 기도할 때 겸손히 기도해야 하는 이유는 무엇인가?

④ 기도할 때는 기대를 가지고 기도해야 한다. 당신의 삶에서 기도할 때 어떤 기대를 가져야 하는지 말해 보라.

⑤ '기도하고 구한 것은 받은 줄로 믿으라'는 말씀처럼 기도에 대한 확신이 분명해야 하는데, 당신은 과연 그렇게 생각하고 있는가? 아니면 하나님이 그럴 능력이 있으신지에 대해 내심 의문을 가지고 있는가?

4
통성기도의 육하원칙

통성기도 역시 성경의 가르침에 따라야 한다.

21C 찬송가 364장에는 '내 기도하는 그 시간'이라는 찬송가가 있다.

"내 기도하는 그 시간 그때가 가장 즐겁다. 이 세상 근심걱정에 얽매인 나를 부르사
내 진정 소원 주 앞에 낱낱이 바로 아뢰어 큰 불행 당해 슬플 때 나 위로받게 하시네"

2절 가사는 더 아름답다.

"내 기도하는 그 시간 내게는 가장 귀하다. 저 광야 같은 세상을 끝없이 방황하다가
위태한 길을 나갈 때 주께서 나를 이끌어 그 보좌 앞에 나아가 큰 위로 받게 하시네"

얼마나 아름다운 기도의 모습인가? 정말 이런 모습으로 기도하고 있

는가? 그럼 이런 기도는 어떻게 드려질 수 있는가? 바로 이런 기도는 성경의 가르침에 따를 때 가능해진다. 기도는 성경의 가르침에 따라 이루어져야 한다. 원칙 없는 통성기도는 여러 가지 문제를 초래할 수 있다.

첫째, 하나님의 뜻과 어긋나게 된다.

성경은 기도가 하나님의 뜻에 맞아야 한다고 가르친다. 원칙 없는 통성기도를 자신의 욕망이나 일시적인 감정에 기반하여 드릴 수 있으며, 이는 하나님의 뜻과 어긋날 수 있다. 예수님께서도 "아버지의 뜻이 이루어지이다"라고 기도하셨듯이, 하나님의 뜻을 따르지 않는 통성기도 역시 응답을 기대하기 어렵다(마 6:10).

둘째, 영적 성장을 방해한다.

통성기도는 하나님과의 소통을 통해 우리의 신앙을 성장시키는 중요한 수단이다. 그러나 원칙 없는 통성기도는 그저 자기의 소원만을 나열하는 것에 그칠 수 있어, 하나님과의 관계가 깊어지지 않으며 영적 성장을 방해할 수 있다.

셋째, 집중력과 방향성이 부족해진다.

성경적 원칙을 따르지 않으면 통성기도의 내용이 산만해지고 집중력이나 방향성이 부족할 수 있다. 목적 없이 기도하면 하나님께 드리는 진정성 있는 대화보다는 자기중심적인 기도로 변질될 수 있다.

넷째, 자아 중심적 기도로 전락할 수 있다.

원칙 없이 기도할 때, 기도는 자신의 욕망 충족이나 세속적인 이익을 위한 도구로 변질될 위험이 크다. 이는 기도의 본질인 하나님과의 영적 교제를 왜곡시킬 수 있으며, 더 나아가 기도의 응답을 받지 못하는 좌절로 이어질 수 있다.

다섯째, 믿음이 약화될 수 있다.

원칙 없는 통성기도는 응답받지 못할 가능성이 높으며, 그 결과로 기도자의 믿음이 약해지거나 하나님에 대한 신뢰가 흔들릴 수 있다. 이는 성도의 기도 생활에 악영향을 미치고, 신앙에서 멀어질 위험이 있다. 성경의 가르침에 따르지 않는 통성기도는 이기적인 기도에 불과하며 경건 생활에 도움이 되지 못한다. 깊은 기도의 세계를 체험하지 못함으로 기도의 기쁨을 잃어버리고 힘들게 기도 생활을 유지할 뿐이다. 그런 사람들이 늘 하는 말이 있다.

"무엇을 기도해야 할지 모르겠어요."
"기도할 것이 다 떨어졌어요."

솔직한 고백들이다. 이런 말을 하는 사람은 둘 중의 하나일 것이다.

기도를 정말 잘하는 사람이든지, 아니면 기도를 전혀 못 하는 사람 중의 하나일 것이다. 통성으로 기도할 때 온전한 기도를 해야 한다는 사실은 누구나 알고 있다. 하지만 통성기도를 마치고 자리에서 일어섰을 때, 아니면 대표 기도를 마치고 자리로 돌아올 때, 다음 기도자로 지명되었을 때, 왠지 자기 기도가 한없이 왜소하고 부족하다는 생각을 한 적이 없었는가?

물론 최선을 다하려고 했던 것이 사실이다. 기도 중에는 감사하다는 말 몇 마디가 포함될 수가 있다. 죄를 통째로 고백할 수도 있다. 그러나 왠지 기도가 어설픈 데다가 대충대충 하고 한쪽으로 치우쳐 있다는 생각을 떨쳐 버릴 수 없다. 이것이 바로 기도의 불균형이다.

통성기도에 대해 고찰하면서 성경을 읽어 나갔을 때, 나는 간구가 기도의 작은 부분에 불과하다는 사실에 주목하지 않을 수 없었다. 어떤 부분은 경배이고, 어떤 부분은 죄의 고백이며, 어떤 부분은 찬양이고, 어떤 부분은 감사였다.

시편은 시로 표현된 일련의 기도들이다. 시편을 읽어보면, 그 중의 소수만이 간구하는 기도임을 알 수 있다. 시편에는 경배가 들어 있고, 죄의 고백이 들어 있고, 찬양이 들어 있고, 감사가 들어 있다. 시편은 균형이 잘 잡힌 멋진 기도의 시다. 기도는 적절한 상품을 뽑을 수 있는 자동판매기가 아니다.

육하원칙(5W1H)이라는 공식이 있다. 육하원칙에 속하는 6가지 요소는 누가(who), 언제(when), 어디서(where), 무엇을(what), 어떻게

(how), 왜(why)이며, 각각의 알파벳 앞 글자를 따서 '5W1H'라고도 부른다. 육하원칙은 기사문, 보도문과 같이 신뢰성을 담보로 하는 글에는 반드시 포함되어야 하는 요소이다. 따라서 육하원칙이 포함된 문장이 완전한 문장으로 인정받는다. 아무리 좋은 문장이라 할지라도 육하원칙에 따르지 않은 문장은 완전하지 못한 문장으로 평가받게 된다.

통성기도에도 육하원칙이 있다. 문장의 육하원칙이 온전한 문장을 만들어 내듯이, 통성기도의 육하원칙이 온전한 기도를 만들어 낼 수 있다. 따라서 통성으로 기도할 때는 육하원칙에 따라 기도하면 온전한 기도에 도달할 수 있으며 기도에 실패하지 않을 가능성이 높다. 육하원칙에 따라 기도를 훈련한다면 기도 생활이 즐거워지고, 기도의 양이 풍성해지며, 좀 더 발전하는 기도를 체험하게 될 것이다.

훈련된 통성기도에는 원칙이 있다. 통성기도의 불균형을 피하기 위해선 기도에도 일종의 원칙이 필요하다. 원칙 없이 이리저리 헤매며 큰소리로만 기도하는 통성기도는 무엇을 기도했는지도 모를 뿐만 아니라 기도 응답의 유무도 모르고, 장시간 기도할 수도 없다. 통성기도 시간이 힘들고, 기도할 것도 없고, 무엇을 기도해야 할지도 모른 채 방황하게 된다. 아마도 "주여!"라는 말만 반복할지도 모른다.

물론 이런 원칙을 무시할 상황도 있다. 갑작스러운 일을 당했거나 시급한 문제를 앞에 놓고 기도할 때 기도의 육하원칙에 따른 통성기도를 할 필요는 없다. 마음이 슬플 때, 어려운 일을 당했을 때, 고통스러워 견디기 어려울 때 우리는 발등에 떨어진 불을 끄는 심정으로 기도할 수 있다. "주여 살려주옵소서"라고 부르짖음이 기도가 될 수 있다.

그러나 기도가 언제나 시급을 요하는 것이 아니다. 우리는 쉬지 말고 기도해야 하고 기도는 우리의 일상사가 되어야 한다. 일상사가 된 통성기도를 위해 기도의 원칙은 세워져야 한다. 통성기도의 육하원칙은 하나님의 뜻을 발견하기 위한 기도의 설계도이다.

건축은 설계도에 따른다. 모든 건물은 설계도에 따라 세워진다. 세상의 모든 건축물은 반드시 설계도에 따라 세워진다. 설계도가 없는 건물은 없다. 그만큼 설계도가 중요한 것이다. 기도는 더 말할 필요가 없다. 미국의 선교사이자 기독교 작가로, 인도에서의 선교 활동으로 잘 알려진 스탠리 존스(E. Stanley Jones)는 이렇게 말했다.

"우리가 만일 기도의 기술을 알고 행한다면, 생의 기술도 알고 행하는 것이다."

통성기도에는 기도의 설계도라고 할 수 있는 육하원칙의 기도 기술이 있다. 통성기도는 반드시 순서에 따라야 하고, 기초공사가 튼튼해야 하며, 어느 부분도 부실해서는 안 된다. 처음에는 어색하고 힘들겠지만, 통성기도의 육하원칙에 따라 기도훈련을 하게 되면 자신도 모르는 사이 깊은 기도와 더 풍성한 기도에 도달할 수 있을 것이다.

통성기도를 돕기 위해서 3부 7번에 '기도목록표'를 만들어 놓았다. 여기서는 통성기도의 육하원칙을 간단히 설명하고 다음 장부터 원칙 하나하나를 자세히 설명하려고 한다.

• **1단계 : 찬양** | Praise

통성기도의 제일 첫걸음은 바로 하나님을 찬양하는 것이다. 하나님의 성품과 특성을 인정하는 것이다. 그의 사랑, 능력과 위엄, 그의 놀라운 선물인 그리스도를 찬양하는 시간이다.

• **2단계 : 죄의 고백** | Confession

하나님께 우리의 죄를 고백하고 하나님 앞에서 그것을 시인한다. 솔직하고 겸손하게 죄를 고백하는 시간이다. 하나님이 여전히 우리를 사랑하시며 용서해 주신다는 약속을 믿고 하나님께 우리 죄를 고백하고 시인하는 시간이다.

• **3단계 : 감사** | Thanksgiving

하나님께서 우리에게 주신 모든 것에 대해서, 마음에 들지 않는 일까지도 하나님께 감사하는 것이다. 고난까지도 감사해야 한다. 사업의 실패, 목회의 실패 앞에서도 감사하는 마음을 갖는다. 감사하는 삶을 통하여 당신은 하나님의 목표를 더 잘 알게 된다. 감사의 깊이는 성숙의 깊이와 일치한다. F.J. 휴겔(F.J. Hegel, 1850-1925)은 오스트리아의 신학자이자 기독교 작가로, 특히 기도와 성령의 역할에 관한 저작으로 유명하다. 그는 그의 저서인 〈기도의 비밀〉에서 이렇게 말했다.

"요구하며 몸부림치는 기도는 사막을 걷는 것처럼 담담한 기도이지만 감사의 기도는 솔개가 공중을 나는 것처럼 경쾌한 기도이다."

4단계 : 중보 | Intercede

하나님께 감사의 기도를 드린 후 이제 다른 사람의 형편과 사정을 돌아보고 그들의 필요를 위해서 하나님께 구하는 것이다. 먼저 나라와 민족을 위해 기도하는 시간이며 대통령과 위정자들을 위해 통성으로 기도한다. 한국교회를 위해 기도하며, 각국에 파송한 선교사들과 선교지를 위해 통성으로 기도하는 시간을 갖는다. 더 나아가 교회를 위해 기도하며 교인들의 가정과 사업을 위해 기도한다. 특별히 기도요청을 받았으면 반드시 '기도목록표'에 기재하여 기한을 정하고 지속해서 기도한다.

• 5단계 : 간구 | Supplication

우리들 자신의 필요한 것을 하나님께 구하는 것이다. 이것은 특별한 요청이다. 이 시간은 자신의 필요한 것을 낱낱이 구하는 시간이다. '주간기도 목록표'에 자신이 구할 것을 적은 후 그 항목을 내어놓고 기도한다.

• 6단계 : 듣는 기도 | Listening prayer

지금까지 기도한 내용들을 정리하는 시간인 동시에 힘을 빼고 하나님의 음성을 듣는 시간이다. 조용히 침묵하면서 하나님의 세미한 음성에 귀를 기울이는 시간이다. 아무리 적어도 전체 기도 시간의 1/6 이상의 시간을 할애해야 한다. 이 시간은 입을 닫고 귀를 여는 시간이다.

이렇게 통성기도의 육하원칙을 살펴보았다. 처음부터 이렇게 통성으로 기도하는 것은 쉽지 않을 것이다. 이렇게 훈련을 받아 본 적이 없기 때문이다. 그러나 처음부터 조금씩, 조금씩 하다 보면 금방 익숙해질 것이다. 처음부터 너무 많은 기도를 하려고 하지 말라. 기도목록표의 각 항목에 두세 가지의 기도 제목을 기록한 후, 찬양부터 듣는 기도에 이르기까지 순서에 맞춰 조금씩 실천해 보라 큰 도움이 될 것이다. 육신의 훈련이 근육을 강화하듯이 기도의 훈련도 영적인 근육을 강화해 나갈 것이다. 서두르지 말고 조금씩 기록하여 기도하기 시작하라.

이런 방식으로 6개월 이상 통성기도 훈련을 하게 되면 기도의 깊은 세계를 체험할 뿐만 아니라 언제 어디서나 체계적인 기도를 드릴 수 있게 된다. 반드시 기도 내용을 구체적으로 기술하고 기도하는 훈련을 하다 보면 기도의 높은 경지에 이르게 될 것이다.

하브루타 질문

1 찬송가 364장은 우리가 잘 부르는 찬송 중 하나이다. 당신은 그 찬송의 가사에 전적으로 동의할 수 있는가?

2 기도의 불균형을 잡기 위해 기도의 육하원칙이 있다고 하는데, 당신의 기도는 원칙에 따른 기도인지, 아니면 한쪽으로 치우친 기도인지 점검해 보라.

3 문장의 육하원칙이 완전한 문장을 만드는 것처럼, 기도의 육하원칙이 기도를 완전하게 만드는 이유는 무엇인가?

4 더 탄탄한 기도 생활을 다져야겠다고 결심하는 사람이 꼭 해야 할 결정은 무엇일까?

5 당신은 목록을 만들어 기도하는 것에 대해 어떻게 생각하는가?

03
통성기도의 실제

1 찬양 | Praise
2 죄의 고백 | Confession
3 감사 | Thanksgiving
4 중보 | Intercede
5 간구 | Supplication
6 듣는 기도 | Listening prayer
7 나의 기도 목록표

주님이 친히 가르쳐 주신 지상 최고의 기도

지상 최고의 기도를 소개하고자 한다.

바로 예수님이 제자들에게 가르쳐 주신 기도이다. 예수님은 기도를 가르쳐 주시면서 "이런 방식으로 기도하라!"고 말씀하지 않으시고, "너희는 이렇게 기도하라!"고 하셨다. 이 기도는 단순한 모범이 아니라, 우리 신앙의 본질을 담고 있는 기도이기 때문이다. 따라서 우리는 지금도 이 기도를 매일 드려야 한다.

> 9 하늘에 계신 우리 아버지여 이름이 거룩히 여김을 받으시오며 10 나라가 임하시오며 뜻이 하늘에서 이루어진 것 같이 땅에서도 이루어지이다 11 오늘 우리에게 일용할 양식을 주시옵고 12 우리가 우리에게 죄 지은 자를 사하여 준 것 같이 우리 죄를 사하여 주시옵고 13 우리를 시험에 들게 하지 마시옵고 다만 악에서 구하시옵소서 나라와 권세와 영광이 아버지께 영원히 있사옵나이다 아멘 | 마 6:9-13

제자들에게 가르쳐주신 이 기도는 지상에서 가장 위대한 기도이다. 예수님이 이 기도를 가르쳐 주신 지 어언 2,000년이 지났지만, 이 기도는 역사가 존재하는 한, 가장 아름답고 모범적인 기도로 남을 것이다. 이 기도를 그대로 사용하면 된다. 만약 기도하기가 어렵다면, 이 기도를 반복하는 것만으로도 최상의 방법이 될 것이다. 주기도문에는 통성기도의 6하 원칙이 그대로 담겨 있다. 찬양, 죄의 고백, 감사, 중보, 간구와 함께 듣는 기도가 조화롭게 어우러져 있다.

첫째로, "하늘에 계신 우리 아버지"

하나님과의 관계를 강조하며, 하나님을 아버지로 부르는 친밀함을 나타낸다. 이는 단순한 간구가 아니다. 칼뱅은 하나님을 '아버지'라고 부르는 것이 '예수님의 이름으로 기도하는 것과 다름이 없다'고 말한다. 예수 그리스도를 영접함으로써 우리는 하나님의 자녀가 되는 권세(요 1:12)를 얻었다. 그래서 우리는 기도 시간에 하나님을 "아빠 아버지"라고 부를 수 있는 것이다.

> 너희가 아들이므로 하나님이 그 아들의 영을 우리 마음 가운데 보내사 아빠 아버지라 부르게 하셨느니라 | 갈 4:6

둘째로, "이름이 거룩히 여김을 받으시옵소서"

하나님의 이름의 거룩함을 간구하는 찬양의 기도이다. 현대인들에게 이 간구는 다소 이해하기 어려울 수 있다. '거룩히 여김을 받다'는 표현은 요즘 흔히 쓰이지 않으며, 세속화된 사회에서는 '거룩'이라는 개념 자체가 낯설게 느껴질 수 있다. 그럼에도 불구하고 우리는 하나님의 이름이 존경받고 거룩하게 여겨지기를 기도해야 한다. 하나님의 이름은 그분의 성품과 권위를 드러내므로, 이를 높이는 것이 매우 중요하다.

셋째로, "나라가 임하시오며"

하나님의 나라가 이 땅에 임하기를 바라는 기도이다. 하나님의 정의와 평화, 사랑이 세상에 실현되도록 간구한다. 이 기도를 통해 우리는 사회적 불의나 고통받는 이들을 위해 중보한다. 이 세상에서는 하나님의 통치가 부분적으로 드러날 뿐이지만 장차 다가올 하나님의 나라에서는 지금은 상상할 수 없을 만큼 완전하게 실현될 것을 믿는 기도이다. 그때가 되면 온갖 고통과 상처, 가난과 죽음은 사라지게 될 것이다. 그러므로 "나라가 임하시오며"라는 기도는 "정의와 평화가 흘러넘치는 미래의 삶을 갈구하는 간구의 기도이다.

넷째로, "뜻이 하늘에서 이루어진 것 같이 땅에서도 이루어지이다"

하나님의 뜻이 이루어지기를 바라는 마음으로 기도한다. "우리에게 은혜를 부어 주셔서 온갖 질병과 가난, 수치와 고통, 역경과 절망을 기꺼이 견디게 하소서. 주님의 거룩한 뜻이 그 가운데에서 우리의 뜻을 십자가에 못 박고 있음을 알게 해 주소서." 결국 우리의 삶과 세상이 하나님의 뜻에 순종하기를 간구하는 기도이다. 하나님의 뜻이 우리의 삶에 임할 때, 그 결과에 대해 감사하는 마음을 가져야 한다.

다섯째로, "오늘 우리에게 일용할 양식을 주옵시고"

우리의 일상적인 필요를 하나님께 요청하는 기도이다. 어거스틴은 "여기서 말하는 '일용할 양식'은 사치품이 아니라 생필품을 상징하는 표현이다"라고 말했다. 어거스틴은 온전한 기도란 너무 가난해서 하나님의 이름을 욕되게 하지도 말고, 너무 부유해서 주님을 잊어버리지도 않게 "오직 필요한 양식으로 나를 먹이시옵소서"라는 잠언 30장 8절처럼 되어야 한다고 주장했다. 이는 물질적, 영적 필요를 포함하여, 우리의 생존을 위한 모든 것을 간구하는 기도이다. 주어진 것에 대한 감사의 마음을 표현하며, 필요한 것들이 공급될 것을 믿는 기도이다.

루터는 이 기도에 사회적인 차원을 더했다. 누구나 빠짐없이 일용할 양식을 얻으려면 경제가 활성화되어야 하고, 취업률이 높아져야 하며, 정의로운 사회가 구현되어야 한다고 보았다. 루터에게는 일용할 양식을 위한 기도가 번영과 공정한 사회 질서를 갈구하는 간구였던 것이다.

여섯째로, "우리가 우리에게 죄 지은 자를 용서한 것 같이 우리 죄를 용서하옵시고"

죄의 고백이다. 동시에 서로의 죄를 용서하는 중요성을 강조한다. 자신의 죄를 고백하며, 하나님으로부터의 용서를 구한다. 그리고 다른 이들에게도 용서의 은혜가 임하기를 기도한다. 오랜 세월에 걸쳐 개인적으로 죄와 용서의 문제를 두고 치열한 씨름을 벌인 루터는 날마다 기도하며 하나님의 용서를 구하라고 목소리를 높였다.

꼬박꼬박 죄를 뉘우치고 고백하는데도 삶 가운데 확신과 기쁨이 점점 커지지 않는다면, 은혜로 구원을 받았다는 신앙의 본질을 제대로 이해하지 못한 것이다. 죄의 고백은 기도에서 매우 중요한 위치에 있다. 만약 마음에 미워하는 감정을 계속 붙들고 있거나 앙갚음할 궁리를 하거나 어떻게든 해코지할 기회를 골똘히 찾고 있다면 기도를 드려 봐야 하나님께 우리 죄를 용서하지 말아 달라고 간청하는 꼴이 될 뿐이다.

일곱째로, "우리를 시험에 들게 하지 마옵시고"

유혹이나 시련에서의 보호를 간구하는 기도이다. 이 기도는 시험을 받지 말아야 한다는 것이 아니라 시험에 끌려가서는 안 된다는 기도이다. 칼뱅은 '오른편'과 '왼편', 두 범주로 나누어 시험을 열거한다. 오른편에서 오는 시험은 '부, 권력, 명예' 등으로 하나님이 필요 없다고 생각하는 죄에 빠지게 하는 유혹이다. 왼편으로 오는 시험은 '가난, 수치, 멸시, 고통'처럼 절망하게 하고, 소망을 완전히 잃어버리게 하고, 분노에 차 하나님에게서 등을 돌리게 만드는 시험이다. 이처럼 번영과 고난이 모두 쓰라린 시험이 될 수 있으므로 제각기 주님을 향한 신뢰를 버리고 자기 자신이나 다른 무언가를 소유하고자 하는 '과도한 욕구'에 집중하여 살도록 하는 모든 유혹에서 벗어나도록 간구하는 기도이다. 우리의 약함을 인식하고, 하나님께서 우리를 지켜주시기를 요청한다. 하나님이 주시는 인도와 보호에 미리 감사하는 마음과 함께 다른 사람을 향한 중보가 포함되어야 한다.

여덟째로, "다만 악에서 구하옵소서"

악으로부터의 보호를 간구하는 기도이다. 영적 전쟁에서의 승리를 위해 하나님께 도움을 요청한다. 악에서 건져주시는 하나님을 찬양하며, 그 은혜를 기억한다.

　원문은 '악마(사탄)에게서 구하시옵소서'라고 번역할 수 있다. 루터는 이를 두고 "악한 나라에서 뿜어 나오는 구체적인 폐해, 가난, 수치, 죽음 같은 우리를 위협하는 모든 것들과 맞서는 기도"라 정의했다.

아홉째로, "나라와 권세와 영광이 아버지께 영원히 있사옵나이다"

　찬양기도이다. 이 부분은 하나님께서 모든 나라와 권세, 영광의 주인이심을 찬양한다. 이는 하나님의 절대적인 통치와 권위를 인정하는 표현이다. 하나님께서 모든 것을 다스리고 계시며, 그분의 계획이 완전하다는 확신을 나타낸다. 동시에 하나님께서 그의 나라와 권세, 영광을 통해 우리의 삶을 이끌어 주시는 것에 대해 감사하는 마음을 담고 있다.

　이 부분은 원어 성경이나 라틴어로 번역된 불가타 성경에선 찾아볼 수 없는 구절이다. 그래서 어거스틴은 이 부분을 언급조차 하지 않는다. 루터 역시 구체적으로 다루지 않고 지나간다. 그러나 칼뱅은 라틴어 판에 없는 문장임을 알면서도 "여기에 두는 게 지극히 타당하므로 제외시키지 말아야 한다"고 말했다. 세상의 그 무엇도 나라와 권세와 영광을 사랑이 많으신 하늘 아버지의 손에서 낚아챌 수 없음을 기억하고 평온한 안식으로 수렴되게 하는 것이다.

열째로, "아멘"

"아멘"은 기도의 끝을 맺으며, 우리가 바라는 모든 것이 하나님의 뜻 안에서 이루어지기를 확신하며 응답하는 의미가 있다. 아멘은 주기도문의 마지막을 장식하며, 기도의 모든 내용을 종합적으로 요약한다. 하나님의 영원한 통치 아래에서 우리의 기도가 이루어지기를 기원하며, 하나님께 대한 신뢰와 경외심을 표현한다. 이를 통해 우리는 기도를 마치면서도 하나님과의 관계를 더욱 깊게 느끼고, 그분의 영광을 삶 속에서 드러내기를 다짐하는 동시에 하나님이 말씀하시는 음성에 귀를 기울인다.

이처럼 주기도문은 기도의 육하원칙이 서로 연결되어 있으며, 이를 통해 우리의 신앙과 삶을 더욱 풍성하게 만들어 주는 지상 최고의 기도라고 할 수 있다. 우리의 기도도 주기도문과 같이 찬양, 죄의 고백, 감사, 중보, 간구, 그리고 듣는 기도가 어우러져야 할 것이다. 물론 상황에 따라 순서가 달라질 수 있으며, 때로는 간구가 감사가 되고, 중보가 될 수 있다. 찬양이 감사로 이어질 수 있으며, 찬양에서 죄의 고백이 이루어질 수 있다. 이렇듯 기도는 단순한 의무가 아니라, 하나님과의 깊은 교제를 이루는 소중한 시간임을 잊지 말아야 한다.

1
찬양 | Praise

우리는 하나님을 찬양하기 위해 이 땅에 태어났다.

1986년 '가람과 뫼'가 발표한 '생일'이라는 노래가 있다. 아주 오래된 노래이지만 당시 많은 사람들에게 사랑을 받았던 노래이다.

온 동네 떠나갈 듯 울어 젖히는 소리
네가 세상에 첫선을 보이던 바로 그날이란다.
두리둥실 귀여운 아기 하얀 그 얼굴이
네가 세상에 첫선을 보이던 바로 그 모습이란다.
하늘은 맑았단다.
구름 한 점 없더란다.
나의 첫 울음소리는 너무너무 컸더란다.
꿈속에 용이 보이고 하늘은 맑더니만 네가 세상에 태어났단다.
바로 오늘이란다.
귀여운 아기가 태어났단다.
바로 오늘이란다.

우리가 이 땅에 태어나던 그 순간에 하나님은 보이지 않는 곳에서 우리의 출생에 미소 짓고 계셨다. 하나님은 우리가 이 땅에 살아 있기를 원하셨으며 우리가 태어난 것을 매우 기뻐하셨다. 사실 하나님은 우리를 창조하실 필요가 없었다. 하지만 하나님은 당신이 찬양을 받기 위해 우리를 창조하기로 선택하셨다. 우리는 하나님의 영광, 하나님의 기쁨, 그리고 하나님을 찬양하도록 창조된 것이다.

하나님을 찬양하는 것은 그분이 우리를 지으신 목적을 위해 사는 것이다. 하나님이 우리에게 주신 선물 가운데 가장 좋은 것은 기쁨을 가지고 그분을 찬양할 수 있는 은혜이다. 그분은 우리가 기쁨을 경험할 수 있도록 우리에게 오감과 감정, 그리고 리듬을 선물로 주셨다. 우리가 기쁨을 누리고 즐거워할 수 있는 이유는 우리가 하나님의 형상을 따라 만들어졌기 때문이다.

우리는 자주 하나님에게도 감정이 있다는 사실을 잊는다. 그분은 우리의 찬양을 매우 깊게 느끼시는 분이시다. 성경은 하나님이 슬퍼하시고, 질투하시며, 분노하시고, 기쁨, 즐거움, 만족뿐만 아니라 동정, 연민, 그리고 비애를 느끼신다고 말한다. 하나님은 우리의 찬양을 받으시고, 사랑하시고, 즐거워하시며, 기뻐하시고, 좋아하시며 심지어 웃기도 하신다.

구약시대의 사람들은 하나님을 찬양할 줄 알았다. 실로 구약시대의 하나님의 백성들은 하나님을 찬양하는 일에 있어 현대의 크리스천들보다 앞섰던 것 같다. 이런 사실은 시편에 밝히 드러나 있다. 시편의 적지 않은 부분이 하나님을 찬양하는 노래로 되어 있고, 나머지 시편에서도 시의 처음이나 마지막에 송영이 들어 있는 것을 보게 된다.

신약에서는 찬양의 노래가 하나님의 은혜의 계시, 즉 우리의 죄를 위해 그 아들을 주사 고난과 죽임을 당한 사실에 중심을 두고 있다. 요한계시록에서 찬양이 영원히 온 하늘에 울려 퍼질 것을 계시하고 있다. 그 영원한 찬양의 주제는 어린 양 예수 그리스도이다.

> 11 내가 또 보고 들으매 보좌와 생물들과 장로들을 둘러 선 많은 천사의 음성이 있으니 그 수가 만만이요 천천이라 12 큰 음성으로 이르되 죽임을 당하신 어린 양은 능력과 부와 지혜와 힘과 존귀와 영광과 찬송을 받으시기에 합당하도다 하더라 13 내가 또 들으니 하늘 위에와 땅 위에와 땅 아래와 바다 위에와 또 그 가운데 모든 피조물이 이르되 보좌에 앉으신 이와 어린 양에게 찬송과 존귀와 영광과 권능을 세세토록 돌릴지어다 하니 14 네 생물이 이르되 아멘 하고 장로들은 엎드려 경배하더라 | 계 5:11~14

사도바울은 우리들이 홀로, 또는 여럿이 함께 있을 때 하나님을 찬양할 것을 권하고 있다.

> 시와 찬송과 신령한 노래들로 서로 화답하며 너희의 마음으로 주께 노래하며 찬송하며 | 엡 5:19

현재 우리가 가지고 있는 찬송가를 보면, 우리의 믿음의 조상들이 우리보다 훨씬 더 감사 찬양을 잘했던 것 같다. 그들이 쓴 가사를 보면 '어떻게 이런 아름다운 시가 나올 수 있었을까?' 하는 경외심이 생길 정도이다.

"주님의 높고 위대하심을 내 영혼이 찬양하네…."

찬양은 하나님을 경배하고 존귀히 여기며, 찬송하고 칭송하고자 하는 마음에서 우러나오는 자발적인 열망이다. 찬양은 기도가 호흡하는 공기와 같고, 기도가 헤엄치는 바다와도 같다. 그러므로 우리는 찬양을 단순히 외적인 요소로 착각해서는 안 된다.

아직도 많은 사람이 찬양에 대해 오해하고 있다. 대형 스피커와 다양한 악기의 연주, 생생하고 선명한 영상 스크린이 준비된 화려한 교회 공간, 그리고 목소리 좋은 찬양 인도자가 이끄는 감동적인 장면이 곧 찬양이라고 생각하는 것이다. 콘서트장 같은 분위기에서 손을 들고 눈물을 흘리며 감정적으로 고조된 상태로 찬양하는 것이 곧 진정으로 하나님을 찬양하는 것이라고 착각한다. 그렇게 몇 시간 동안 열정적으로 노래를 부르며 전율을 느끼고 스트레스가 해소되는 듯한 경험을 찬양이라고 단정 짓는 경우도 많다.

찬양은 고성능 스피커에서 흘러나오는 음향도, 다양한 악기의 화려한 조화도, 생생한 8K UHD 고화질 스크린에 펼쳐지는 영상도 아니다. 만약 찬양이 오직 대형 교회나 집회에서만 가능한 외적인 요소에 의존한다면, 개인이나 작은 교회는 하나님을 찬양할 수 없을 것이다.

하지만 이런 것들은 본질적으로 감성을 자극하는 행위일 뿐, 반드시 하나님께 드려지는 진정한 찬양이라고 할 수 없다. 찬양은 외적인 장치나 감정적 반응에 의해 좌우되지 않는다. 그것은 우리의 내면 깊은 곳에서 하나님을 향한 사랑과 경외의 마음으로 드려지는 진실한 고백이어야 한다. 화려한 장식이나 감동적인 분위기가 찬양의 본질을 대체할 수 없다는 사실을 기억해야 한다. 오히려 이런 것들이 진정으로 하나님을 찬양하는 것을 방해할 수 있다.

진정한 찬양은 하나님을 향한 사랑과 진실된 마음의 표현이다. 그것은 우리의 영혼 깊은 곳에서 나오는 경배의 고백이며, 하나님과의 살아 있는 교제를 통해 드려지는 순수한 영적 행위이다. 진실된 찬양은 규모나 환경을 초월하여 하나님께 드려지는 우리의 온전한 사랑이다. 더글러스 스티어(Douglas Steere)는 이렇게 고백했다.

> "찬양의 기도를 통해 우리는 하나님께 대한 사랑을 표현한다. 그분 자신과 그분의 바로 그 존재와 그분의 빛나는 기쁨으로 인해 그분을 사랑한다."

기도의 세계로 들어가기 위해선 먼저 기도의 문을 열어야 한다. 기도의 문을 열지 않고는 자기중심적인 기도에 머물 수밖에 없다. 찬양이 바로 기도의 문이기 때문이다. 찬양으로 기도의 문을 열어야 한다. 감사로 기도의 문을 열어야 한다.

기도에는 감사와 찬양이라는 두 가지 측면이 있다. 이 두 가지는 대개 이렇게 구분된다. 감사는 하나님께서 우리에게 행하신 일에 대해 영광을 돌리는 것이고, 찬양은 본질적으로 하나님이 누구신가에 대해 영광을 돌리는 것이다. 이 구분은 타당하다. 그러나 굳이 구분한다면 찬양이 감사보다 높은 수준이라고 할 수 있다. 오 할레스비(Ole

Hallesby)는 그의 고전 '기도'에서 이렇게 말하고 있다.

"감사를 드릴 때 내 생각은 어느 정도 여전히 내 주위에서 맴돌고 있지만, 찬양을 드릴 때 내 영혼은 자신을 잊고 깊은 기도의 경지까지 오르게 되며 하나님의 위엄과 능력, 그의 은혜와 구속만을 바라보고 찬양하게 된다."

하나님은 찬양을 받기 위해 사람을 창조하셨다. 웨스트민스터 소요리 문답의 제1번의 질문은 '사람의 제일 되는 목적이 무엇인가?'이다. 이 질문에 대해 '사람의 제일 되는 목적은 하나님을 영화롭게 하는 것과 영원토록 그를 즐거워하는 것이다.'라고 대답한다.

그리고 웨스트민스터 소요리 문답의 101번의 질문은 '첫 기도에 우리가 무엇을 구하는가?'라고 묻는다. 이 질문에 대해 '주님의 기도에서 첫 기도는 곧 이름을 거룩하게 하옵소서 함인데 하나님께서 자기를 나타내시는 모든 일에 우리와 다른 이로 하여금 능히 그를 영화롭게 하고 또 모든 것을 처리하여 하나님의 영광에 이르게 하옵심을 구하는 것이다.'라고 대답한다. 존 칼뱅(John Calvin)은 이렇게 말했다.

"하나님을 찬양하는 기도는 우리의 영혼을 그분의 영광 속으로 이끌어가는 기도이다. 그분의 위대하심을 인정하는 것이 기도의 핵심이다"

사람은 하나님을 찬양하기 위해 창조된 존재이다. 사람은 찬양할 때 하나님을 영화롭게 할 수 있다. 그것이 바로 하나님이 사람을 창조하신 근본 목적이다. 따라서 사람은 하나님을 찬양할 때 삶의 목적에 부합한 삶을 살아가는 것이다. 왜 기도를 찬양으로 열어야 할까? 이 질문에 대한 성경적 답변에 귀를 기울이자.

첫째로, 사람에게는 찬양할 의무가 있기 때문이다.

하나님은 찬양받기 위해 사람을 창조하셨다. 따라서 기도할 때나 예배하기 위해서 하나님 앞으로 나아갈 때 가장 먼저 해야 할 행위는 바로 찬양과 경배이다.

> 3 하나님께 아뢰기를 주의 일이 어찌 그리 엄위하신지요 주의 큰 권능으로 말미암아 주의 원수가 주께 복종할 것이며 4 온 땅이 주께 경배하고 주를 노래하며 주의 이름을 노래하리이다 할지어다(셀라) | 시 66:3~4

둘째로, 하나님은 찬양을 받으시기에 합당한 분이시기 때문이다.

하나님이 왜 우리에게 찬양 받으시기에 합당한지를 알아야 한다. 하나님이 우리에게 얼마나 큰사랑을 베푸셨는가를 생각해 보는 것이다. 그는 우리를 창조하셨고 온 천지 만물을 창조하셨다. 사람의 생사화복을 주장하시고 좋은 것으로 우리를 충만케 하는 분이시다. 그는 우리의 생명을 구원하신 분이시다. 이렇게 하나님의 하신 일들을 확대하는 것이다.

우리 자신이나 우리의 활동을 지나치게 확대해서 말하는 것은 참으로 위험하다. 그러나 우리가 하나님을 확대하는 것은 안전하다. 우리는 하나님의 선하심과 사랑에 대해 아무리 확대해도 지나치지 않다. 우리가 생각해 낼 수 있는 최대한의 과장된 것도 실제 하나님의 그것에는 전혀 미치지 못한다. 존 파이퍼(John Piper)는 이렇게 말했다.

"진정한 기도는 하나님을 사랑하고 그분의 영광을 기뻐하는 데서 시작된다. 찬양은 우리가 기도 속에서 하나님을 높이는 방식이다."

우리가 잘 아는 찬송가 304장 '그 크신 하나님의 사랑'에 보면 하나님을 아름답게 찬양하는 모습이 나온다. 1절, 2절의 가사도 아름답지만 3절 가사를 보면 작사자가 하나님을 찬양하는 마음의 자세를 잘 표현하고 있다.

"하늘을 두루마리 삼고 바다를 먹물 삼아도 한없는 하나님의 사랑 다 기록할 수 없겠네.
하나님의 크신 사랑 그 어찌 다 쓸까. 저 하늘 높이 쌓아도 채우지 못하리.
하나님 크신 사랑은 측량 다 못하네. 영원히 변치 않는 사랑 성도여 찬양하세."

하늘을 두루마리로 삼고 바다의 모든 물을 먹물로 삼아도 하나님의 사랑을 다 기록할 수 없다는 작사자의 고백이다. 이 찬양은 프레더릭 리먼(Frederick Lehman) 목사가 작사한 찬양 가사이다. 독일에서 태어난 프레더릭 리먼은 네 살 때 부모님을 따라 미국으로 이주했다.
어릴 적부터 교회학교에 다니던 리먼은 열한 살 때 예수님을 영접하고, 순탄한 청소년기를 보낸다. 그리고 노스웨스턴신학교

(Northwestern Theological Seminary)를 졸업하고 침례교 목사가 되어 오듀본의 시골 교회에서 목회를 시작했다. 리먼 목사는 어느 한 곳에 머무르지 않고 평생 여러 지방의 시골 교회를 섬겼다.

리먼 목사는 목회하는 교회마다 형편이 어려워 생활하기가 힘들었다. 그래서 또 다른 일을 해야만 했다. 그는 가구점 목공으로, 또 공장에서 닥치는 대로 일하며 생활비를 벌었다. 몸이 힘들 때면 목회지를 도시로 옮겨 편안하게 살고 싶은 마음이 굴뚝 같았지만, 끝까지 작은 시골 교회를 떠나지 않았다. 그것이 자신이 질 수 있는 십자가라고 생각하며 목회 사역을 감당했다.

시골 교회에서 사역하던 어느 날, 그날도 여느 때와 다름없이 치즈 공장으로 출근했다. 오전 일을 마치고 점심을 먹으려고 도시락 가방을 여는데 시 한 편이 눈에 들어왔다. 아내가 남편을 생각해 정성 들여 쓴 글귀였다.

"하늘을 두루마리 삼고, 넓은 대양을 잉크로 채워도, 크신 하나님의 사랑을 모두 기록할 수 없겠네…."

시를 다 읽기도 전에 하늘보다 더 넓은 하나님의 사랑이 어려운 목회와 막노동에 찌들어 있던 리먼 목사를 뒤덮어버렸다. 그는 눈을 감고 조용히 하나님의 사랑을 읊조렸다.

"하나님 그렇습니다. 바닷물을 먹물 삼아도 주님의 사랑을 다 기록할 수 없습니다. 우리를 위해 외아들을 보내신 사랑의 주님만을 찬양하겠습니다. 크신 주님의 사랑을 어찌 내 사랑과 견줄 수 있겠습니까!"

리먼 목사는 레몬 상자에 주저앉아 몽당연필을 집어 들었다. 그리고 차분한 마음으로 사랑의 하나님을 글로 쓰기 시작했다. 이것이 바로 하나님의 사랑을 노래한 찬송 '그 크신 하나님의 사랑'이다. 진정으로 하나님의 사랑을 깨달은 사람의 찬양이라고 할 수 있다.

찬양 속에서 우리는 하나님의 전능하심을 찬양하게 된다. 하나님에게는 불가능한 것이 없다. 우리는 하나님의 전지하심을 찬양하게 된다. 그는 모든 것을 알고 계신다. 우리는 하나님의 편재하심에 대해서도 찬양하게 된다. 하나님은 어디에도 계신다. 내가 가장 외로운 그 시간에도 나와 동행하시는 분은 오직 하나님이시다. 우리는 하나님의 신실하심을 찬양하게 된다. 사람은 변하지만 하나님은 변함이 없으시다. 나는 변하지만 하나님은 언제나 신실하시다.

그 외에도 얼마나 하나님을 찬양할 이유가 많은가. 하나님의 의로우심, 하나님의 은혜로우심, 하나님의 공급하심, 하나님의 보호하심, 하나님의 도우심, 하나님의 지켜주심, 하나님의 자비하심, 하나님의 인도하심 등등 헤아릴 수 없을 정도로 하나님은 우리를 사랑하신다. 그 이유 하나만 가지고도 우리는 최소 10시간 이상 기도할 수 있을 것이다.

내가 주께 감사하옴은 나를 지으심이 심히 기묘하심이라 주께서 하시는 일이 기이함을 내 영혼이 잘 아나이다 | 시 139:14

> 그의 능하신 행동을 찬양하며 그의 지극히 위대하심을 따라 찬양할지어다
> | 시 150:2

> 여호와께 노래하라 너희는 여호와를 찬양하라 가난한 자의 생명을 행악자의 손에서 구원하셨음이니라 | 렘 20:13

셋째, 찬양은 기도에 집중하게 한다.

우리가 입을 열어 찬양하게 될 때 우리는 비로소 누구에게 말하는 것인지, 누구의 임재 속으로 들어가게 되는지, 기도의 대상자가 누구인지를 발견하게 된다. 우리가 일상적인 기도를 드릴 때 제일 먼저 들어가게 되는 부분이 간구이다. 우리의 문제와 필요들이 너무나 절박하게 느껴져서 아무리 철저한 '기도목록표'도 금방 '소원목록표'로 전락해 버릴 수 있다.

그러나 우리가 하나님께 대한 찬양으로 기도를 시작하면 우리는 기도의 속도를 늦추고 하나님을 바라보게 된다. 기도에서 가장 중요한 법칙은 바로 '바라봄의 법칙'이다.

넷째, 찬양은 기도자의 영혼을 깨끗하게 한다.

찬양을 하다보면 세상에서 그렇게 여유 없고 각박하게 살던 삶을 되돌아보게 되며 하나님의 마음을 알게 된다. 찬양하다 보면 마음이 안정되면서 숨이 넘어갈 듯 다급했던 문제들이 덜 중요하게 느껴지기 시작한다. 세상 속에서 죄로 인해 오염되었고 딱딱해졌던 영혼의 때와

각질들이 찬양을 통해 씻기는 것이다. 그 순간 우리는 어린아이의 마음과 같이 순진하고 깨끗한 마음으로 하나님께 나아가게 된다. 그뿐만 아니라 이기적이었던 기도가 이제는 하나님의 영광을 위해 드려지는 기도로 승화하게 된다.

이렇듯 찬양은 하늘을 여는 문인 것이다. 하늘의 문을 열지 않고는 깊은 기도의 세계로 들어갈 수 없다는 이야기를 앞에서 이미 언급했다. 과연 그렇다면 '우리는 하나님을 어떻게 찬양해야 하는가?' 하는 질문을 생각해 봐야 한다.

문제는 하나님을 찬양하는 방법이 그리 쉽지만은 않다는 것이다. 그 이유는 훈련되지 않았기 때문이다. 처음으로 운전대를 잡은 사람이 자유롭지 못한 것은 훈련이 되어 있지 않기 때문이다. 운전대를 잡은 손에 힘이 들어가고 얼굴에는 진땀이 흐른다. 마음은 초조하고 불안하다.

그러나 훈련이 되면 자동차를 마치 자신의 분신처럼 자유롭게 사용할 뿐만 아니라 빠른 속도를 내며 운전을 즐기게 된다. 음악을 틀어놓고도, 통화를 하면서도, 네비게이션을 보면서도 자유자재로 운전하며 마치 자동차와 한 몸이 된 것처럼 움직인다.

기도도 마찬가지이다. 기도의 문을 열기 위해서는 찬양에 대해 훈련해야 한다. 간구의 기도는 훈련이 필요하지 않다. 본능적이기 때문이다. 그러나 찬양의 기도는 훈련으로 이루어진다. 저절로 되는 것이 아니다. 세상에 그냥 얻을 수 있는 것은 거의 없다. 진정으로 기도의 문을 열고 싶다면 찬양을 훈련할 시간을 투자해야 한다.

우리의 자녀들을 보라 그들은 무언가를 요구하기 위해서 훈련받을 필요가 없다. 이 사실을 경험해 보려면 그들을 데리고 대형 할인매장이나 백화점에 나가 보는 것으로 족하다. 그들은 아무런 노력 없이 자신들이 원하는 것을 요구할 수 있다. 요구는 어떤 훈련이 필요하지 않기 때문이다.

그러나 감사를 표현하는 것은 전혀 다른 문제이다. 찬양, 감사, 경배 이런 것들이 처음부터 우리의 마음속이나 입술에 떠오르는 것이 아니다. 더욱더 깊고 온전한 찬양을 하기 위해서는 가능한 모든 도움이 필요하다.

사실 우리가 고난에 처해 있을 때 하나님을 찬양하기가 쉽지 않다. 그래서 찬양이 어려운 것이며 생략 1순위가 되는 것이 사실이다. 극한 어려움에 처한 사람이 그동안 받은 복을 세어본다든가 하나님의 영광스런 속성들을 나열해 보는 것은 참으로 어려운 일이다. 그렇기 때문에 찬양과 감사에는 생각의 훈련이 필요한 것이다.

그렇다고 처음부터 웅장하고 우주적인 찬양을 하지 않아도 된다. 사실 우리는 찬양을 배울 때 웅장하고 우주적인 것들에 초점을 맞추어 그렇게 엄청난 규모로 배우지 않았다. 그런 식으로 찬양한다면 금방 지쳐 버리고 패배하게 된다.

우리는 단순한 방식으로 찬양을 배우면 된다. 하나님의 선하심을 알아가려면 그분을 묵상하는 것도 좋지만, 때로는 나비를 바라보며 느낄 수 있다. 바로 여기에 찬양의 본질이 있다. 땅을 기어다니는 벌레들에 관심을 두는 것으로 시작해 보라. 새, 다람쥐, 오리들이 노니는 모습을 가만히 지켜보는 것에서 출발해 보라. 시냇가에 가서 차가운 물을 얼굴에 적셔 보고, 그 상쾌함을 피부로 느껴 보라. 시냇물의 잔잔한 소리에 귀를 기울이고, 산들바람에 흔들리는 나뭇가지와 잎사귀의 무늬와 색감을 눈에 담아 보라. 바스락거리는 잎사귀들, 달아나는 다람쥐들, 그리고 지저귀는 새들의 합창 속에서 자연의 교향곡을 음미해 보라.

이런 작은 즐거움을 꾸준히 경험하다 보면, 단순히 즐거움을 '추구하는' 것이 아닌, 그 자체로 '체험'하게 된다. 처음에는 작은 기쁨들에 이끌리다가, 점차 그 기쁨을 주시는 분께 마음을 두게 될 것이다. C.S. 루이스는 바로 찬양을 두고 이렇게 말했다."

> "참된 즐거움은 결국 '영광의 축'이라고 할 수 있다. 이렇게 될 때 감사와 찬양이 때맞춰 자연스럽게 흘러나온다. 작은 신현(Theophany)을 경험하는 것 그 자체가 바로 찬양하는 것이다."

그럼 구체적으로 찬양하는 방법은 무엇일까? 그분의 속성을 나열하는 것은 별 의미가 없다. 그것은 마치 의미 없이 나열하는 것에 불과하다. 나는 두 가지의 텍스트를 가지고 찬양을 권하고 싶다.

첫째로, 성경의 시가서 말씀을 배경으로 하나님을 찬양하는 방법을 권하고 싶다.

시편을 1편부터 읽어가면서 하나님을 찬양하는 부분에 밑줄을 긋고 그 말씀을 암송하면서 하나님의 행하신 일들을 기억하라. 예를 들면 시편 7편 17절의 말씀인 "내가 여호와의 의를 따라 감사함이여 지극히 높으신 여호와의 이름을 찬양하리로다."를 암송하면서 시편 기자와 같은 심정으로 하나님을 찬양하라.

시편 47편 6~7절, 63편 3절, 66편 2~4절, 68편 4절, 71편 21~22절, 89편 5절, 92편 1절, 96편 4절, 101편 1절, 105편 2절, 113편 3절, 119편 164절, 126편 2절, 135편 3절, 145편 3절, 147편 1~12절, 150편 2절 등을 추천하고 싶다. 장별로 추천하고 싶은 시편은 8편, 19편, 23편, 46편, 95편, 100편, 148편 등이다.

둘째로 찬송가와 복음성가로 찬양하는 방법을 권하고 싶다.

대표적인 찬송으로는 403, 404, 405, 406, 408, 410, 411, 415, 416, 417, 418장 등등 헤아릴 수 없을 정도로 많은 찬송시가 있다. 이 찬송시는 하나님의 은혜를 탁월하게 시적으로 표현한 작가들에 의해 만들어진 주옥같은 시이다. 이런 시를 암송하면서 찬양할 때 하나님의 은혜에 감사와 찬양을 고백하지 않을 수 없다.

찬양은 기도에서 가장 제외되기 쉬운 부분이다. 기도의 관문을 열면서 찬양을 하는 것이 왠지 어색하고 낯설어서 포기하고 싶은 마음이 있을 것이다. 그러나 기억하라! 하나님은 찬양받기를 원하신다. 하나님이 우리의 찬양을 받으실 때 그때 우리의 기도는 하나님이 기뻐하시는 기도가 되며 깊은 기도의 세계로 들어갈 수 있다.

하브루타 질문

1 기도 시간에 하나님을 찬양하는 시간을 갖고 있는가? 그렇다면, 어떤 방식으로 찬양하며 그 내용은 무엇인지 적어보라.

2 대부분의 사람들은 찬양과 감사를 동일하게 여긴다. 그러나 저자는 감사와 찬양이 본질적으로 다르다고 정의한다. 그 이유에 대해 설명해 보라.

3 기도를 찬양으로 열어야 하는 이유를 모두 열거해 보라.

4 기분이 좋고 상황이 순조로울 때는 찬양이 쉽지만, 고난 중에는 찬양하기 어려운 것이 사실이다. 그럼에도 불구하고 찬양을 해야 하는 이유와 이를 위한 좋은 방법이 있다면 공유해 보자.

5 시편은 대표적인 찬양시이다. 시편은 150편으로 구성되어 있는데, 당신은 과연 시편 1편만으로 하나님께 깊이 감사할 수 있는가?

2
죄의 고백 | Confession

죄의 고백이 이루어져야 하늘 문이 열린다.

1740년 10월 18일 아침, 아메리카 원주민을 대상으로 선교하는 건장한 개척선교사인 데이비드 브레이너드(David Brainard)는 그의 선교일지에 이렇게 기록하였다.

"나의 죄악과 사악함이 너무 넘쳐 나서 내 영혼이 녹았으며 내 영혼이 슬퍼한다. 지금처럼 그렇게 죄의 더러운 본성을 가슴 아프고 깊게 느껴본 적이 없다. 이제 내 영혼은 전보다 하나님을 더 사랑하게 되었으며 나에 대한 하나님의 사랑을 더욱 생생하게 느끼게 되었다."

죄의 고백이란 하나님의 선하심을 거역하고 거기서 멀리 떠나 있었던 죄로 인해 마음을 찢는 것을 말한다. 그것은 바로 우리의 죄와 세상의 죄에 대하여 슬퍼하는 것이다. 그것이 죄에서 자유롭게 하는 회개의 경험을 갖게 한다. 또한 그것은 죄가 우리를 하나님의 충만한 임재로부터 단절시켜 버린다는 것을 분명하고도 절실하게 깨닫는 것을 말한다.

사람들은 누구나 죄를 인정하고 고백하기를 싫어한다. 사람들이 가장 하기 싫은 일은 죄를 인정하고 고백하는 것이다. 누구에게나 자존심이 있으므로 죄를 인정하고 고백한다는 것은 인간적으로 볼 때 치욕스러운 일일 수 있다. 그럼에도 기도로 하나님께 나아가기 위해서는 반드시 죄의 고백이 있어야 한다.

> 9 만일 우리가 우리 죄를 자백하면 그는 미쁘시고 의로우사 우리 죄를 사하시며 우리를 모든 불의에서 깨끗하게 하실 것이요 10 만일 우리가 범죄하지 아니하였다 하면 하나님을 거짓말하는 이로 만드는 것이니 또한 그의 말씀이 우리 속에 있지 아니하니라 | 요일 1:9~10

심각한 것은, 죄가 남아 있는 한 기도는 응답받지 못한다는 사실이다. 절대로 이 사실을 간과해서는 안 된다. 이사야는 분명하게 이 사실을 말했다.

> 1 여호와의 손이 짧아 구원하지 못하심도 아니요 귀가 둔하여 듣지 못하심도 아니라 2 오직 너희 죄악이 너희와 너희 하나님 사이를 갈라 놓았고 너희 죄가 그의 얼굴을 가리어서 너희에게서 듣지 않으시게 함이니라 | 사 59:1~2

죄가 우리와 하나님의 사이를 갈라놓았고, 죄가 하나님의 얼굴을 가린다는 것이다. 결국 기도를 응답받지 못하는 결과를 가져온다. 죄는 하나님에게서 오는 모든 좋은 것을 막는다. 모든 축복은 하늘로부터 임하게 되는데 그 축복을 빼앗는 흉악한 원수가 있으니 바로 죄이다.

> 너희 허물이 이러한 일들을 물리쳤고 너희 죄가 너희로부터 좋은 것을 막았느니라 | 렘 5:25

따라서 우리는 기도 시간에 죄의 문제에 대해 철저히 해결해야 할 것이다. 기도를 하는 사람은 누구나 과정으로서 죄의 고백을 한다. 그러나 대부분 기도는 구체적이지 못하다. 죄를 고백할 때는 구체적으로 고백해야 한다. 대부분은 죄를 고백할 때 통합적으로 고백하는 경향이 있다.

"주님, 지난 한 주간동안 너무나 많은 죄를 지었습니다. 모두 용서해 주시고 다시는 죄를 짓지 않도록 도와주세요."

"알고 지은 죄, 모르고 지은 죄, 다 용서하시고 사죄의 은총을 내려주소서."

많은 사람이 이렇게 무책임하고 책임 회피성 기도를 흔할 정도로 반복하고 있다. 그리고 나머지 사람들은 대표 기도자에 따라 "아멘!"으로 화답하면 모든 죄가 사라지는 줄 안다. 이런 식으로 죄를 처리하는 것은 엄청난 회피이다. 이러한 사람들에게 결코 사죄의 은총이 주어지지 않는다.

내가 지은 죄를 통합적으로 고백하는 것은 고통스럽거나 부끄럽지 않을 것이다. 하지만 내가 지은 모든 죄와 허물을 일일이 꺼내어 고백하는 것은 매우 고통스러운 일이다. 사람은 누구나 자랑스러운 일은 꺼내 놓으려 하지만 죄나 부끄러운 일은 감추려는 경향이 있기 때문이다. 그러나 죄는 개인적이고 구체적으로 낱낱이 고백해야 한다.

나는 기도 시간에 내 죄의 부분들을 구체적으로 다루기로 결단했다. 사실 나는 성격상 거짓말을 못 한다는 이야기를 듣는 사람이다. 거짓말을 하면 금방 탄로가 나기 때문이다. 성도들의 아이들을 볼 때 예쁘다는 생각이 들지 않은 아이에게 예쁘다는 말을 쉽게 하지 못한다. 이런 부분이 성도들의 마음을 상하게 하지만, 속에 없는 말을 하려 하면 다른 사람들에게 금방 표가 나타나기 때문이다.

결혼 중매를 잘하는 편이 아니다. 사실 중매쟁이는 긍정적인 면만을 강조해야 하는데, 나는 그렇지 못했다. 예를 들어, "다 좋은데 신앙이 약해서…"나 "제가 보기에는 두 분이 잘 맞지 않는 것 같아요."와 같은 표현을 해버린다. 이런 말은 상대방을 신중하게 살피는 사람들에게 치명적일 수 있다. 그래서 내가 중매를 하면 성사가 잘 이루어지지 않는다. 여러 번 낭패를 본 경험이 있다.

이런 나지만, 나도 은근히 거짓말을 반복하는 사람임을 깨달았다. 목회자에게 성도의 수는 상당히 관심이 있는 듯하다. 제발 이런 질문을 하지 않았으면 좋겠는데 꼭 그런 질문을 하는 사람이 있다.

"출석 성도가 얼마나 됩니까?"
"1년 예산이 얼마나 됩니까?"

이런 질문을 하는 이유는 교회 규모를 파악하려는 의도인 것 같다. 그중 헌금집계를 알면 교회 예산이나 정확한 성도 수를 파악할 수 있기 때문이다. 또 교회를 건축한 이후에는 다른 교회 사람들이 와서 "빚이 얼마나 있어요?"라는 황당한 질문도 받는다. 빚이 얼마라고 하면 갚아줄 것도 아니면서 그런 질문을 하는 사람들이 야속하기에 그지없다. 이런 사람들의 질문은 집요해서 그 자리에서 대답하지 않더라도 끝까지 쫓아와 질문을 계속하는 사람들이다.

이런 질문을 받을 때, 나는 부득불 거짓말을 하게 된다. 예를 들어 "2,000명이 조금 안 됩니다." 예산에 관한 질문에 대해선 "글쎄요. 내가 헌금을 집계하는 것이 아니라 자세히 모르겠습니다." 내가 집계를 하지 않지만 예산에 대해 잘 알고 있는 것이 사실이다. 빚이 얼마냐는 질문에 "예, 아직 조금 남아 있습니다."라고 대답한다.

수많은 질문을 받으면서 사실 나는 이 정도의 대답이 죄라는 인식이 별로 없었다. 악의도 없었고, 내가 먼저 자랑한 것도 아니기 때문에 이 정도의 대답은 하나님도 충분히 이해하실 수 있다고 생각했다. 사실 그분들이 알고자 하는 부분에 대해 내가 굳이 대답할 의무가 없다는 생각도 한몫했다. 그리고 이 정도의 대답은 누구나 할 수 있는 말이라고 생각했다.

그러던 어느 날 성령님께서는 나에게 이런 것도 하나님 앞에서는 죄라는 사실을 알게 하셨다. 그리고 이런 이유로 기도가 하나님께 상달되지 못한 결과를 가져왔다는 사실을 알게 해 주셨다. 처음에는 이런 사실을 이해할 수 없었다. 성경을 읽으면서도 거짓말이 얼마나 큰 죄인지를 인식하지 못하고 있었다. 그로 인해 그동안의 기도가 막혔다는 것을 나중에야 깨닫게 되었다.

　1907년, 평양 장대현 교회에서 열린 기도회에서, 성령의 강력한 임재와 함께 수많은 사람이 자신의 죄를 고백하고 회개하는 사건들이 일어나기 시작했다. 이 회중 가운데, 길선주 목사(당시, 장로)는 자신이 남몰래 범했던 죄를 공개적으로 고백하였고, 그 순간은 한국 교회사의 중요한 전환점이 되었다.

　길선주 목사의 죄의 고백 및 회개는 한국 기독교 역사에서 매우 중요한 사건으로 여겨진다. 길선주 목사는 1907년 평양 대부흥 운동의 중심인물이었으며, 그의 회개의 기도는 이 대부흥 운동을 촉발하는 중요한 계기가 되었다.

　길선주 장로는 기도회 중에 자신이 돈 문제와 관련하여 부정한 일을 저질렀다는 사실을 회중 앞에서 고백했다. 당시 길선주는 장로로서 존경받는 지도자였지만, 그는 친구가 사망했을 때 그 친구로부터 맡은 유산 일부를 개인적으로 사용한 죄를 지었다고 고백했다. 그는 장대현 교회에서 열렸던 기도회에서 성령의 강력한 감동을 받고, 자신이 저지른 부정한 행동을 공개적으로 고백했다.

　길선주 장로의 솔직한 죄 고백은 회중에게 큰 충격을 주었고, 이를 계기로 많은 사람들이 자신의 죄를 회개하는 부흥의 불길이 타오르게 되었다. 그의 회개는 평양 대부흥 운동을 촉발한 중요한 사건으로 평가되며, 한국 교회사에서 중요한 영적 각성의 순간으로 기록되었다. 그 고백은 개인적인 죄책감에 기반한 것이었지만, 이를 통해 참석자들

사이에 강한 회개의 물결이 일었다. 그의 진실한 회개는 다른 성도들에게 큰 감화를 주었고, 이는 전체 집회 분위기에 깊은 영향을 미쳤다.

길선주 장로의 공개적인 죄 고백은 평양 대부흥 운동의 촉매 역할을 하였다. 그의 고백을 시작으로, 그 자리에 있던 다른 성도들 역시 자신들의 죄를 공개적으로 고백하고 회개했다. 한 사람 한 사람 자리에서 일어나 그동안의 숨겨진 자신들의 죄를 공개적으로 고백하고 회개하면서 눈물을 흘렸다.

이후 기도회는 연일 계속되었으며, 이 고백을 계기로 참석자들 사이에서 연이은 회개와 성령의 역사가 나타났다. 길선주의 고백이 평양 대부흥 운동의 불씨가 되었고, 그 결과로 수일간에 걸친 대규모 부흥 집회가 이어졌다. 이 사건은 성령의 강력한 역사로 받아들여졌으며, 한국 교회의 초기 부흥 운동의 핵심 사건으로 자리 잡게 되었다.

그 이후, 한국 교회는 기도와 회개의 중요성을 더욱 강조하게 되었고, 많은 교회가 부흥을 경험하게 되었다. 길선주 장로의 회개 기도는 단순히 개인의 고백을 넘어, 한국 교회가 죄의 고백과 회개의 가치를 깨닫는 중요한 신앙적 전환점이 되었으며, 평양 대부흥 운동을 통해 한국 기독교가 크게 성장하는 계기를 마련했다.

우리도 마찬가지이다. 지금 우리의 삶 속에서 큰 죄든 작은 죄든 하나라도 용인되고 있거나 철저히 죄를 고백하지 않는다면, 기도하는 것은 헛수고일 것이다. 먼저 죄를 철저히 고백해야 한다. 작은 죄든 큰 죄든 그 자체는 중요하지 않다. 죄를 지은 동기부터 낱낱이 하나님께 고백해야 하며, 눈물을 흘리며 참회하는 마음을 가져야 한다. 닛사의 그레고리(Gregory of Nyssa)는 "눈물은 영혼의 상처에서 나오는 피와 같다."라고 말했다.

> 나의 친구는 나를 조롱하고 내 눈은 하나님을 향하여 눈물을 흘리니
> | 욥 16:20

> 그러므로 내가 야셀의 울음처럼 십마의 포도나무를 위하여 울리라 헤스본이여, 엘르알레여, 내 눈물로 너를 적시리니 너의 여름 실과, 네 농작물에 즐거운 소리가 그쳤음이라 | 사 16:9

> 어찌하면 내 머리는 물이 되고 내 눈은 눈물 근원이 될꼬 죽임을 당한 딸 내 백성을 위하여 주야로 울리로다 | 렘 9:1

시편은 거의 각 장마다 시편 기자의 눈물로 적셔져 있다. 다윗은 눈물로 회개의 기도를 드렸다.

> 내가 탄식함으로 피곤하여 밤마다 눈물로 내 침상을 띄우며 내 요를 적시나이다 | 시 6:6

사실 다윗에게는 울며 슬퍼하는 것이 습관처럼 되어 있어서 그는 눈물로 호소하는 것을 하나님 앞에서 하나의 증거로 삼았다.

> 나의 유리함을 주께서 계수하셨사오니 나의 눈물을 주의 병에 담으소서 이것이 주의 책에 기록되지 아니하였나이까 | 시 56:8

내 영혼이 하나님을 찾아 갈급해 하는 것이 마치 사슴이 시냇물을 찾아 갈급해 하는 것과 같다고 아름답게 노래한 시편 기자는 눈물로 고한다.

> 사람들이 종일 내게 하는 말이 네 하나님이 어디 있느뇨 하오니 내 눈물이 주야로 내 음식이 되었도다 | 시 42:3

> 예루살렘아 예루살렘아 선지자들을 죽이고 네게 파송된 자들을 돌로 치는 자여 암탉이 그 새끼를 날개 아래에 모음 같이 내가 네 자녀를 모으려 한 일이 몇 번이더냐 그러나 너희가 원하지 아니하였도다 | 마 23:37

> 곧 모든 겸손과 눈물이며 유대인의 간계로 말미암아 당한 시험을 참고 주를 섬긴 것과 | 행 20:19

> 그러므로 여러분이 일깨어 내가 삼 년이나 밤낮 쉬지 않고 눈물로 각 사람을 훈계하던 것을 기억하라 | 행 20:31

하나님 앞에서 눈물의 의미를 아는가? 만약 당신이 눈물의 의미를 알지 못한다면 당신의 기도가 죽어 있는 것조차 깨닫지 못한 것이다. 눈물로 참회하지 않는 기도는 응답받지 못한다. 죄에 대해 진정으로 슬퍼하고 눈물을 흘리지 않는다면, 기도의 응답을 기대하는 것은 옳지 않다. 죄는 토해야 한다. 죄가 담겨진 마음을 하나님 앞에 토해내는 심정을 가지고 주 앞에 서야 한다. 죄가 담긴 마음을 토해야만 속이 깨끗해지고 사죄의 은총을 입는다. 시시때때로 눈물을 흘리며 죄를 토해야 한다.

백성들아 시시로 그를 의지하고 그의 앞에 마음을 토하라 하나님은 우리의 피난처시로다 | 시 62:8

목회 현장에서 기도를 많이 하는 분들을 종종 보게 된다. 그중에는 방언으로 기도하는 분들도 있어, 정말 기도의 은사를 받은 분이라고 생각된다. 하지만 문제는 그들이 그렇게 기도하면서도 삶의 열매가 나타나지 않는 경우가 있다는 것이다. 이는 목회자로서 가장 안타까운 일이다. 기도를 청산유수처럼 잘하더라도, 삶에서 변화가 없고 신앙의 성장도 이루어지지 않는 모습을 볼 수 있다.

오래전, 부목사들의 사모 중에 기도를 열심히 하는 사모가 있었다. 여러 명의 사모 중에 특별히 기도를 잘하고 기도를 열심히 하였다. 매일 낮이나 밤에 교회에 나와서 방언으로 기도하는 사람이었다. 모든 성도가 다 알아줄 정도로 기도하는 일은 그 사모에게 있어 탁월한 은사였다. 목회자들이 쉬는 월요일에는 남편 목사와 함께 인근에 있는 기도원에 가서 하루 종일 기도하고 돌아오곤 했다.

그러나 그 사모의 삶은 기도하는 모습에 비해 원만하지 않았다. 말과 행동에서 교양이나 예절이 부족했고, 다른 사람에 대한 배려나 관심이 없었다. 남편에 대한 존경심도 없었으며, 다른 사모들과의 관계도 좋지 않았고, 성도들과의 마찰도 잦았다. 어느 성도가 기도하러 왔다가 그 사모가 주로 기도하는 자리에서 기도했다는 이유로 공격을 받고 쫓겨난 일도 있었다. 모든 이가 '사모감이 아니다.'라고 이야기할 정도로, 그 사모는 다른 사람에게 인정받지 못했다.

왜 그럴까? 물론 여러 가지 이유가 있겠지만, 대표적인 이유는 회개를 통한 자기성찰로 인한 인격의 변화가 이뤄지지 않았기 때문이다. 죄에 대한 안타까움이나 통분함이 없이 자기의 의에 도취해 있기 때문이다. 기도를 잘하는 사람일수록 이런 함정에 쉽게 빠질 수 있다. 정말 죄에 대해 통분함이 있다면 죄를 가증히 여기고 다시는 똑같은 죄를 짓지 않기 위해 안간힘을 쓸 것이다. 그런 사람만이 인격이 변화되고 성화된 모습으로 나아가게 될 것이다.

한국교회의 부흥 운동에 대해 대부분 1907년 평양 대부흥이 한국교회 부흥의 역사라고 생각하지만, 사실은 그 이전인 1904년 한국 감리교 초기 한인 목사들에 의해 한국인들 가운데 일어난 서울 부흥 운동이 있었다. 1904년 선교사 하디 목사가 서울에서 부흥사경회를 인도했는데 이때 한국인 지도자와 성도들이 성령을 받는 역사가 일어났다. 그때 성령을 받을 때 일어났던 최초의 행동은 바로 죄의 자백과 회개, 그리고 그리스도의 용서와 구원을 체험하는 변화 바로 그것이었다. 1904년 11월 10일 자 '코리아 메소디스트'는 정동제일교회에서 진행된 19일간의 부흥회에 대해 이렇게 보도했다.

> "성령의 움직임으로 많은 이들이 공중 앞에서 자기의 죄를 고백하고 진정한 회개를 하였다. 지적인 회개밖에 몰랐던 점잖은 교인들이 죄와 그리스도의 용서를 알게 되었다."

죄의 진정한 고백이 일어나지 않는 기도는 하나님께 나아갈 수 없다. 명백한 사실이다. 왜 그렇게 열심히 기도해도 응답받지 못하는가?

그 이유가 너무나 분명했다. 철저한 죄의 고백이 없기 때문이다. 죄에 대한 철저한 고백이 없는 한 기도는 역사하지 않는다.

시편 15편을 보면 아주 재미있는 내용이 나온다. 주의 장막과 주의 성산에 거할 자격에 대해 말씀하는 부분이다. 주의 장막과 주의 성산은 바로 하나님이 거하는 장소이다. 그 장소에 이르기 위해 시편 기자는 이렇게 질문을 한다.

> 여호와여 주의 장막에 머무를 자 누구오며 주의 성산에 사는 자 누구오니이까 | 시 15:1

그리곤 자문자답 형식으로 이렇게 대답한다.

> 2 정직하게 행하며 공의를 실천하며 그의 마음에 진실을 말하며 3 그의 혀로 남을 허물하지 아니하고 그의 이웃에게 악을 행하지 아니하며 그의 이웃을 비방하지 아니하며 4 그의 눈은 망령된 자를 멸시하며 여호와를 두려워하는 자들을 존대하며 그의 마음에 서원한 것은 해로울지라도 변하지 아니하며 5 이자를 받으려고 돈을 꾸어 주지 아니하며 뇌물을 받고 무죄한 자를 해하지 아니하는 자이니 이런 일을 행하는 자는 영원히 흔들리지 아니하리이다 | 시 15:2~5

여기에서 가장 중요한 말은 바로 '그의 마음에 진실을 말하며'이다. '그의 마음에 진실을 말하며'란 무슨 뜻일까? 다른 사람에게나 하나님께 대해서가 아니라 '자신의 마음에 진실을 말하는' 사람을 의미한다. 자기 자신에게 진실을 말할 수 있는 사람, 진심으로 죄를 고백할 수 있는 사람이 바로 주의 장막과 주의 성산에 사는 사람이라는 뜻이다.

사람은 자신마저 속이며 살아갈 때가 많다. 이러한 가운데 자신의 마음속에 있는 죄를 고백할 수 있는 사람이 하나님과 연결된다. 바리새인과 세리의 기도가 바로 이런 사실을 입증한다.

> 10 두 사람이 기도하러 성전에 올라가니 하나는 바리새인이요 하나는 세리라 11 바리새인은 서서 따로 기도하여 이르되 하나님이여 나는 다른 사람들 곧 토색, 불의, 간음을 하는 자들과 같지 아니하고 이 세리와도 같지 아니함을 감사하나이다 12 나는 이레에 두 번씩 금식하고 또 소득의 십일조를 드리나이다 하고 13 세리는 멀리 서서 감히 눈을 들어 하늘을 쳐다보지도 못하고 다만 가슴을 치며 이르되 하나님이여 불쌍히 여기소서 나는 죄인이로소이다 하였느니라 14 내가 너희에게 이르노니 이에 저 바리새인이 아니고 이 사람이 의롭다 하심을 받고 그의 집으로 내려갔느니라 무릇 자기를 높이는 자는 낮아지고 자기를 낮추는 자는 높아지리라 하시니라 | 눅 18:10~14

우리가 너무나 잘 아는 내용이다. 우리는 이 말씀을 읽으면서 바리새인을 비웃는다.

"아니 어떻게 저렇게 기도한단 말인가?"
"상당히 교만하네."
"세상에 뭐 저런 사람이 다 있을까?" 등등

예수님이 말씀하신 바리새인은 정말 문제가 많은 사람이었다. 바리새인은 자신의 경건한 행위(금식과 십일조)를 강조하며, 그것을 통해 하나님 앞에서 자신이 의롭다고 믿고 있었다. 그는 자신의 행위가 다른 사람들보다 우월하다고 생각하며, 이를 근거로 자신이 의롭다고 확신했다. 바리새인은 세리를 비롯한 '토색, 불의, 간음'을 하는 사람들과 자신을 비교하면서 그들을 멸시했다. 그는 기도 중에도 세리를 깔보고, 다른 죄인들과 자신을 구별하며 자만했다. 이는 하나님 앞에서 겸손하게 자신을 돌아보기보다는 다른 사람을 판단하는 태도이다.

또 바리새인은 금식과 십일조와 같은 외적인 종교 행위를 자신이 의롭다는 근거로 삼았다. 하지만 이러한 외적인 의식은 진정한 내적 회개나 하나님과의 관계에서 나오는 것이 아니라, 자신을 높이기 위한 수단으로 사용되었다. 그는 자신의 의로운 행위에만 집중하며, 진정한 겸손과 회개의 마음이 없었다. 하나님 앞에서 자신의 죄를 고백하고 용서를 구하는 것이 아니라, 자신의 의를 자랑함으로써 자신을 스스로 높이는 사람이었다.

그런데 어느 날, 나는 이 말씀을 묵상하면서 바로 내가 이 바리새인과 똑같은 사람이라는 사실을 발견한 것이다. 누가복음 18장에 나오는 바리새인은 바로 나였다. 바리새인과 하나도 다를 것 없이 자기 의(?)에 도취해 살아가고 있는 나 자신을 발견한 것이다. 나는 전형적인 바리새인, 예수님이 그토록 책망하던 바리새인이 바로 나 자신이었다.

물론, 이미 이 내용을 파악하고 있는 내가 바리새인과 똑같은 말을 반복하지는 않을 것이다. 그러나 마음속으로는 바리새인과 똑같은 교만과 외적인 경건으로 가득 차 있는 나의 모습이었다.

나는 분명 주일성수하고, 십일조하고, 성경을 읽고, 기도하고, 성경을 암송하는 일을 하면서 스스로 만족하고 있었다. 세상에 하나님을 믿지 않고 나쁜 짓을 하는 사람들이 얼마나 많은데…. 그런 세상 속에서 나는 하나님을 믿는 사람으로서 내게 주어진 신앙적 의무를 다하고 있다. 성경암송을 하면서 하나님의 말씀을 마음에 새기기 위해 노력했다.

그러나 과연 내가 주님이 명령하신 이웃사랑을 하지 못한 죄, 나에게 잘못한 사람을 용서하지 못한 죄, 교만한 죄, 사람을 판단하는 죄, 사람들을 미워하는 죄, 쾌락을 사랑한 죄, 무정한 죄, 부모를 거역한 죄, 감사하지 않은 죄 등 헤아리기 어려운 죄 등등 엄청난 죄를 짓고 살면서도, 세리와 같이 흐느껴 울며 회개한 죄가 얼마나 되는가? 과연 죄를 슬퍼하고 죄를 통분히 여기는 마음으로 가슴을 친 적이 있단 말인가?

나는 바리새인 중의 바리새인이었다. 아니 실제로는 바리새인보다 못한 사람이다. 예수님은 이런 바리새인을 책망하셨다. 왜 목사들이 변화되지 못하는가? 왜 교인들이 변화되지 못하는가? 그 이유는 여러 가지로 대답할 수 있지만, 예수님의 입장에서 보면 모두 자기 의에 빠져 있기 때문이다.

중요한 사실은, 예수님께서 과부의 기도에 대해 언급하신 후 곧바로 바리새인과 세리의 기도를 언급하셨다는 사실을 유념하라. 과부의 기도 교훈은 "항상 기도하고 낙망치 말아야 한다"는 요지이다. 그러나 곧이어 바리새인과 세리의 기도를 언급하신 이유는, 항상 기도하고 낙망하지 말아야 하지만, 그렇다고 모든 기도가 다 응답받는 것이 아니라는 사실이다. 기도의 응답에는 반드시 죄를 온전히 고백하며 회개해야 한다는 사실을 기억하라.

지금까지 죄의 고백의 중요성에 대해 언급해왔다. 이렇게 강조한 이유는 기도 중에 죄의 고백이 거의 이루어지지 않기 때문이다. 죄의 고백은 엄격하고 철저하게, 그리고 충분한 시간을 두고 이루어져야 한다. 그렇다면, 죄의 고백은 어떤 유익을 가져다줄까?

첫째, 사죄의 은총을 받게 된다.

우리가 우리의 죄를 고백하는 순간, 우리는 주님이 주시는 사죄의 은총을 받게 될 것이다. 하나님은 용서하시는 하나님이시다. 우리의 죄를 자백하고 진정으로 참회할 때 주홍 같고 진홍같이 붉은 죄들이 다 용서함을 얻는다. 이것을 사죄의 은총이라고 한다.

> 여호와께서 말씀하시되 오라 우리가 서로 변론하자 너희의 죄가 주홍 같을지라도 눈과 같이 희어질 것이요 진홍 같이 붉을지라도 양털 같이 희게 되리라
> | 사 1:18

> 만일 우리가 우리 죄를 자백하면 그는 미쁘시고 의로우사 우리 죄를 사하시며 우리를 모든 불의에서 깨끗하게 하실 것이요 | 요일 1:9

> 내가 이르기를 내 허물을 여호와께 자복하리라 하고 주께 내 죄를 아뢰고 내 죄악을 숨기지 아니하였더니 곧 주께서 내 죄악을 사하셨나이다 (셀라)
> | 시 32:5

둘째, 양심이 회복되기 시작한다.

　죄를 범하는 동안 우리의 양심은 더럽혀진다. 죄는 우리의 양심을 더럽히고 무뎌지게 하는 특징을 가지고 있다. 죄를 반복적으로 짓는 동안, 처음에는 죄에 대해 느꼈던 양심의 가책이 점점 줄어든다. 그 결과 죄를 지으면서도 큰 죄책감이나 부끄러움 없이 계속해서 죄를 범하게 된다. 바울은 디모데전서 4장 2절에서 '자기 양심이 화인 맞은 자들'이라는 표현을 사용해 양심이 마비된 상태를 묘사했다. 이는 반복된 죄가 양심을 둔하게 만들고, 올바른 판단을 잃게 한다는 뜻이다.

　반복된 죄는 양심을 무디게 할 뿐만 아니라, 그 사람을 자기 의나 변명으로 몰아갈 수 있다. 죄를 정당화하거나 합리화하면서 자신의 행동이 문제없다고 여기게 된다. 이로 인해 스스로 속는 상태에 빠질 수 있다. 더 큰 문제는 죄가 사람을 속여 마음이 완악해질 수 있다고 경고한다(히 13:3). 죄를 반복할수록 하나님께 진정으로 회개할 마음도 점점 사라질 수 있으며, 심지어 하나님의 부르심을 듣지 못하게 될 수 있다.

　이렇게 화인 맞은 양심이 죄를 고백하는 순간에 회복되기 시작한다. 죄를 범하는 동안 상했던 양심과 마음들이 회복되고 치유되는 역사가 나타난다.

　　하나님께서 구하시는 제사는 상한 심령이라 하나님이여 상하고 통회하는 마음을 주께서 멸시하지 아니하시리이다 | 시 51:17

　　여호와는 마음이 상한 자를 가까이 하시고 충심으로 통회하는 자를 구원하

시는도다 | 시 34:18

우리가 마음에 뿌림을 받아 악한 양심으로부터 벗어나고 몸은 맑은 물로 씻음을 받았으니 참 마음과 온전한 믿음으로 하나님께 나아가자 | 히 10:22

셋째, 하나님의 위로로 충만해진다.

죄의 특성은 사람의 마음을 불안하게 하고 기쁨과 평안을 빼앗아 간다. 늘 쫓기듯 살게 하며 안정된 삶을 송두리째 빼앗아 버린다. 그러나 죄를 고백하게 되면 하나님의 위로가 우리 마음을 주장하게 된다.

하늘이여 노래하라 땅이여 기뻐하라 산들이여 즐거이 노래하라 여호와께서 그의 백성을 위로하셨은즉 그의 고난 당한 자를 긍휼히 여기실 것임이라 | 사 49:13

3 찬송하리로다 그는 우리 주 예수 그리스도의 하나님이시요 자비의 아버지시요 모든 위로의 하나님이시며 4 우리의 모든 환난 중에서 우리를 위로하사 우리로 하여금 하나님께 받는 위로로써 모든 환난 중에 있는 자들을 능히 위로하게 하시는 이시로다 | 고후 1:3~4

넷째, 인격의 변화가 일어난다.

기도하는 사람이라고 하는데 인격의 변화가 일어나지 않는 사람이 있다. 그토록 오랫동안 기도를 하는데도 불구하고 인격의 변화가 일어나지 않은 이유는 간단하다. 기도의 동기가 자기중심적이거나 외적인 문제 해결에만 치우쳐 있으면, 인격의 변화는 일어나기 어렵다. 기도는 단지 문제해결의 수단이 아니라, 하나님과의 관계 속에서 자신을 돌아보고 변화되는 과정이다. 마음 깊이 하나님께 순복하고 자신의 죄와 약점을 인정하는 회개의 자세가 없을 경우, 기도는 인격 변화로 이어지지 않는다.

기도 중에 자신의 죄나 약점을 깊이 성찰하고 회개하는 과정이 부족할 때, 인격의 변화가 일어나지 않는다. 회개는 단지 죄를 인정하는 것뿐 아니라, 그 죄에서 돌아서려는 의지와 하나님께서 주시는 새 마음을 받는 과정이기 때문이다.

누구든지 죄를 진정으로 참회하는 사람이라면 삶의 변화는 당연한 것이다. 인격이 근본적으로 달라질 수밖에 없는 것이다. 기도를 하지만 진심으로 죄를 참회하고 안타깝게 생각하는 마음이 없기 때문에 인격의 변화나 삶의 변화가 없는 것이다.

왜 죄를 고백해야 하는가? 하나님과의 관계 회복을 위한 절대적이지만, 동시에 죄의 참회를 통해 죄를 가증히 여기고 다시는 동일한 죄를 짓지 않겠다는 결단이 필요하기 때문이다. 결단을 통해 인격이 변화되고 삶이 달라져야 하기 때문이다. 크리스천들이 비판을 받는 이유는 죄에 대한 진정한 참회가 부족하고, 그로 인한 인격과 삶의 변화가 드러나지 않기 때문이다. 변화되어야 할 인격이 변화되지 않았기 때문에 세상은 크리스천들에게 실망을 느낀다고 한다.

오늘날 "크리스천들의 삶이나 인격이 불신자들보다 더 낫다"는 평가를 받지 못하는 시대에 살고 있다. 물론, 아직도 훌륭한 인격을 가진 크리스천들이 많지만 그렇지 않은 경우도 적지 않다. 심지어 크리스천들이 세상 사람들보다 더 이기적이고, 더 계산적이며, 더 욕심이 많고, 더 교만하고, 더 비윤리적이라는 비판을 듣기도 한다.

이런 모습은 많은 사람들에게 실망을 안기며, 기독교 신앙의 진정성을 의심하게 만든다. 그럼에도 불구하고, 주일마다 교회에 나가 예배를 드리는 형식적인 신앙생활을 이어가며, 자신의 내면이나 삶의 실질적인 변화 없이 종교적인 의식만 지키는 모습은 위선적이라는 평가를 받는 실정이다.

이런 사람들에게서 위선이 드러난다. 내면은 썩고 더러운데, 그 모습을 교회에서 드러낼 수 없으니 외적으로는 위선적인 태도를 취하게 되는 것이다. 그 결과, 이러한 위선이 기독교의 문화로 자리 잡고, 점차 용인되는 분위기가 형성되었다. 이는 참으로 큰 비극이다. 이런 위선적 크리스천들로 인해 교회는 부패하고, 세상으로부터 비웃음을 사게 된다. 결국, 크리스천들이 비판받는 근본적인 이유는 신앙이 내면의 참된 변화로 이어지지 않고, 삶 속에서 그리스도의 모습을 나타내지 못하기 때문이다.

진정한 회개와 죄에 대한 깊은 통회, 그리고 죄를 뿌리 뽑으려는 단호한 결단이 있을 때만이 인격이 새롭게 변화되고, 진정한 새사람이 될 수 있다. 참된 회개와 성령의 인도하심 속에서 겸손하게 자신을 돌아보고, 그에 따른 변화된 삶을 실천할 때, 크리스천들은 세상 속에서 빛과 소금의 역할을 감당하게 될 것이다.

그런즉 누구든지 그리스도 안에 있으면 새로운 피조물이라 이전 것은 지나갔으니 보라 새 것이 되었도다 | 고후 5:17

그러므로 누구든지 이런 것에서 자기를 깨끗하게 하면 귀히 쓰는 그릇이 되어 거룩하고 주인의 쓰심에 합당하며 모든 선한 일에 준비함이 되리라 | 딤후 2:21

그가 우리를 대신하여 자신을 주심은 모든 불법에서 우리를 속량하시고 우리를 깨끗하게 하사 선한 일을 열심히 하는 자기 백성이 되게 하려 하심이라 | 딛 2:14

하브루타 질문

1 기도할 때 철저하게 죄를 고백하고 있는가? 만약 죄를 고백한다면, 어떻게 고백하는지 적어보라.

2 성경은 죄가 하나님으로부터 오는 모든 좋은 것을 막는다고 기록하고 있다. 혹시 당신이 충분히 죄를 고백하지 않아 기도의 응답을 받지 못한 경험이 있다면 이야기해 보라.

3 많은 사람들은 참회의 기도 시간이나 기도를 할 때 죄를 통합적으로 고백하고 모든 문제가 해결되었다고 생각하는 경향이 있다. 그러나 하나님이 구하시는 것은 상한 심령이라고 하셨다. 당신은 죄를 구체적으로 고백하며 기도하고 있는가?

4 성령의 사람은 죄에 대한 애통함을 가지고 있다. 과연 당신은 자신이 지은 죄 때문에 애통하며 자복하고 있는가?

5 죄를 고백함으로써 얻는 유익을 나열해 보라.

3
감사 | Thanksgiving

감사의 깊이는 성숙의 깊이와 일치한다.

감사는 성숙한 사람만이 할 수 있다. 감사는 아무나 할 수 있는 것이 아니다. 성숙한 사람만이 감사할 수 있다. 고로 감사의 깊이는 성숙의 깊이와 일치한다. 에드워드 파커(Edward Parker)는 감사에 대해 이렇게 말했다.

"간구하는 기도는 하나님과의 관계의 시작이며, 감사하는 기도는 그 관계가 깊어졌음을 나타낸다."

따라서 감사기도는 매우 어려운 형태의 기도이다. 기도를 배우기란 어렵다. 하지만 감사를 배우기란 더 어렵다. 우리 가정에서 자라나는 아이들을 보라. 그들에게 요청하고 부탁하는 것들을 가르칠 필요가 없다. 태어날 때부터 잘하기 때문이다. 그러나 그들에게 감사를 가르치는 것은 전혀 쉽지 않다. 감사는 배워야 터득이 되기 때문이다. 마찬가지로 감사기도는 훈련과 성숙을 통해서만 이룰 수 있는 높은 경지의 기도이다.

우리가 살아온 삶을 되돌아보면 모든 것이 다 하나님의 은혜이다. 무심한 사람은 깨닫지 못하지만, 인생을 조금이라도 주의 깊이 생각하는 사람이라면 '인생은 바로 은혜에서 시작해서 은혜로 끝이 난다.'라는 사실을 발견하게 된다. 그리고 그 은혜의 원천은 바로 하나님이라는 사실도 말이다.

하나님은 어머니를 통해 우리를 양육하신다. 자기만을 알고 살아가는 'Me Generation' 속에서도, 하나님은 어머니라는 매개체를 통해 사랑을 공급하신다. 어머니가 자식들을 향한 사랑을 살펴보면 그 깊이가 놀랍다. 자신보다 자식을 더 사랑하는 어머니의 마음은 진정한 은혜이다.

자연을 살펴보노라면 자연 속에 임하는 하나님의 은혜를 살펴볼 수 있다. 우리는 양식을 공급하는 농부에게 감사하지만, 사실 농부가 한 일은 뿌리고 관리하고 거두는 일밖에 한 일이 없다. 비를 주시고, 햇볕을 주시고, 좋은 기후를 주시는 분은 하나님이시다. 좀 더 자세히 살펴보면 씨앗에 생명을 담아 주심으로 30배, 60배, 100배의 열매를 맺을 수 있도록 하는 분이 하나님이시다. 아직도 첨단과학으로 씨 속에 생명을 담아낼 수 없다. 들의 꽃을 바라보면서 세상을 조화롭고 아름답게 꾸미시는 하나님의 은혜를 발견하지 못하는 사람은 짐승과 다르지 않은 것이다. 일일이 다 열거할 수 없지만, 세상의 모든 것이 다 하나님의 은혜라고 인정할 수밖에 없다. 매튜 헨리 (Matthew Henry)는 이렇게 말했다.

"기도는 두 가지로 이루어진다. 은혜에 대한 감사를 표하고, 그 은혜를 더욱 강구하는 것이다."

찬양과 감사 모두 하나님께 영광을 돌리는 맥락에서는 동일하게 이해할 수 있지만 굳이 구분한다면 찬양이 하나님이 하신 일을 찬양하는 것이라면 감사는 하나님께서 나에게 하신 일에 대한 감사인 것이다.

그렇다면 왜 감사해야 할까? 하나님의 은혜가 크고 놀라워, 우리가 구하거나 생각하는 것 이상으로 넘치도록 받고 있기 때문이다. 심지어 우리가 미처 생각하지도 못한 것까지도 주어지고 있기 때문이다. 그래서 바울은 이렇게 고백했다.

말할 수 없는 그의 은사로 말미암아 하나님께 감사하노라 | 고후 9:15

사람은 은혜를 깨달을 때 비로소 감사가 나온다. 은혜를 깨닫지 못한 사람에게는 감사가 없다. 따라서 성숙한 사람 즉 깨닫는 사람만이 감사를 할 수 있다. 하나님의 뜻은 사람이 하나님의 은혜를 깨닫고 감사하는 것이다.

범사에 감사하라 이것이 그리스도 예수 안에서 너희를 향하신 하나님의 뜻이니라 | 살전 5:18

> **내 영혼아 여호와를 송축하며 그의 모든 은택을 잊지 말지어다** | 시 103:2

하나님은 감사하는 사람을 기뻐하신다. 감사를 느끼는 것과 표현하는 것은 분명한 차이가 있다. "꼭 고마운 것을 말로 표현해야 해?"라고 물을지 모른다. 그러나 하나님은 감사를 듣고 싶어 하신다. 하나님은 위대하시고 높은 곳에 계시는 분이기 때문에 우리가 감사를 드리든 말든 무슨 상관이겠느냐고 생각하기 쉽다.

우리는 하나님의 마음을 파악할 필요가 있다. 하나님의 마음은 어느 무엇보다도 부드럽고 예민한 마음이다. 선악 간에 아무리 작고 보잘것없는 것이라 할지라도 그의 마음에 기록되지 않는 것이란 없다. 예수님은 자기를 사랑하고 감사하는 마음으로 주어지는 것이라면 냉수 한 그릇이라도 절대 잊지 않으시는 하나님이시다.

나는 어린 시절에 아버지로부터 따뜻한 말을 들어보지 못하고 성장했다. 아버지는 다른 사람들에게는 친절했지만, 어머니와 자녀들에게는 매우 엄격하셨다. 그래서 나는 어릴 때부터 커서 어른이 되어 결혼하게 되면 자식들에게 마음껏 사랑을 표현하는 아빠가 되고 싶었다. 그래서 특별한 때를 제외하고는 언제나 '사랑한다.'라는 말과 함께 포옹을 해주었다.

어느 날 아들의 등교를 위해 차를 태우고 가면서 이런 질문을 했다. "아빠가 널 많이 사랑하는지 알고 있니?" 그랬더니 아들이 하는 말이 "아빠 꼭 말로 해야 해요? 그리고 그렇게 자꾸 물어보셔야 해요?"라고 하는 게 아닌가. 순간 약간 머쓱했다. "저도 아빠를 사랑해요."라고 하기가 그렇게 어려운 일은 아닐 텐데.

　이렇듯 대부분 사람들은 이 감사한 마음과 감사를 표현하는 것을 구분하지 않는 경향이 있다. 하지만 성경은 이에 대해 분명한 지침을 제시한다. 감사를 표현하라고 말씀하신다.

> 11 예수께서 예루살렘으로 가실 때에 사마리아와 갈릴리 사이로 지나가시다가 12 한 마을에 들어가시니 나병환자 열 명이 예수를 만나 멀리 서서 13 소리를 높여 이르되 예수 선생님이여 우리를 불쌍히 여기소서 하거늘 14 보시고 이르시되 가서 제사장들에게 너희 몸을 보이라 하셨더니 그들이 가다가 깨끗함을 받은지라 15 그 중의 한 사람이 자기가 나은 것을 보고 큰 소리로 하나님께 영광을 돌리며 돌아와 16 예수의 발 아래에 엎드리어 감사하니 그는 사마리아 사람이라 17 예수께서 대답하여 이르시되 열 사람이 다 깨끗함을 받지 아니하였느냐 그 아홉은 어디 있느냐 18 이 이방인 외에는 하나님께 영광을 돌리러 돌아온 자가 없느냐 하시고 19 그에게 이르시되 일어나 가라 네 믿음이 너를 구원하였느니라 하시더라 | 눅 17:11~19

　누가복음의 저자인 "누가"는 의사로서, 역사적 정확성, 사람에 대한 관찰력, 사회적 약자에 관한 관심, 기도와 성령의 역할 강조, 여성과 자비의 강조 등 다각적인 면에서 독특한 특성을 보여준다. 누가는 의사이자 역사학자였기 때문에 그의 복음서에는 사건의 역사적 맥락과 세부적인 묘사가 두드러진다. 이 사건도 나병환자와 그에 대한 예수님의 소회를 비교적 상세하게 기록하고 있음을 본다. 이 사건에서 누가는 아쉬울 때는 소리를 질러 도움을 요청하지만, 문제가 해결된 이후에는 은혜를 잊어버리고 돌아서는 나병환자들을 묘사했다. 열 명의 문둥병자가 치료받았지만, 그중에 돌아와서 감사(사례)한 사람은 사마리아 출신의 한 사람뿐이었다. '화장실에 들어갈 때와 나올 때가 다르다.'라는 말이 있듯이 사람은 은혜를 쉽게 잊어버린다. 물론 아홉 명의 사람도 속으로 고맙다고 생각했을 것이다. 그러나 돌아오지 않았다. 결국 감사를 표현하지 못한 것이다.

여기서 우리는 예수님의 감정을 다소나마 살짝 엿볼 수 있다. 예수님의 질문 속에 깃든 음조에 귀를 기울여 보라. 예수님은 나머지 아홉 명의 사람도 와서 감사하기를 바라셨다. 그리고 그들이 와서 감사를 표현하지 않았을 때 예수님은 서운함을 토로하셨다. 여기서 우리는 감사를 드리는 것이 곧 하나님께 영광을 돌리는 것이라는 예수님의 말씀을 듣는다. 이것은 감사를 드리는 것이 어째서 그토록 복된 것인가를 설명해 주는 것이다. 기도로서 하나님께 감사하는 우리의 노력이 약하다 할지라도 참으로 하나님께 감사를 드릴 때 좋은 느낌이 일어나는 것을 깨달을 수 있다. 헨리 워드 비처(Henry Ward Beecher)는 이렇게 말했다.

> "감사는 천국의 입구이며, 기쁨으로 드리는 기도는 우리의 영혼을 그곳으로 이끈다."

목회 현장에서 종종 느끼는 사실이 있다. 사람들은 감사에 대해 민감하지 못하다는 것이다.

물론 생각이 있는 이상 고마움에 대해 생각할 수는 있지만, 감사를 표현하는 사람을 찾는 것은 쉽지 않다. 사람들은 어렵고 힘들 때 목회자에게 기도를 요청한다. 사람들이 전화를 걸어 올 때는 십중팔구 문제와 어려움이 있을 때이다. 어려울 때 사람들은 울부짖으며 목사에게 도움을 요청하지만, 문제와 어려움이 해결된 이후에는 더는 연락하지 않는다.

시편 기자는 하나님의 마음을 가장 잘 알았던 사람이었다. 그의 시에는 항상 감사가 묻어 있다. 그중에 시편 136편은 대표적인 감사의 장이다. 시편 기자는 지금까지 있었던 모든 일들을 열거하며 하나님 앞에 감사를 드린다. 그런데 여기서 가장 중요한 감사의 조건은 '인자하심이 영원함이로다'에 맞추어져 있다. 이렇듯 하나님의 은혜를 아는 사람은 감사할 수밖에 없는 것이다.

[1] **여호와께 감사하라 그는 선하시며 그 인자하심이 영원함이로다**
[26] **하늘의 하나님께 감사하라 그 인자하심이 영원함이로다** | 시 136:1,26

하브루타 질문

1 당신의 기도에는 감사가 있는가? 감사가 있다면, 당신은 어떻게 감사하며 감사의 내용은 무엇인지 적어보라.

2 사람은 은혜에서 시작하여 은혜로 인생을 마감하게 된다. 그리고 그 은혜의 원천은 하나님이시다. 최근 당신이 체험한 은혜가 있다면 이야기해 보라.

3 성경은 구약이든 신약이든 일관되게 감사하라고 명령한다. 그 이유를 무엇이라고 생각하는가?

4 전지전능하신 하나님은 우리의 마음을 아시기 때문에 굳이 감사를 표현하지 않아도 다 아신다. 그런데도 감사를 표현하게 하는 이유는 무엇인가?

5 '원수는 돌에 새기고 은혜는 흐르는 물에 새긴다.'라는 말이 있는데, 당신은 과연 어떤 사람인가?

4
중보 | Intercede

중보기도는 가장 고상한 기도이다.

기도에는 찬양의 기도, 고백의 기도, 감사의 기도, 간구의 기도, 명령의 기도, 묵상의 기도 등 여러 가지 형태가 있으나 이 모든 유형 가운데 가장 위대하고 고상한 기도의 형태는 바로 중보기도이다. 중보기도는 가장 구체적인 이웃사랑 실천의 장이며 하나님 나라 사역의 가장 권세 있는 방편이기 때문이다.

간구와 중보를 분명히 구별할 필요가 있다. 우리가 구하는 것이 우리 자신을 위한 것일 때 그것을 '간구'라고 하고, 다른 사람을 위할 때 그것을 '중보'라고 한다. 우리의 기도가 자신에 머물러서는 안 된다. 우리의 기도는 다른 사람을 위해 기도하는 중보의 단계까지 이르러야 한다. 왜냐하면 우리의 기도 가운데 이웃을 포함하는 것이 주님의 뜻이기 때문이다. 그런 의미에서 우리의 최대 관심사인 간구에 앞서 중보를 권한다.

중보는 우리의 이기적인 마음을 극복하고 사랑을 실천할 수 있는 가장 좋은 방법이다. 우리는 기도할 때마다 이웃을 위해 "주님 오늘도 저에게 주어진 사람들을 축복해 주옵소서. 그들에게 필요한 것을 공급해 주옵소서."라고 기도해야 할 것이다.

우리는 어디를 가든지 어려움에 처해있는 사람들을 만나게 된다. 성령께서 우리에게 영육 간의 궁핍을 함께 볼 수 있는 열린 사랑을 주신다면 우리가 보는 모든 것을 기도로 이끌어야 한다. 우리는 주님을 향하여 우리의 친구들과 내가 알고 있는 모든 사람의 필요를 말씀드려야 한다. 이것이 바로 주님이 우리에게 바라시는 기도이다. 디트리히 본회퍼(Dietrich Bonhoeffer)는 이렇게 말했다.

"중보는 우리가 할 수 있는 가장 고귀한 섬김이다. 그 기도를 통해 우리는 하나님의 손에 다른 사람의 영혼을 맡긴다."

그러나 우리의 중보는 여기서 그쳐선 안 된다. 중보가 고상한 것은 내가 좋아하지 않는 사람까지도 포용하는 기도이기 때문이다. 예수님은 원수들까지도 사랑하라고 말씀하셨다. 이것이 바로 크리스천으로서의 수준을 높이는 기도이다. 하나님은 세상을 변화시키기 위해 우리를 사용하신다. 하나님은 우리의 기도를 통해 일하기를 원하신다.

정말 중요한 것은 그 사람이 어떤 사람인가가 중요한 것이 아니라 내가 그를 위해 어떻게(how) 기도하느냐이다. 내가 정말 싫어하는 그 사람을 위해서, 아니 나에게 해를 입힌 그 사람을 위해서도 기도할 수 있는가에 따라 기도의 수준이 판가름 난다.

　만일 우리가 다른 사람을 사랑한다면 우리는 우리 힘으로 그들에게 줄 수 있는 것 이상으로 더 많은 것을 주고 싶어 할 것이다. 그래서 우리는 기도하게 된다. 중보기도야말로 다른 사람을 사랑하는 방법이기 때문이다. 간구에서 중보로 바꾸는 것은 우리의 무게 중심을 우리 자신의 필요에서 다른 사람의 필요와 관심사로 옮기는 것이다. 5만 번 응답받은 조지 뮬러(George Müller)는 이렇게 말했다.

"우리가 다른 사람을 위해 기도할 때, 그 기도는 그 사람에게 하나님께로부터 오는 가장 귀한 선물이 된다."

　중보기도는 이기심이 없는 기도이며 심지어 자신을 내어주는 기도이다. 하나님 나라의 계속된 사역 가운데 중보기도보다 더 중요한 것은 없다. 중보기도는 우리 이웃의 상황을 바꾸는 힘이 있다. 깨어진 가정, 파멸에 이른 자녀들, 무너진 기업, 잃어버린 신앙, 망연자실한 아픔의 상황을 회복하고 치유하는 능력의 기도가 바로 중보기도이다. 우리는 성경 곳곳에서 중보기도의 모습을 찾아볼 수 있다.

[8] 그 때에 아말렉이 와서 이스라엘과 르비딤에서 싸우니라 [9] 모세가 여호수아에게 이르되 우리를 위하여 사람들을 택하여 나가서 아말렉과 싸우라 내일 내가 하나님의 지팡이를 손에 잡고 산 꼭대기에 서리라 [10] 여호수아가 모세의 말대로 행하여 아말렉과 싸우고 모세와 아론과 훌은 산 꼭대기에 올라가서 [11] 모세가 손을 들면 이스라엘이 이기고 손을 내리면 아말렉이 이기더

니 **12 모세의 팔이 피곤하매 그들이 돌을 가져다가 모세의 아래에 놓아 그가 그 위에 앉게 하고 아론과 훌이 한 사람은 이쪽에서, 한 사람은 저쪽에서 모세의 손을 붙들어 올렸더니 그 손이 해가 지도록 내려오지 아니한지라 13 여호수아가 칼날로 아말렉과 그 백성을 쳐서 무찌르니라** | 출 17:8~13

모세는 여호수아에게 군대를 이끌고 골짜기로 내려가서 싸우라고 명했다. 그리고 모세 자신은 아론과 훌을 데리고 산꼭대기로 올라갔다. 여호수아가 몸으로 싸우고 있었다면 모세는 기도의 두 손을 들어 올림으로 영적인 싸움을 하고 있었다. 하나님은 모든 상황을 알고 계셨지만, 아론과 훌의 중보의 모습을 보기 원하셨다.

이와 유사한 사건이 바로 아이성 전투 때에도 일어났다. 아이성 1차 전쟁에서 패배한 이스라엘은 이제 하나님의 허락하심으로 2차 전쟁에 나선다. 이스라엘은 매복하고 아이성 군사들을 유인하여 그들이 성 밖으로 나온 뒤 성에 불을 지르고 전쟁을 승리로 이끈다. 그러나 그 뒤에는 전쟁이 시작할 때부터 끝날 때까지 아이성을 향해 단창을 들고 있는 여호수아가 있었다. 이스라엘 군인들이 몸으로 싸우고 있었다면 여호수아는 단창을 들어 아이성을 가리킴으로 영적인 싸움을 하고 있었다.

그러나 모세의 직접적인 중보기도도 있었다. 이스라엘 민족의 범죄를 위해 하나님 앞에 나아가서 기도하는 모습을 보여준다. 금송아지를 만들었을 때 하나님은 대단히 진노하셔서 이스라엘을 진멸하기로 작정하셨다. 그때 이스라엘을 중보해서 하나님 앞에 나와 기도하는 모습을 보여준다.

> ¹¹ 모세가 그의 하나님 여호와께 구하여 이르되 여호와여 어찌하여 그 큰 권능과 강한 손으로 애굽 땅에서 인도하여 내신 주의 백성에게 진노하시나이까 ¹² 어찌하여 애굽 사람들이 이르기를 여호와가 자기의 백성을 산에서 죽이고 지면에서 진멸하려는 악한 의도로 인도해 내었다고 말하게 하시려 하나이까 주의 맹렬한 노를 그치시고 뜻을 돌이키사 주의 백성에게 이 화를 내리지 마옵소서 ¹³ 주의 종 아브라함과 이삭과 이스라엘을 기억하소서 주께서 그들을 위하여 주를 가리켜 맹세하여 이르시기를 내가 너희의 자손을 하늘의 별처럼 많게 하고 내가 허락한 이 온 땅을 너희의 자손에게 주어 영원한 기업이 되게 하리라 하셨나이다 ¹⁴ 여호와께서 뜻을 돌이키사 말씀하신 화를 그 백성에게 내리지 아니하시니라 | 출 32:11~14

얼마나 대단한 기도인가? 하나님은 모세의 중보기도를 들으시고 뜻을 돌이키셨다. 중보기도는 하나님의 뜻을 돌이키는 능력이 있다. 모세의 기도 하나로 적어도 200만 명이 넘는 사람들의 목숨을 건진 것이다. 중보기도는 상황을 변화시키는 동시에 하나님의 뜻도 바뀌게 한다. 그럼 이렇게 중보기도가 중요하고 엄청난 것이라면 우리는 특히 누구를 위해 중보기도를 해야 할까?

첫째, 나라와 민족, 그리고 정치지도자를 위해 기도해야 한다.

옛 독일 지역인 색소니(Saxony) 지방에서 모라비안 교도들은 무려 100년 동안 매시간 24명의 남자와 24명의 여자가 쉬지 않고 중보기도를 이어갔다. 또한, 제2차 세계대전 중 영국의 리즈 하월즈(Rees Howells) 역시 전쟁 중인 조국을 위해 기도를 멈추지 않았고, 그 결과 1940년 9월 15일, 나치 독일 공군이 승리를 목전에 두고도 이해할 수 없는 이유로 후퇴하는 일이 벌어졌다. 이 사건으로 인해 영국 공군 대장 다우든 경(Sir Hugh Dowding)은 "This was a special intervention of God"(이것은 하나님의 특별한 개입이었다)라는 고백을 하며 하나님께 영광을 돌렸다.

> [1] 각 사람은 위에 있는 권세들에게 복종하라 권세는 하나님으로부터 나지 않음이 없나니 모든 권세는 다 하나님께서 정하신 바라 [2] 그러므로 권세를 거스르는 자는 하나님의 명을 거스름이니 거스르는 자들은 심판을 자취하리라 | 롬 13:1~2

나라와 민족을 위해 기도해야 한다. 정치 위정자들이 하나님을 두려워 하며 공의로 나라를 통치하도록 기도해야 한다. 그들에게 지혜를 주셔서 올바른 선택을 할 수 있도록 도와야 한다. 그래야만 우리가 평안한 생활을 할 수 있으며 안전한 가운데 살아갈 수 있기 때문이다.

> [1] 그러므로 내가 첫째로 권하노니 모든 사람을 위하여 간구와 기도와 도고와 감사를 하되 [2] 임금들과 높은 지위에 있는 모든 사람을 위하여 하라 이는 우리가 모든 경건과 단정함으로 고요하고 평안한 생활을 하려 함이라 | 딤전 2:1~2

둘째, 믿지 않는 이웃들을 위해 기도해야 한다.

이 부분은 우리가 비교적 잘 이해하고 실천하는 내용일 것이다. 하나님께서 지역교회를 세우신 이유는 그 지역에 있는 믿지 않는 이웃을 구원하는 사명을 주셨기 때문이다. 전도 대상자를 정해 놓고 꾸준히 기도하는 것이 중요하다. 우리는 흔히 그들을 '태신자'라고 부르며, 그들이 예수님을 영접할 수 있도록 기도해야 한다. 만약 어떤 사람이 예수님을 영접했다면, 그 뒤에는 누군가가 오랜 시간 그를 위해 기도했다는 사실을 잊지 말아야 한다.

또한 우리가 머무는 지역을 위해 기도해야 한다. 내가 사는 지역은 단순히 내가 머물기 위한 곳이 아니라, 그 지역의 복음화를 위해 하나님께서 나를 보내신 곳이라는 확신을 가져야 한다. 따라서 지역에서 얻을 혜택을 기대하기보다, 내가 먼저 지역을 위해 무엇을 할 수 있을지를 고민하는 사명자가 되어야 한다. 일반적으로 지역의 부흥은 수십 년의 간격을 두고 일어나기 마련이다. 내가 속한 지역에도 부흥의 불길이 일어나 회개하며 예수님을 영접하는 사람들이 일어나도록 간절히 기도해야 한다.

> 2 기도를 계속하고 기도에 감사함으로 깨어 있으라 3 또한 우리를 위하여 기도하되 하나님이 전도할 문을 우리에게 열어 주사 그리스도의 비밀을 말하게 하시기를 구하라 내가 이 일 때문에 매임을 당하였노라 4 그리하면 내가 마땅히 할 말로써 이 비밀을 나타내리라 | 골 4:2~4

셋째, 아픈 이웃들을 위해 기도해야 한다.

우리는 아픈 이웃을 위해 기도해야 한다. 아픈 이웃을 위해 기도하는 이유는, 첫째로 우리가 그들의 고통을 함께 나누며 사랑을 실천할 수 있기 때문이다. 둘째로, 하나님은 치유와 회복의 능력을 가지신 분이시기에 그분께 간구함으로써 그 이웃이 육체적, 정신적, 영적 회복을 경험하도록 돕기 위함이다. 마지막으로, 기도를 통해 하나님께서 그들의 삶에 역사하시고 그들에게 위로와 평안을 주실 수 있다는 믿음 때문이다.

> 저물매 사람들이 귀신 들린 자를 많이 데리고 예수께 오거늘 예수께서 말씀으로 귀신들을 쫓아 내시고 병든 자들을 다 고치시니 | 마 8:16

예수님은 육체의 병뿐만 아니라 우리의 병든 가정도 치유하시고, 병든 사업과 병든 관계를 치유하시는 분이시다. 그분이 치유하지 못하시는 것은 없다. 따라서 우리는 어려움에 처해있는 분들을 위해 기도해야 할 것이다. 몸의 질병과 경제적인 어려움, 사업의 실패, 마음의 상처, 자녀들의 문제, 이혼의 문제로 어려움을 당하는 이웃들을 위해 기도해야 한다. 그들의 이름을 '나의 기도목록표'에 기록해 놓고 그들을 위해 간절히 기도한다. 그때 하나님의 사랑이 그 사람의 영혼 가운데 충만히 임하게 될 것이다.

> 13 너희 중에 고난 당하는 자가 있느냐 그는 기도할 것이요 즐거워하는 자가 있느냐 그는 찬송할지니라 14 너희 중에 병든 자가 있느냐 그는 교회의 장로들을 청할 것이요 그들은 주의 이름으로 기름을 바르며 그를 위하여 기도할지니라 | 약 5:13~14

넷째, 원격기도를 해야 한다.

'원격기도'에 대해 처음 들어본 사람들이 있을 것이다. 그러나 원격기도는 성경적인 기도이며 원거리 중보기도이다. 성경에서는 아말렉과의 싸움 때 모세의 기도, 그리고 아이성 전투 때 여호수아의 기도 등에서 원격기도의 예를 찾아볼 수 있다. 해외에 나가 있는 선교사들을 위해 기도하는 것도 대표적인 원격기도이다. 이러한 원격기도를 통해 선교지에 있는 악한 영들이 떠나가는 역사가 일어날 수 있다.

일반적인 중보기도는 내가 아는 사람을 위해 드리는 기도이지만, 원격기도는 내가 모르는 사람이라도 기도 네트워크를 통해 기도 제목을 공유하고, 동시에 집중적으로 기도하는 방식이다. 원격기도는 스스로 기도할 능력이 부족한 사람들을 돕기 위해 개인뿐만 아니라 이웃을 위한 중보기도를 통해 가정과 교회를 회복시키려는 기도 운동이다.

특정 사람을 위해 원격기도를 할 때는 그의 생활과 관계 속에서 구체적인 필요를 놓고 기도해야 한다. 교회나 국가를 위한 기도 역시, 그들이 직면한 구체적인 문제와 어려움에 대해 세밀하게 기도하는 것이 중요하다.

다섯째, 담임목사를 위해 중보기도를 해야 한다.

담임목사는 무거운 짐을 지고 있다. 모든 사역자가 모두 무거운 짐을 지고 있지만 담임목사가 진 짐은 그들이 진 짐을 모두 더 한 것보다 더 무겁다. 먼저, 담임목사는 복음을 전하며 말씀을 가르치는 데 큰 책임을 진다. 다음으로 담임목사는 보통 이상의 크고 작은 시험에 부딪힌다. 특히 두 가지, 교만이 아니면 실망이란 시험을 받는다. 목회하면서 가장 무서운 시험이 바로 교만과 실망이란 시험이다. 교만해진 듯 보이는 담임목사를 위해서는 다시 겸손할 수 있도록 기도해야 한다. 특히 실망하여 낙심해 있는 담임목사에게는 새 용기를 주시도록 기도해야 할 것이다. 그리고 담임목사에게 지혜와 올바른 판단력을 달라고 기도해야 한다. 순식간에 이루어지는 결정이 그 교회의 운명을 좌우하기 때문이다. 사람들은 담임목사가 잘못된 판단을 했을 때 기도는 하지 않고 비판하려고 한다. 담임목사를 비판하기는 쉬운 일이다. 그리고 결과에 대해 이러쿵저러쿵하는 것은 누구나 다할 수 있다. 무슨 일이든 끝난 후에는 누구나 현명해져서 일이 어떻게 진행되었어야 하는지를 평가하기 쉽다. 그러나 일을 시작하기 전에는 아무도 어떻게 해야 할지 모른다."

그러나 바로 이때 담임목사는 결단하고 행동하지 않으면 안 된다. 우리는 담임목사를 비판하지 말고 항상 기도하기에 힘써야 한다. 분명한 것은 담임목사를 위해 기도하는 사람은 비판하지 않는다는 것이다. 비판은 가장 쉬운 일인 동시에 가장 비겁한 일이다.

> 너희를 인도하는 자들에게 순종하고 복종하라 그들은 너희 영혼을 위하여 경성하기를 자신들이 청산할 자인 것 같이 하느니라 그들로 하여금 즐거움으로 이것을 하게 하고 근심으로 하게 하지 말라 그렇지 않으면 너희에게 유익이 없느니라 | 히 13:17

여섯째, 교회와 사역자들을 위해 기도해야 한다.

교회가 교회의 사명을 감당할 수 있도록 기도해야 한다. 교회가 빛과 소금의 역할을 잘 감당하는 교회가 되기 위하여 기도해야 한다. 이웃들에게 인정받고 칭찬받는 교회가 되기 위해 기도해야 한다. 그때 교회 부흥은 자연스럽게 이루어질 것이다. 부흥은 교회가 건강할 때 자연스럽게 이루어진다. 몸부림치지 않아도 건강한 교회는 자동으로 부흥을 경험하게 된다.

교회 공동체 안에 성령의 은사를 받은 사역자들을 위해 기도해야 한다. 몇 년이고 계속 열심히 주님을 섬길 수 있도록 기도해야 하며, 용기를 가지고 사역할 수 있도록 기도해야 한다. 교회의 모든 기관에서 이름 없이 빛도 없이 주님을 봉사하는 사역자들의 용기가 꺾이지 않도록, 그리고 사역자들의 가정과 자녀들을 위해 기도해야 한다. 그것이 바로 사역자들을 돕는 길이다.

> 너희도 우리를 위하여 간구함으로 도우라 이는 우리가 많은 사람의 기도로 얻은 은사로 말미암아 많은 사람이 우리를 위하여 감사하게 하려 함이라
>
> | 고후 1:11

결론

중보기도는 다른 사람이나 공동체를 위해 하나님께 간구하는 기도이다. 기도할 수 없거나 어려움에 처한 이들을 대신해 하나님께 도움을

요청하는 강력한 영적 행위이다. 중보기도는 사랑과 연대의 표현이며, 이를 통해 하나님의 뜻이 이루어지고, 대상자에게 회복, 보호, 치유, 그리고 인도하심이 임하도록 돕는 것이다. 즉, 중보기도는 우리가 서로를 위해 기도하며 하나님의 은혜를 나누는 중요한 역할을 하게 한다.

그렇다면, 중보기도의 유익은 무엇일까? 중보기도는 다른 사람의 유익을 구하는 이타적인 기도이지만, 동시에 자신을 위한 기도이기도 하다. 나치 독일의 히틀러에 맞서 싸우다 투옥된 다트리히 본회퍼(Dietrich Bonhoeffer)는 이렇게 말했다.

> "중보기도는 우리를 깨끗하게 하는 욕조와 같아서 개개인이 날마다 들어가야 하는 곳이며, 교제가 날마다 이루어져야 할 곳이다."

본회퍼의 말처럼, 중보기도는 오히려 우리 자신을 정화시키고 깨끗하게 한다. 중보기도는 이웃을 사랑하는 가장 절실하고 은밀한 방법 중 하나이다. 우리는 중보기도를 통해 이웃사랑을 실천하며, 하나님 앞에서 진정한 사랑의 도구로 사용될 수 있다.

하브루타 질문

① 중보기도는 다른 여러 가지 기도 중 가장 고상하고 위대한 기도로 알려져 있다. 그 이유를 무엇이라고 생각하는가?

② 당신은 성실하게 중보기도 생활을 유지하고 있는가? 그렇다면 주로 누구를 위해 중보기도를 하고 있는가?

③ 우리가 중보기도를 해야 할 대상자 중 교회의 담임목사를 위해 기도하는 이유는 무엇인가?

④ 당신이 중보기도를 해야 할 사람들을 일일이 열거해 보라.

⑤ 나라와 민족을 위해 기도하며, 특별히 하나님이 세운 대통령과 민족의 지도자들, 위정자들을 위해 기도하는 이유는 무엇인가?

5
간구 | Supplication

우리는 무엇이든지 구할 자격이 있다.

이제 내가 가진 문제들을 내어놓고 구체적으로 하나님 앞에 요청할 시간이 되었다. 하나님을 찬양하고, 죄의 고백을 하고, 감사를 드렸고, 중보기도까지 했다면 이제부터는 나의 문제나 어려움을 토로하며 구체적인 요청을 드릴 시간이 되었다. 작은 일이라도 괜찮다. 아주 큰일이라도 괜찮다. 내가 상상할 수 없는 큰일이어서 하나님이 다루실 수 없거나, 너무 작은 일이어서 하나님이 못하실 일은 없다. 무엇이든지 아버지 되신 하나님께 구하는 것이다.

> 아무 것도 염려하지 말고 다만 모든 일에 기도와 간구로, 너희 구할 것을 감사함으로 하나님께 아뢰라 | 빌 4:6

여기서 중요한 표현은 '모든 일에'와 '구할 것'이다. 우리는 모든 일에 있어서 하나님께 아뢰어야 한다. 예를 들어, "주님, 오늘 제가 사람을 만나려고 합니다. 주님의 뜻을 알고 싶습니다," 또는 "주님, 오늘 사업 계약을 앞두고 있는데, 어떻게 하는 것이 좋을까요?"라고 묻는 것이다. 혹은 "주님, 제가 교회에서 중요한 직분을 맡게 되었습니다. 어떻게 잘 감당할 수 있을까요?"라고 하나님께 도움을 구하는 것이다.

또한, 우리는 하나님께 구할 자격이 있다. "주님, 제가 결혼을 생각하고 있습니다. 저에게 가장 적합한 배우자를 허락해 주십시오," "주님, 내일까지 은행 이자를 지불해야 하는데 상황이 어렵습니다. 도와주십시오," 또는 "주님, 일을 위해 자동차가 필요합니다. 허락해 주세요"라고 마음껏 구하고, 또한 마음껏 감사하라는 말씀이다.

테일러(Jeremy Taylor)는 말하기를 "간구는 하나님의 심정에 이르게 하는 것이다."라고 말했다. 제자들이 기도를 가르쳐 달라고 했을 때 예수님은 일찍이 해본 적이 없는 가장 위대한 기도를 가르쳐 주셨다. 그것이 바로 '주기도'인데 그 내용은 주로 간구에 관한 것이다.

나는 우리의 간구 중 대부분이 성숙하지 못하고 자기중심적인 것처럼 보인다는 사실을 안다. 어떤 의미에서 찬양과 감사의 기도는 고상하고 당당하며 숭고하게 느껴진다. 그러나 간구 역시 위대하고 숭고한 기도이다. 간구만을 위한 간구, 자신만을 위한 간구, 이기적인 간구는 분명 문제가 있으나 찬양과 죄의 고백, 그리고 감사와 중보기도로 이어진 간구는 숭고한 기도가 된다. 또한 계속 이어질 듣는 기도를 통해 기도는 완전하게 된다.

그러므로 간구는 낮은 수준의 기도가 아니다. 처음부터 끝까지 간구하는 기도라고 한다면 문제가 있지만, 육하원칙에 의거하여 드리는 간구는 결코 낮은 수준의 기도가 아니다. 오히려 간구는 우리의 주식이다. 어린아이와 같은 믿음의 표현은 하늘 아버지께 우리의 매일의 필요와 욕구를 아뢰는 것이다. 감리교의 창시자인 존 웨슬리 (John Wesley)는 이렇게 말했다.

> "하나님은 기도로 역사하시며, 특히 간구로 강력하게 일하신다. 우리가 간구할 때, 하나님은 사람들과 상황을 변화시키신다."

자녀가 떡을 달라고 할 때 돌을 줄 사람이 없다고 예수님께서 말씀하셨다. 생선을 달라고 할 때 뱀을 줄 사람도 없다고 하셨다. 자기중심적인 계획들로 가득 차 있는 우리도 부모와 자식 간의 기본적인 도리를 존중할 줄 아는데, 하물며 사랑으로 우리를 존중해 주시고 기쁨으로 우리의 구하는 것을 주시는 하나님께서는 얼마나 더하시겠는가? 당연한 일이다. 그러나 간구에서 두 가지를 짚고 넘어가야 할 의문이 있다.

첫째로, 하나님은 전지하신 분으로, 우리의 필요를 다 알고 계시는데 '무언가를 달라고 꼭 구해야만 하는가?'는 질문과, 둘째로, '사소한 문제를 아뢰어도 되는가?'는 것이다. 그러나 우리가 하나님의 마음을 이해한다면 조금도 주저 없이 간구할 수 있을 것이다. 먼저 하나님은 우리의 구하는 행위를 좋아하신다는 것이다. 우리도 자녀들이 필요로 하는 것을 다 알고 있지만 그들이 무언가를 달라고 요구하는 것을 기다리고 있다.

동시에 우리는 이렇게 생각할 수 있다. '나는 내 사소한 문제로 하나님을 괴롭히지 않을 거야. 이 세상에는 내 요구보다 훨씬 더 중요하고 절실한 것이 많은데 사소한 것을 구하는 것은 하나님을 번거롭게 하는 거야.'

그러나 하나님은 그렇게 생각하지 않으신다. 우리는 우리의 기준으로 하나님을 생각하지 말고 성경 속의 하나님의 성품을 이해할 필요가 있다. 나에게 중요한 문제는 하나님에게도 똑같이 중요한 문제이다. 나에게 아픈 일은 하나님에게도 똑같이 아픈 일이다. 우리의 가장 필요한 것을 뒤로하고 나누지 않는 것은 오만이다. 우리가 사소한 문제라도 아뢰지 않을 때 하나님은 오히려 슬퍼하시고 서운해하신다. A.W. 토저 (A.W. Tozer)는 이렇게 말했다.

"하나님은 간구 기도를 통해 우리의 마음을 그분의 마음에 맞추신다. 기도할 때 우리는 하나님의 뜻이 이루어지도록 도구로 사용된다."

우리의 자녀들이 학교생활에서 겪는 작은 문제들에 관심을 두듯, 하나님께서도 우리의 가장 사소한 문제까지 듣고 싶어 하신다는 것이다. 누가복음 18장 8절에 나오는 과부 이야기의 결론을 들어보자.

7 하물며 하나님께서 그 밤낮 부르짖는 택하신 자들의 원한을 풀어 주지 아니하시겠느냐 그들에게 오래 참으시겠느냐 8 내가 너희에게 이르노니 속히 그 원한을 풀어 주시리라 그러나 인자가 올 때에 세상에서 믿음을 보겠느냐 하시니라 | 눅 18:7~8

그럼 우리는 하나님께 무엇을 구하고 어떻게 구체적으로 구할지를 생각해 보아야 한다. 과부가 집중적으로 구했듯이 어떤 문제에 대해 믿음을 가지고 집중적으로 구해야 한다. 그러기 위해선 간구를 부분적으로 나눌 필요가 있다. 우리가 구해야 할 부분은 문제 및 관계, 사업 및 직장, 가족과 자녀, 그리고 개인적인 부분으로 나눌 수 있을 것이다.

첫째로, 문제 및 관계를 위해 간구한다.

살아가면서 당면하고 있는 문제들과 사람들과의 관계에 대해 기도하는 것이다. 우선 제일 중요한 것이 바로 당장 닥친 문제들이다. 그 문제를 간과하기는 어려울 것이다. 문제의 해결을 위해 기도해야 한다.

둘째로, 사업과 직장을 위해 간구한다.

내가 몸담은 사업과 직장을 위해 기도해야 한다. 나로 인해 직장과 사업이 형통할 수 있도록 기도해야 한다. 모든 일을 하나님의 영광을 위해 할 수 있도록 기도한다.

셋째로, 가족을 위해 간구한다.

나의 결혼 생활과 자녀들을 위해 기도한다. 가족들의 이름을 일일이 부르며 그들에게 필요한 것을 공급해 달라고 기도하는 것이다. 자녀들의 진학과 지혜를 위하여 기도하고 가족들의 건강을 위해 기도하는 것이다. 또한 내가 하나님을 닮은 가장이 되게 해 달라고 간구하고, 하나님의 성품을 닮은 아내가 되기를 위해 기도한다. 재정문제, 자녀 교육문제, 휴가 등에 관련된 결정을 할 때도 하나님의 도우심을 구하는 기도를 드린다.

넷째로, 자신을 위해 간구한다.

나에게 주어진 일들을 위해 기도한다. 내게 주어진 직분을 잘 감당할 수 있도록 기도한다. 동시에 내 성품의 변화에 대해 기도한다. 나의 영적 성장과 인격의 변화를 위해 기도하는 것이다.

"주님, 저는 주님을 더욱 닮고 싶습니다. 주님이 원하시는 성품을 제 속에 넣어 주사 제 인격과 가치관을 변화시켜 주옵소서. 세상을 변화시키는 사람이기에 앞서 먼저 그리스도의 장성한 분량에 이르도록 저를 변화시켜 주옵소서."

이렇게 간구를 구체적으로 기록하라. 내가 간구할 내용들을 구체적으로 기록하면 잊고 드리지 못하는 기도가 없을 것이며 오랜 시간 동안 주님과 깊이 있는 교제를 경험하게 될 것이다. 더 놀라운 것은 한 달이 지난 후 기도목록표를 읽어보면 대부분의 기도가 응답된 사실에 대해 놀라움을 금치 못할 것이다.

7 구하라 그리하면 너희에게 주실 것이요 찾으라 그리하면 찾아낼 것이요 문을 두드리라 그리하면 너희에게 열릴 것이니 8 구하는 이마다 받을 것이요 찾는 이는 찾아낼 것이요 두드리는 이에게는 열릴 것이니라 | 마 7:7~8

하나님은 우리의 기도에 대해 응답하기로 약속하셨다. 구하는 사람에게 주시고, 찾는 사람에게 찾아내도록 하시고, 문을 두드리는 사람에는 열리게 하신다는 약속이다. 다양한 방법의 기도와 간구에 응답하신다는 약속이다.

다섯째, 사탄의 결박을 깨뜨리기 위해 기도한다.

우리가 반드시 기억해야 할 것은 사탄이 우는 사자와 같이 두루 다니며 삼킬만한 자를 찾고 있다는 사실이다. 베드로전서 5장 8절에서 "근신하라 깨어라 너희 대적 마귀가 우는 사자같이 두루 다니며 삼킬 자를 찾나니"라고 말씀하였다. 베드로 사도가 이 말을 한 것은 매우 의미심장하다. 예수님은 수제자였던 베드로에게 똑같은 충고를 주신 적이 있기 때문이다.

> [31] **시몬아, 시몬아, 보라 사탄이 너희를 밀 까부르듯 하려고 요구하였으나** [32] **그러나 내가 너를 위하여 네 믿음이 떨어지지 않기를 기도하였노니 너는 돌이킨 후에 네 형제를 굳게 하라** | 눅 22:31~32

> [40] **제자들에게 오사 그 자는 것을 보시고 베드로에게 말씀하시되 너희가 나와 함께 한 시간도 이렇게 깨어 있을 수 없더냐** [41] **시험에 들지 않게 깨어 기도하라 마음에는 원이로되 육신이 약하도다 하시고** | 마 26:40~41

예수님은 수제자였던 베드로를 사탄이 밀 까부르듯 하기 위하여 요구했다는 사실을 언급하면서 중보기도를 하셨다. 그러나 동시에 예수님은 베드로에게 "시험에 들지 않게 깨어 기도하라"고 말씀하셨다. 이러한 사실을 깨달은 베드로가 후에 "근신하라 깨어라 너희 대적 마귀가 우는 사자같이 두루 다니며 삼킬 자를 찾나니"라고 경험을 담아 충고를 할 수 있었다. 예수님과 함께 동행했으며 그중에서도 수제자였던 베드로를 밀 까부르듯 하는데 하물며 우리 같은 보통 사람은 말할 것도 없을 것이다.

예수님을 핍박하여 십자가에 못 박아 죽였던 유대인들, 곧이어 사도 바울을 쫓아다니며 끝까지 핍박했던 유대인들이 있었다. 그들은 바울을 죽이기 전에는 먹지도 마시지도 않겠다던 죽음의 결사대였다. 그러면 왜 그들은 예수님을 죽이고 바울을 죽이기 위해 그토록 혈안이 되었을까?

빌라도가 예수님을 죽일만한 아무 죄를 찾지 못했다고 고백한 것과 같이, 바울 역시 죽일만한 죄가 없었다. 사도행전을 읽어봐도 바울이 남들에게 피해를 주거나 원망을 들을 만한 일이 없었다. 그럼에도 왜 그들은 예수님을 죽이고 바울마저 죽이기 위해 자기들의 가장 귀한 시간과 생명을 걸고 발악했을까? 아무리 생각해도 이해가 되지 않는다. 그러나 요한계시록을 읽어보면 그 해답이 나온다.

> 내가 네 환난과 궁핍을 알거니와 실상은 네가 부요한 자니라 자칭 유대인이라 하는 자들의 비방도 알거니와 실상은 유대인이 아니요 사탄의 회당이라
> | 계 2:9

유대인이 아니라 사실은 사탄의 앞잡이였다. 그들은 경건한 유대인들이라고 자처했지만, 실상은 사탄의 앞잡이 노릇을 하고 있었다. 그래서 생명을 걸고 예수님을 죽이고 바울을 죽이려고 했다.

과연 그렇다면 사탄은 지금 무엇을 하고 있을까? 정답은 분명하다. 예수님을 죽이고 바울을 죽이려고 생명을 걸었던 사탄은 오늘 자신의 앞잡이들을 통해 교회를 핍박하고, 성도들을 분열시키고, 죽이고 멸망시키기 위해 발악하고 있다. 사탄은 예수님을 믿는 가족들을 해체하고 있다. 성도들의 마음속에 기도를 빼앗고, 소망을 빼앗고, 기쁨을 빼앗고, 사랑을 빼앗고 있다. 믿음이 좋던 사람이 갑자기 시험이 들어 "도대체 저 사람이 갑자기 왜 이래?"라고 한다면 그 사람은 이미 사탄의 앞잡이가 되어 있는 것이다.

그럼에도 그런 사실조차 모르고 있다면 어떻게 될 것인가? 사탄은 마음을 놓고 우리 믿는 사람들을 밀 까부르듯 이용하고 있다. 우는 사자와 같이 덥석 삼켜 버리기 위해 약한 자들만 골라서 다니고 있다. 사탄의 궤계에 빠지면 그 누구도 사탄의 앞잡이가 될 수 있다.

심지어 주의 종이라는 목회자도 사탄의 앞잡이가 되고, 장로 권사들이 사탄의 앞잡이로 행동하고, 믿음이 좋던 사람이 갑자기 '섭섭 귀신'이나 '서운 귀신'에 빠져 교회를 분열시키는 앞잡이가 될 수 있다. 교회 내 영향력이 큰 사람이 돌변하면 교회는 큰 혼란에 빠지게 된다.

그런 예가 교회 안에 얼마나 많은가? 갑자기 믿음이 떨어지고 신앙생활이 예전 같지 않고 다른 사람에게 원망이나 섭섭함이 생긴다면 그 문제는 다른 사람에게 있는 것이 아니라 바로 사탄이 나를 이용하여 앞잡이를 만들려고 하는 것이다. 사탄이 내 마음에 들어온 것이다. 이때는 원인을 제공한 사람을 원망하지 말고, 섭섭하게 생각하지 말고, 서운하게 생각하지 말고 무조건 기도하라. 이것은 분명한 사탄의 장난이다. 기도로 승리해야 한다.

"주님! 사탄의 결박이 풀어지게 하옵소서."

하브루타 질문

1. 우리가 간구할 때 큰일부터 작은 일까지 하나님께 구할 수 있는 특권이 있다. 그런데 어떤 사람은 사소한 문제라고 기도하기를 주저하는 사람이 있는데, 사소한 이유를 위해서도 기도해야 하는 무엇인가?

2. 대개 간구는 자기중심적이고 이기적인 기도로 비쳐질 수도 있음에도 간구가 꼭 필요한 이유를 설명해 보라.

3. 우리가 사소한 문제라고 아뢰지 않을 때 하나님이 서운해 하시는 이유는 무엇인가?

4. 간구와 중보의 차이는 무엇이며 간구의 범위는 어디까지일까?

5. 기도의 응답을 받기 위해 집중적으로 구하는 이유는 무엇일까?

6
듣는 기도 | Listening prayer

하나님의 말씀을 듣지 않으면 기도는 완성되지 않는다.

하나님의 음성을 듣기 위해서는 몸의 힘을 빼야 한다. 힘을 빼야만 하나님의 음성을 온전히 들을 수 있기 때문이다. 지금까지 찬양, 죄의 고백, 감사, 중보, 간구의 기도를 드리는 동안 우리 몸에는 자연스럽게 힘이 들어갔던 것이 사실이다. 우리는 뭔가를 하기 위해 "힘을 내!"라고 스스로 격려하며 힘을 주었다.

그러나 듣는 기도 시간에는 뭔가를 하겠다고 생각하지 말고, 그저 힘을 빼고 하나님의 음성을 듣는 시간을 가져야 한다. 몸의 힘을 뺀다는 것은 영적으로 하나님께 자신을 온전히 맡기는 행위를 의미한다. 우리가 몸의 긴장을 풀고 힘을 빼는 것은 더 이상 자신의 힘에 의존하지 않고, 하나님께 전적으로 의탁하는 마음가짐을 나타낸다. 이는 믿음의 행위로서, 스스로 통제하려는 욕망을 내려놓고 하나님의 말씀을 듣겠다는 겸손한 태도를 의미한다. 이제 우리 모두 힘을 빼고 하나님의 말씀을 들어보자.

　재미있는 예화를 들겠다. 어느 유명한 병원의 대기실에 많은 사람이 진찰을 받기 위해 대기하고 있었다. 대기하는 사람들은 모두 의사에게 진찰받기 위해 오랜 시간을 인내하면서 기다리고 있다. 마침내 어느 환자의 차례가 되어 진찰실에 들어가게 되었다. 의사는 들어온 환자에게 의자를 권한다. 그리고 "어디가 불편해서 오셨습니까?"라고 묻는다. 환자는 그 의사에 앉아서 자기 몸에 나타나는 이상과 고통, 그리고 병의 증세를 말해 준다. 의사는 조용히 환자의 이야기를 들으며 몸의 여러 곳을 진찰하기 시작한다.

　진찰을 마친 의사는 이제 말하려고 한다. 그런데 갑자기 환자가 자리에서 일어나 점잖게 인사를 하고 진찰실을 나가 버리는 것이다. 잘 모르긴 해도 의사는 미친 사람이 어쩌다가 자기의 진찰실에 들어왔던 것으로 생각하고 말 것이다.

　우리가 하나님을 만나러 가는 모습은 의사를 찾아가는 환자와 같다. 환자는 자신의 사정을 다 이야기하고 철저한 진찰을 받은 후, 병에 대한 진료와 함께 처방을 받아야 한다. 병에 대해 잘 알고 있는 의사는 병을 낫게 하는 진료와 함께 치료에 대한 중요한 방법을 알려 줄 것이다. 존 웨슬리(John Wesley)는 이렇게 말했다.

"기도의 힘은 우리가 하나님께 말하는 것만큼, 하나님께서 우리에게 말씀하시는 것에도 있다. 듣는 기도는 믿음의 여정에서 중요한 열쇠이다."

그러나 많은 경우, 우리는 하나님께 여러 이야기를 한 후, 하나님이 이야기하실 차례가 되자 "아멘!"이라고 인사를 한 후 자리를 뜨는 환자와 같다. 이것이 바로 우리의 기도가 우리에게 큰 의미를 주지 못하는 하나의 이유이다. 가장 중요한 듣는 기도를 잃어버렸기 때문이다. 우리는 한 시간을 기도했다면 한 시간은 들어야 한다는 사실을 잘 모르기 때문에 기도와 대화의 중요한 요소를 잃어버렸다. 예수회 사제이며 영성가인 헨리 나우웬(Henri Nouwen)는 이렇게 말했다.

"기도는 하나님과의 대화이지만, 그 대화의 절반은 우리가 듣는 것에 달려 있다."

하나님은 조용히 우리의 기도를 들으신다. 우리의 작은 부분부터 큰 부분까지 빠짐없이 귀를 열고 들으시는 좋은 의사 선생님이다. 그분은 모든 문제를 해결할 능력이 있으며, 치료하기를 기뻐하는 분이시다. 그러나 우리는 치료받기 전에 인사하고 서둘러 자리를 빠져나온다. 이것은 상당히 잘못된 기도 형태이다.

하나님은 지금도 우리와 말씀하기를 원하신다. 이는 몇몇 사람들만의 경험이 아니다. 하나님은 우리의 기도를 들으시고, 우리의 필요에 맞는 처방을 원하신다. 오히려 영혼의 의사이신 하나님은 우리가 병에 대한 어떤 처방도 받지 못하고 떠나는 모습을 보시면 한탄하실 것이다. 토마스 머튼(Thomas Merton)은 이에 대해 이렇게 지적했다.

"하나님은 항상 말씀하고 계신다. 문제는 우리가 듣는 법을 배우지 못했을 뿐이다. 듣는 기도는 이 듣는 법을 배우는 과정이다."

바로 이런 모습이 하나님께 기도하는 우리들의 모습이다. 이런 점은 모든 기도자들, 특히 한국교회 성도들에게서 많이 나타나는 현상들이다. 우리들은 말하는 데는 익숙하지만 듣는 데는 영 어색하다. 말하라고 하면 10시간도 할 수 있지만, 듣는 일은 10분도 지루해한다. 기도 중에 가장 힘들어하는 기도가 바로 듣는 기도이다. 마클란쉴란(Lewis Maclachlan)은 듣는 기도가 말하는 기도보다 더 중요하다고 말했다.

"하나님께서 우리에게 말씀하실 내용은 우리가 하나님께 말씀드린 내용보다 더 중요한 것이다."

우리는 그동안 찬양, 죄의 고백, 감사, 중보, 간구를 통해 우리가 하고 싶은 말들을 마음껏 쏟아 놓았다. 이제 하나님은 우리의 기도를 빠짐없이 들으시고 응답하려고 하신다. 우리는 하나님의 응답을 위해 기도를 드린 것이다. 하나님께는 분명한 처방과 문제해결에 대한 확실한 방법이 있다.

때로 그분은 상황까지 변화시켜서라도 우리의 기도에 응답하기를 원하신다. 그런데 그토록 기도의 응답을 구했던 사람이 갑자기 기도의 방을 나가 버린다면 하나님은 할 말을 잃어버리실 것이다. 기도에 대한 훈련이 전혀 되지 못한 사람들의 이야기이다. 디트리히 본회퍼(Dietrich Bonhoeffer)는 이에 대해 이렇게 말했다.

> "기도는 하나님께 말하는 것만이 아니다. 그것은 하나님께서 말씀하시는 것을 들을 수 있는 훈련이다."

기도의 응답을 받기 위해서는 잠시 멈추는 시간이 필요하다. 기도했던 시간만큼 하나님의 음성을 듣기 위해 그 자리에 머물러야 한다. 우리가 하나님의 응답을 받기 위해 해야 할 일은 아무 소리도 내지 않고 조용히 기다리는 것이다. 우리가 말하는 동안에는 귀가 닫혀 있으므로, 듣기 위해서는 귀를 열고 침묵해야 한다. 그래야만 하나님의 음성을 들을 수 있다. 중요한 사실은 듣는 것도 기도라는 사실이다. 리처드 포스터(Richard Foster)는 침묵의 필요성에 대해 이렇게 말했다.

> "듣는 기도는 우리가 하나님의 음성을 듣기 위해 내면의 소리를 잠잠하게 하는 훈련이다. 침묵 속에서 하나님의 뜻을 알게 된다."

성경을 보면 듣는 기도를 통해 하나님의 음성을 듣는 방법에는 여러 가지가 있다. 조용히 기다림을 통해 오는 응답(시 62:5, 시 46:10)이 있다. 또 하나님은 비몽사몽 간에 응답을 주시기도 하신다(행 16:9, 행 10:3, 행 18:9). 꿈으로도 응답하신다(마 1:20, 마 2:12, 욥 33:15~16). 예언으로 응답하신다(행 13:2, 행 21:11). 방언 통역으로 응답을 주시기도 한다(고전 14:3, 27). 또 음성으로 말씀하시기도 한다(히 3:15, 요 10:3~5,11). 생각으로 응답을 주신다(롬 8:6).

우리는 하나님의 응답을 받기 위해 침묵의 시간을 가져야 한다. 우리는 하나님의 음성을 듣기 위해 습관적 말 중독증에서 벗어나야 한다. 우리가 말 중독증에서 벗어나야만 하나님의 음성에 귀를 기울일 여유를 얻는다. 그리고 말이 아닌 침묵을 통해 하나님과의 긴밀한 교제 시간을 가질 수 있다. 오스왈드 챔버스(Oswald Chambers)는 이렇게 말했다.

> "하나님과 교제하는 것은 우리의 말로만 이루어지지 않는다. 우리는 그분의 음성에 민감해져야 한다. 침묵은 기도의 중요한 부분이다."

말 중독증에서 벗어나 침묵 속에서 하나님만을 바라보는 시간이다. 침묵을 하려는 순간 수많은 생각들이 뇌리를 스쳐 지나갈 것이다. 그 생각들은 하나님께 집중하는 데 방해가 된다. 입은 말을 하지 않지만, 마음속에는 넘쳐나는 생각과 언어들이 마치 강처럼 흘러넘친다. 지루함이 밀려오고, 갑자기 뛰쳐나가고 싶은 충동이 생긴다. 해야 할 일들이 눈 앞에 펼쳐지며, 마음속에는 치열한 전투가 벌어진다. 드디어 듣는 기도가 시작된 것이다. 그때 우리는 모두 몸의 힘을 빼고 그대로 앉아 하나님을 바라본다. 시편 기자는 이렇게 고백했다.

> 나의 영혼이 잠잠히 하나님만 바람이여 나의 구원이 그에게서 나오는도다
> | 시 62:1

이제 하나님이 말씀을 하실 시간이 되었다. 이때 우리가 취할 가장 좋은 자세는 침묵하고 귀를 열어 하나님의 음성을 듣는 것이다. 하나

님은 이제 입을 열어 우리의 심령에 말씀하실 것이다. 우리는 세미하게 들리는 하나님의 음성에 귀를 기울여야 한다. 그러기 위해서 세 가지 기본적인 단계를 경험하는 것이 좋다.

첫째 단계는, 우리의 정신이 통일되거나 마음이 온전히 하나가 될 때까지 하나님의 말씀을 묵상하는 것이다.

"듣는 기도"는 바질 페인턴(Basil Pennington)이 "집중기도"라고 했고, 수 뭉크 키드(Sue Monk Kidd)는 "임재기도"라고 표현했다. 또한, 옛날 퀘이커 교도들은 이를 "침잠기도"라고 부르기도 했다. 이 모든 용어는 동일한 체험을 지칭하며, 모든 산만한 생각을 내려놓고 하나님의 말씀에 집중한다는 공통점을 가지고 있다. 듣는 기도는 관상기도와 유사한 점이 있지만, 말씀에 집중한다는 의미에서 아주 많이 다르다.

듣는 기도와 관상기도(Contemplative Prayer)의 공통점은 두 기도 모두 하나님과의 깊은 교감을 목표로 하며, 신앙의 성장을 추구한다는 점이다. 또한, 기도를 통해 마음의 평화와 안정감을 얻으려는 목적이 있으며, 기도 중 마음을 집중하고 내면을 돌아보는 과정이 포함되어 있다는 것이다.

그러나 듣는 기도와 관상기도는 기도의 형태에서 차이를 보인다. 듣는 기도는 하나님으로부터 직접적인 응답이나 메시지를 기대하고 이를 통해 문제해결의 실마리를 찾는데 있다. 반면, 관상기도는 침묵과 묵상을 통해 하나님을 바라보며, 말보다는 하나님의 임재를 느끼고 내면의 고요함을 통해 하나님의 사랑과 임재를 체험하며, 그 안에서 자신을 발견하는 데 중점을 둔다.

결국, 듣는 기도가 특정한 요청이나 문제해결을 위해 하나님의 음성을 듣는 기도라고 한다면, 관상기도는 하나님과의 일치를 추구하며 영적 성숙을 위한 기도인 것이다. 이처럼 두 기도는 서로 다른 접근 방식을 가지고 있다는 점에서 차이점이 있다.

따라서 듣는 기도의 방법으로는 먼저 편안하게 자리에 앉아 천천히 몸의 힘을 빼고 모든 조급함과 걱정을 내려놓는 것이다. 그다음, 방 안에 계신 하나님의 임재를 느낀다. 지금 이 순간, 주님이 함께하신다는 사실을 인식하며 모든 문제를 내어놓고 하나님께서 해결해 주시도록 맡기는 것이다.

둘째 단계는, 우리의 영혼이 하나님의 말씀에 방심하지 말고 귀를 기울이는 것이다.

우리는 첫 번째 단계인 마음의 평정을 통해 마음속의 온갖 방해 요인들과 정신을 분란 시키는 것들과 의지를 박약하게 만드는 것들을 모두 내버렸다. 이제 우리의 존재 중심에는 요동하지 아니하는 고요함이 있다. 그 고요함은 단지 침묵하거나 말이 없는 것이 아니라 그보다 더 심오한 것을 말한다. 하지만 그것은 하나님의 음성에 귀 기울이는 고요함이다. 하나님께 귀 기울이기 위해서는 정말로 '외적이고 세상적인 사랑'을 조용히 잠재우지 않으면 안 된다. 성 요한(St John of the

Cross)은 이 장면을 그림처럼 생생하게 묘사했다.

"이제 온통 고요 속에 쌓여 있는 우리 집의 모습이다."

이 짧은 표현 속에 그는 모든 육체적, 감정적, 심리적인 감각들을 고요하게 하는 것이 얼마나 중요한지를 알려 주고 있다.

셋째 단계는, 영적인 신비 세계로 들어가는 것이다.

이것은 우리가 해야 할 일이 아니라 하나님께서 우리에게 역사하시는 일이라는 점에서 앞서 말한 두 단계와는 아주 다르다. 여기에서 우리의 책임은 성령께서 우리에게 역사하시도록 끊임없이 마음을 열어 놓고 준비를 갖추는 것이다. 그 외 신비 체험의 문제는 하나님의 일이지 우리 일이 아니다.

우리는 성경을 통해 사무엘이 하나님의 음성을 듣던 일을 알고 있다. 이 일은 사무엘서 3장에 나오는 내용으로, 사무엘이 여호와의 부름을 받는 장면에서 언급된다. 이 장면에서 사무엘은 처음에는 여호와의 음성을 인식하지 못하지만, 엘리의 지도를 통해 하나님의 말씀을 듣게 된다.

사무엘이 여호와의 부름을 세 번 듣고, 마지막에 엘리의 지시에 따라 "여호와여 말씀하옵소서 주의 종이 듣겠나이다"라고 대답하는 장면은 하나님이 말씀하신다는 사실을 우리에게 알려주는 사건이다. 이는 구약이나 신약에 국한되지 않고, 오늘날에도 하나님이 여전히 말씀하신다는 것을 의미한다.

¹ 아이 사무엘이 엘리 앞에서 여호와를 섬길 때에는 여호와의 말씀이 희귀하여 이상이 흔히 보이지 않았더라 ² 엘리의 눈이 점점 어두워 가서 잘 보지 못하는 그 때에 그가 자기 처소에 누웠고 ³ 하나님의 등불은 아직 꺼지지 아니하였으며 사무엘은 하나님의 궤 있는 여호와의 전 안에 누웠더니 ⁴ 여호와께서 사무엘을 부르시는지라 그가 대답하되 내가 여기 있나이다 하고 ⁵ 엘리에게로 달려가서 이르되 당신이 나를 부르셨기로 내가 여기 있나이다 하니 그가 이르되 나는 부르지 아니하였으니 다시 누우라 하는지라 그가 가서 누웠더니 ⁶ 여호와께서 다시 사무엘을 부르시는지라 사무엘이 일어나 엘리에게로 가서 이르되 당신이 나를 부르셨기로 내가 여기 있나이다 하니 그가 대답하되 내 아들아 내가 부르지 아니하였으니 다시 누우라 하니라 ⁷ 사무엘이 아직 여호와를 알지 못하고 여호와의 말씀도 아직 그에게 나타나지 아니한 때라 ⁸ 여호와께서 세 번째 사무엘을 부르시는지라 그가 일어나 엘리에게로 가서 이르되 당신이 나를 부르셨기로 내가 여기 있나이다 하니 엘리가 여호와께서 이 아이를 부르신 줄을 깨닫고 ⁹ 엘리가 사무엘에게 이르되 가서 누웠다가 그가 너를 부르시거든 네가 말하기를 여호와여 말씀하옵소서 주의 종이 듣겠나이다 하라 하니 이에 사무엘이 가서 자기 처소에 누우니라 ¹⁰ 여호와께서 임하여 서서 전과 같이 사무엘아 사무엘아 부르시는지라 사무엘이 이르되 말씀하옵소서 주의 종이 듣겠나이다 하니 ¹¹ 여호와께서 사무엘에게 이르시되 보라 내가 이스라엘 중에 한 일을 행하리니 그것을 듣는 자마다 두 귀가 울리리라 | 삼상 3:1~11

사무엘상 3장 4, 6, 10절에서 "여호와께서 사무엘을 부르시는지라"라는 구절이 반복된다. 이는 하나님이 사무엘에게 직접적으로 말씀하시는 장면을 보여준다. 하나님은 사무엘의 이름을 부르며, 그와 소통하고자 하셨다. 9절에서 엘리는 사무엘에게 "가서 누웠다가 그가 너를 부르시거든 네가 말하기를 여호와여 말씀하옵소서 주의 종이 듣겠나이다 하라"라고 가르친다. 이는 하나님이 사람에게 말씀하시고, 그 말씀을 듣고 응답하는 태도가 필요하다는 것을 강조한다.

특히 11절에서 "여호와께서 사무엘에게 이르시되 보라 내가 이스라엘 중에 한 일을 행하리니"라는 구절은 하나님이 사무엘에게 중요한 메시지를 전달하실 것임을 나타낸다. 이는 하나님이 사람에게 말씀하시고, 그 말씀을 통해 역사하신다는 것을 보여준다. 이 말씀은 하나님이 사무엘에게뿐만 아니라, 우리에게도 말씀하신다는 사실을 강조하며, 우리가 그 말씀을 듣고 순종하는 것이 얼마나 중요한지를 일깨워준다. 하나님은 지금도 말씀하신다.

그러나 이 부분에서도 주의할 것이 있다. 기도와 관련된 제일 결정적인 싸움은 듣는 기도 시간에 일어난다는 사실이다. 지금까지의 기도의 과정에서 승리했다고 해서 기도의 싸움은 결코 끝난 것이 아니다. 우리의 적은 신중하게 우리의 듣는 기도 시간까지 우리를 쫓아 와서 방해한다. 그리고 그 시간을 가장 불안하고 흐트러진 시간으로 만들어 버린다.

듣는 기도에 집중하려는 순간, 갑자기 사고 싶었던 자동차가 눈에 선하고, 카페의 커피 향이 은은하게 퍼지기도 한다. 오랫동안 만나지 못했던 친구의 모습이 떠오르기도 한다. 때로는 귀신들이 직접 찾아와 음성으로 이야기를 건네기도 한다. 귀신들은 서로 다투듯 시끄럽게 하거나, 달콤한 제안을 하며, 자신들이 엄청난 능력을 가진 것처럼 보이기도 하고 기도의 문제를 해결해 주겠다는 제안도 한다. 이들은 종종 어떤 문제에 대한 간단한 해결책을 제시하는데, 이때 음성으로 들리거나 생각 속에서 나타나기도 한다.

실제로, 듣는 기도 시간 중에는 귀신들이 하는 말들이 탁월한 해결책처럼 느껴질 때도 있지만, 기도가 끝난 후 그 일을 판단해 보면 귀신들이 했던 말들이 비현실적이며, 실현 가능성이 없는 공허한 이야기임을 알게 된다. 정말 무의미한 이야기들인데, 듣는 기도 시간에는 귀신들의 속삭임에 쉽게 휘둘리곤 한다. 이런 귀신들의 역사는 기도자의 마음의 혼란과 불안을 더욱 부추기고, 진정한 기도의 의미를 흐리게 만들기도 한다. 빌 하이벨스의 「이제는 들립니다 주의 음성」에서는 하나님의 음성을 듣고 구별하는 다섯 가지 방법을 소개하고 있다.

1. **기도와 묵상**: 하나님과의 관계를 깊게 하기 위해 기도하고 하나님의 말씀을 묵상하는 것이 중요하다. 이를 통해 하나님이 우리에게 말씀하시는 방법을 더 잘 이해할 수 있다.
2. **성경의 기준**: 하나님의 음성을 듣는 데 있어 가장 중요한 기준은 성경이다. 하나님이 말씀하시는 내용이 성경의 가르침과 일치하는지를 확인하여 진정한 하나님의 음성을 구별할 수 있다.
3. **주변의 조언**: 신뢰할 수 있는 신앙 공동체나 멘토의 조언을 듣는 것도 중요하다. 그들은 하나님의 뜻을 분별하는 데 도움을 줄 수 있다.
4. **내적 평안**: 하나님의 음성을 듣고 그 말씀에 순종할 때, 마음의 평안이 찾아오는 경우가 많다. 이러한 내적 평안은 하나님의 인도하심을 확인하는 중요한 신호이다.
5. **환경과 상황**: 하나님은 때때로 우리의 삶의 환경이나 상황을 통해 말씀하신다. 이러한 맥락을 살펴보는 것이 하나님의 음성을 구별하는 데 도움이 된다.

이러한 방법들을 통해 하나님이 주신 음성을 듣고, 그것이 진정한 하나님의 말씀인지 아닌지를 분별할 수 있다. 이외에도 듣는 기도에 집중하려고 할 때, 일상적인 걱정이나 불안, 과거의 기억 등이 방해 요소가 되기도 한다. 그래서 듣는 기도가 어려운 것이다. 듣는 기도가 어려운 이유를 정리해 보면 이렇다.

첫째, 산만한 마음 때문에 집중하기 어렵다.
둘째, 귀신들의 방해가 기도를 방해할 수 있다.
셋째, 내면의 소음으로 인해 자신의 감정이나 생각이 끊임없이 떠오르며 하나님의 음성을 듣기 힘들게 만든다.
넷째, 신앙의 불확실성으로 인해 하나님의 응답을 확신하지 못하는 경우가 있다.
다섯째, 기도훈련의 부족이 큰 원인이 되기도 한다.

이러한 요소들이 복합적으로 작용하여 듣는 기도를 어렵게 만들 것이다. 따라서 지속적인 노력과 훈련을 통해 점차 더 깊이 있는 기도로 나아가야 한다. 그럼 어떻게 듣는 기도에 집중할까? 듣는 기도에 집중하는 실제적 방법을 소개하려고 한다. 이 방법은 내가 지난 20년 동안 실천했던 방법으로 하나님의 음성을 듣는 데 가장 효과적이었던 듣는 기도의 방식이다. 여러분들도 한 번 적용해 보면 도움이 될 것이라고 확신한다.

첫째로, 편안한 자세를 취한다.

의자에 앉거나 바닥에 앉아서 편안한 자세를 취하라. 몸이 긴장하지 않도록 힘을 빼라. 엉뚱한 생각이 떠오르는 것을 부정하지 말고, 자연스러운 현상으로 받아들이라. 평소에 내가 할 수 있는 가장 편한 자세를 생각해 두었다가 이 시간에 적용해 보는 것이다.

둘째로, 편안하게 호흡하면서 긴장을 푼다.

편안한 자세를 취했다면, 이제는 마음을 최대한 진정시켜 편안한 상태에 도달하는 것이 중요하다. 깊게 숨을 들이마시고 천천히 내쉬어 보라. 이 방법은 매우 효과적이다. 깊은 호흡은 즉각적인 이완 효과를 가져오며, 몸과 마음을 진정시키는 데 큰 도움을 준다. 특히 불안하거나 복잡한 상황에서 사고를 정리하는 데 유용하다. 깊은 호흡은 마음을 안정시키고 불안, 우울 등의 정신적 상태를 관리하는 데 효과적이다. 이 과정을 몇 번 반복하면 몸과 마음이 진정되는 것을 느낄 수 있다.

이제 머리부터 발끝까지 각 부위의 긴장을 풀어보라. 호흡 조절과 함께 머리부터 발끝까지 긴장을 푸는 것은 심리적 안정에 여러 긍정적인 효과를 가져온다. 이 방법은 신체의 각 부위를 천천히 풀어주는 방식으로 긴장 완화를 촉진한다. 구체적으로는 머리를 기울이며 목, 어깨, 팔, 다리 순으로 힘을 빼는 연습을 반복한다. 이 과정은 명상의 방법과 일면 비슷해 보일 수 있지만, 듣는 기도는 단순한 이완을 넘어 하나님과 깊은 교제를 위한 준비 과정이다.

명상과 듣는 기도가 확연하게 다르다. 명상이 내면의 평화와 자기 인식을 높이기 위해 생각을 비우고 마음을 진정시키는 데 중점을 두는 것이라면, 듣는 기도는 하나님의 음성을 듣기 위해 마음을 집중하는 것이다. 명상이 특정한 대상을 두지 않고, 마음의 고요함을 추구하며 내면의 소리에 집중하는 것이라면, 듣는 기도는 하나님과의 대화를 중심으로 하며, 하나님의 말씀과 인도를 구하는 것이다.

셋째로, 하나님의 음성을 듣기 위해 기도한다.

하나님의 음성을 듣기 위해 기도하면서 그분의 존재에 집중하라. "하나님, 저는 당신의 음성을 듣고 싶습니다.", "하나님 말씀하세요. 듣겠습니다."라고 마음속으로 간구해 보라.

이렇게 듣는 기도를 통해 하나님의 음성에 집중하는 동안 마음의 혼란이 가라앉고 내면의 평안을 얻게 된다. 기도를 통해 자신의 걱정이나 두려움을 하나님께 내려놓게 되고 그분의 인도하심을 느끼게 될 때, 영혼 깊은 곳으로 기쁨과 평안이 찾아오는 것을 느끼게 되며, 하나님의 뜻에 대한 확신과 지혜를 얻게 된다.

듣는 기도는 단순한 간구의 기도를 넘어서, 하나님의 뜻과 말씀을 구하는 과정에서 하나님과 깊은 관계를 형성하게 한다. 듣는 기도는 하나님과의 교제를 강화하고, 그분의 인도하심을 더욱 민감하게 느끼게 할 것이다. 이러한 과정을 통해 하나님의 사랑과 임재를 더 가까이 경험할 수 있게 된다. 하나님의 음성에 집중하는 과정에서 성령의 인도하심을 체험하며, 자신의 죄나 약점을 깨닫고 변화될 기회를 얻게 된다. 이 과정에서 영적 성숙이 이루어지고, 하나님께서 주시는 비전과 계획을 듣고, 이에 따라 자신의 삶을 정렬할 수 있는 기회를 얻게 된다.

넷째로, 하나님의 음성을 들으라.

이 시간은 하나님의 음성을 듣는 특별한 시간이다. 하나님은 우리가 지금까지 기도한 모든 기도를 들으시고 말씀하신다. 여기서 우리는 하나님이 말씀하시는 방식을 이해해야 한다. 하나님은 일방적으로 말씀하시는 것이 아니라, 대화를 통해 우리의 마음에 접근하신다. 따라서 하나님의 음성을 듣는 것은 하나님과 대화하는 것이다.

구약 성경을 보면, 많은 이들이 하나님과 대화를 나누는 장면이 등장한다. 아담은 하나님께서 그를 부르실 때 그 음성을 들었고, 노아, 아브라함, 이삭, 야곱, 모세 역시 하나님과 깊은 대화를 나누었다.

다윗은 장막에서 언약궤와 함께 하나님과 교제했다. 구약성경에는 하나님과 대화를 나눈 인물들이 가득하다. 심지어 최초의 살인자 가인조차 하나님과 대화를 나누었다. 하나님은 그의 죄를 지적하시며 질문하셨고, 가인은 하나님께 간구했다.

하나님의 음성을 들을 수 있었던 사람들은 사무엘 같은 선지자나 의인들만이 아니었다. 아브라함의 여종 하갈, 나사렛의 마리아, 제사장 스가랴 등도 하나님의 음성을 들었다. 이러한 사실은 하나님이 말씀하시는 방식이 대화를 통해 이루어진다는 것을 보여주신다.

그렇다면 왜 지금은 하나님의 음성을 듣지 못하는 사람들이 많을까? 이는 하나님이 말씀하시는 방식이 달라졌기 때문이다. 구약에서는 하나님과 직접 대화하는 인물들이 많았고, 그들은 하나님의 메시지를 전달하는 역할을 했다. 그러나 신약에 들어서면서 하나님의 계시는 예수 그리스도를 통해 완성되었고, 성령이 모든 믿는 자에게 임재하신다. 이로 인해 모든 크리스천은 하나님과의 개인적인 관계를 가질 수 있게 되었다.

분명한 사실은 하나님은 지금도 말씀하신다는 사실이다. 그러나 구약과 달리 하나님은 기록된 말씀인 성경을 통해 말씀하신다는 사실이다. 따라서 크리스천들은 성경을 읽고 묵상하며 하나님의 뜻과 인도를 받아야 한다. 성경이 하나님을 증거하기 때문이다. 그러므로 우리는 성경을 통해 하나님과의 교제를 위해 나아가야 한다.

빌 하이벨스의 「이제는 들립니다 주의 음성」에서는 여러 사람들의 실제 사연을 통해 하나님의 음성을 듣는 경험을 소개하고 있다. 그 중 한 가지 사연을 소개하고자 한다.

한 여성은 인생의 중요한 결정을 내리기 위해 기도하던 중, 자신이 직장에서 해고될 위기에 처해 있었다. 그녀는 그 상황에서 하나님께 진심으로 도움을 요청하며 기도했다. 그 과정에서 그녀는 성경을 묵상하던 중 "너희는 강하고 담대하라 두려워하지 말라 그들 앞에서 떨지 말라 이는 네 하나님 여호와 그가 너와 함께 가시며 결코 너를 떠나지 아니하시며 버리지 아니하실 것임이라"(신 31:6)라는 말씀에 마음이 뜨거워지는 경험을 하게 되었다.

이 말씀은 그녀에게 큰 위로와 확신을 주었고, 그녀는 하나님이 자신의 상황을 알고 계시며 함께하신다는 믿음을 가지게 되었다. 이후 그녀는 자신이 원하는 직업을 찾기 위해 적극적으로 행동하기 시작했고, 결국 하나님이 예비하신 새로운 일자리를 발견하게 되었다.

이 사연은 하나님의 음성을 듣는 것이 어떻게 삶의 방향을 바꾸고, 어려운 상황에서도 희망을 찾을 수 있도록 도와주는지를 잘 보여준다. 그녀는 하나님의 말씀을 통해 인도받았고, 그 경험을 통해 하나님과의 관계가 더욱 깊어졌다고 한다.

조지 뮬러(George Müller)는 기도의 삶에서 하나님의 말씀을 깊이 있게 활용한 인물로 유명하다. 그는 문제가 발생했을 때, 즉각적으로 기도하지 않고 그 상황과 관련된 성경 말씀을 찾기 위해 3일 동안 기도를 멈추고 성경을 탐구했다고 전해진다. 이러한 과정은 그가 하나님의 뜻을 분별하고 기도를 효과적으로 하기 위한 중요한 방법이었다.

뮬러는 성경 말씀을 통해 하나님의 지혜와 인도를 받으려 했고, 이를 통해 기도를 더욱 효과적으로 할 수 있다고 믿었다. 그는 많은 기도 제목에 대해 성경 구절을 찾아 암송하며, 그 말씀을 기도의 기초로 삼았다. 이는 그의 기도가 단순한 요청이 아니라 하나님의 뜻에 맞는 기도가 되도록 하는 데 큰 도움이 되었다. 뮬러의 기도와 성경 말씀에 대한 신뢰는 오늘날 많은 크리스천에게 귀감이 되고 있다. 그의 삶은 기도를 통해 하나님과의 관계를 깊이 있게 만드는 동시에 수많은 응답을 통해 하나님이 살아계심을 드러냈다.

이러한 자세는 오늘날 우리에게도 귀한 본보기가 된다. 따라서 내가 기도하는 문제와 연관된 성경 말씀을 찾아 반복적으로 암송하는 것은 하나님의 뜻을 깊이 이해하고 그에 따라 나아가기 위한 영적 훈련이다. 이를 통해 우리는 하나님의 말씀에 가까워지고, 기도의 내용을 풍성하게 하며 신앙의 깊이를 더할 수 있다.

'아는 만큼 보인다'라는 말처럼, 성경을 읽고 암송하며 묵상한 만큼 하나님의 음성을 더 잘 들을 수 있다. 이 중에서 가장 권장하는 방법은 바로 성경암송이다. 조지 뮬러를 비롯한 우리 믿음의 선배들은 성경을 암송하면 하나님의 음성이 더욱 분명하고 확고하게 들려온다는 사실을 전해주었다.

하나님이 듣는 기도 시간에 말씀하실 때, 거의 대부분 성경 말씀을 통해 말씀하신다는 것을 알 수 있다. 많은 크리스천이 하나님의 직접적인 음성을 듣기를 원하지만, 하나님은 우리가 이미 알고 있는 성경 말씀을 통해 말씀하신다. 여기서 우리는 하나님의 직접적인 음성에 대해 신중해야 한다. 우리가 경험하는 음성이 하나님이 아닌 귀신들의 속삭임일 수 있기 때문이다.

하나님이 말씀하시는 방식은 주로 우리가 암송한 말씀이나 마음속에 새겨진 말씀 등을 통해 이루어진다. 이는 우리가 하나님의 뜻을 분별하기 위해 성경 말씀에 깊이 뿌리내리도록 이끄는 중요한 원리이다.

기도와 말씀의 관계를 통해 우리는 하나님의 인도하심을 확실히 경험할 수 있으며, 이 과정에서 신중함과 분별력이 필요하다. 이러한 태도는 우리가 진정으로 하나님의 음성을 듣고, 그 음성이 우리 삶에 어떻게 적용될지를 이해하는 데 필수적이다.

"성경을 암송하는 자는 언제 어디서나 하나님의 음성을 듣고 순종할 수 있다."

다섯째로, 감사한다.

기도를 통해 받은 은혜와 감사의 마음을 표현하며, 하나님이 주시는 말씀에 집중하라. 하나님의 음성을 듣기 위해서 꼭 필요한 것은 하나님의 말씀을 매일 묵상 및 암송하는 것이다. 이러한 과정을 반복하다 보면 듣는 기도 시간이 점점 익숙해지고, 편안한 가운데 하나님의 음성을 더 잘 들을 수 있을 것이다. 에이미 카마이클(Amy Carmichael)은 이렇게 말했다.

결론

기도의 단계에서 가장 중요한 기도는 듣는 기도이다. 듣는 기도는 단순히 하나님께 청하는 행위가 아닌, 하나님의 음성에 귀 기울이는 중요한 시간이다. 듣는 기도는 하나님과의 쌍방향 대화로서, 우리의 삶 속에서 그분의 인도하심을 더욱 분명하게 깨닫게 해주는 중요한 영적 훈련이다. 기도의 성자라 불리는 앤드류 머레이(Andrew Murray)

는 이렇게 말했다.

"기도의 가장 깊은 비밀은 하나님의 음성을 듣는 것이다. 하나님이 말씀하시는 것을 들을 수 있을 때, 우리의 기도는 그분의 뜻에 더욱 가까워진다."

하브루타 질문

1. 의사의 처방을 받기 전에 도망쳐 버리는 환자와 같이 당신의 기도 역시 일방적인 기도가 아니었는가? 그렇다면 그 이유는 무엇이었는가?

2. 사람들은 말하는 데는 익숙하지만 듣는 데는 어색하다. 당신은 하나님의 음성을 듣기 위해 전체 기도 시간의 50%, 아니 1/6이라도 할애할 용의가 있는가?

3. 하나님이 응답하시는 방법에는 여러 가지가 있다. 그 방법을 아는 대로 열거해 보라.

4. 하나님의 세미한 음성을 듣기 위해 세 가지의 단계가 있다. 그 세 단계를 말해 보고 그런 경험이 있었는지 말해 보라.

5. 하나님의 음성을 듣지 못하게 방해하는 요인들은 무엇인가?

6. 하나님이 당신에게 말씀하실 기회를 좀 더 드리기 위해 현재의 기도 생활을 개선할 수 있겠는가?

7. 당신이 하나님의 음성을 구하고 있는데 아무런 반응이 없을 때 당신은 그것을 어떻게 받아들이는가?

7
나의 기도 목록표

년　　월　　일

---

1. 찬양 | Praise

시 34:1~3, 히 13:15, 시 107:1~3, 시 30:11~12

---

2. 죄의 고백 | Confession

시 66:18, 요일 1:9~10

---

3. 감사기도 | Thanksgiving

시 116:1~2, 빌 4:6, 살전 5:18

4. 중보기도 | Intercede
약 5:14~20, 엡 6:18, 딤전 2:1~2, 엡 6:19~20, 골 4:3, 마 9:38, 히 13:3, 갈 6:2

5. 간구기도 | Supplication
약 4:2, 히 4:15~16, 요 15:7, 골 4:12

6. 듣는 기도 | Listening prayer
삼상 3:10, 히 1:1~2, 시 62:5, 시 46:10

04
기도의 응답

1 응답받지 못하는 기도
2 잘못 구하는 기도
3 기도응답의 유형
4 기도보다 더 중요한 것

1
응답받지 못하는 기도

응답받지 못하는 기도에는 분명 이유가 있다.

D.L. 무디 목사와 관련된 한 일화가 이를 잘 보여준다. 어느 날, 무디는 여러 가지 문제를 놓고 기도하기 위해 산을 오르고 있었다. 산에서 내려오던 세 명의 젊은이가 무디를 알아보고 반갑게 인사하며 물었다. "목사님! 어디로 가십니까?" 무디는 "기도하러 산에 오르고 있네"라고 대답했다.

젊은이들은 흥분된 목소리로 말했다. "저희는 방금 산에서 기도를 마치고 내려오는 길입니다. 그런데, 저희의 얼굴에 모세처럼 광채가 나지 않습니까?" 그들의 질문을 듣고 무디는 잠시 그들을 바라보다가 조용히 답했다. "이보게, 모세는 자기 얼굴에 광채가 나는 줄 몰랐다네."

이 일화는 자기중심적인 기도에 대한 깊은 통찰을 준다. 기도는 우리의 공로나 자랑거리가 아니라, 하나님의 뜻을 구하는 경건한 행위여야 한다. 우리가 기도할 때 중요한 것은 겉으로 드러나는 모습이 아니라, 우리의 마음과 동기가 하나님 앞에서 진실한지 아닌지이다.

기도는 세상에서 가장 위대한 도구다. 믿는 자에게 허락된 특권이자, 신앙생활에서 가장 강력한 능력이다. 기도는 하나님의 놀라운 역사를 이끄는 도구이며, 이를 올바르게 사용하는 것은 신성한 예술이라 할 수 있다. 다른 예술들은 선천적인 재능이나 오랜 훈련이 필요하지만, 기도의 예술에는 오랜 훈련과 함께 절대적인 하나님의 은혜가 필요하다.

모든 기도가 응답받는 것은 아니다. 응답받지 못하는 기도에는 이유가 있다. 기도가 응답되지 않을 때, 우리는 그 원인을 성찰해야 한다. 진단이 잘못되면 치료도 잘못될 수밖에 없기 때문이다. 그러므로 우리의 기도를 성령의 인도하심 속에서 진실하게 돌아보고, 그 문제점을 찾아 성경의 원리로 고쳐 나가는 것이 중요하다.

기도는 우리가 하나님의 뜻을 분별하며, 그분의 계획 안에서 살아가게 해주는 도구다. 우리가 진정으로 하나님께 나아가 기도할 때, 그 응답은 때로 우리의 기대와 다를지라도, 반드시 하나님의 선한 계획 속에서 이루어진다.

> 이 묵시는 정한 때가 있나니 그 종말이 속히 이르겠고 결코 거짓되지 아니하리라 비록 더딜지라도 기다리라 지체되지 않고 반드시 응하리라 | 합 2:3

이 세상의 모든 일에는 나름의 법칙이 있다. 이 법칙을 따를 때 우리는 흔들림 없는 삶을 살 수 있고, 풍성한 열매를 맺게 된다. 기도 역시 그 자체의 법칙을 가진다. 만약 우리가 그 법칙을 어기고 기도의 본질을 거스르면, 우리의 기도는 무겁고 열매 없는 기도로 끝날 수밖에 없다. 성경 말씀을 통해 우리의 기도를 진단해 보면, 그중에는 잘못된 기도가 많다는 사실을 알 수 있다. 잘못된 기도는 바로잡아야 한다.

기도는 오랫동안 한다고 되는 것이 아니다. 과거 어느 목회자 세미나와 사모 세미나에서는 기도의 중요성이 많이 강조되었다. 기도 생활을 실천하며 기도에 많은 시간을 할애하는 것이 신앙의 핵심으로 여겨졌고, 일부 집회에서 어느 강사는 "목회자는 하루에 7시간을 기도해야 한다"라고 주장하기도 했다. 그러나 기도는 양이 아니라, 올바른 방식이 중요하다. 오해하지 말기를 바란다. 기도를 오래 하지 말라는 것이 아니다. 우리는 올바르게 기도해야 한다는 것이다.

또한, 기도에 대한 지식만으로 되는 것도 아니다. 기독교 출판시장에서 가장 많이 출판되는 책이 바로 기도에 관한 서적들이다. 1980년 후반부터 수많은 기도 관련 서적이 출간되었고, 그 수는 1만 권에 이른다. 하지만 기도의 책들이 많아진 대신, 기도의 능력은 점점 무기력해졌다. 사람들은 기도에 관한 책을 읽으며 자신이 기도한다고 착각하지만, 책을 읽는 것과 실제 기도하는 것은 별개의 문제다.

많은 교회에서 기도를 가장 중요한 사역으로 강조한다. 적지 않은 교회에서는 기도실을 마련하고, 그곳에서는 기도가 끊이지 않는다. 새벽 기도회에는 수많은 성도가 피곤한 몸을 이끌고 교회로 나와 기도한다. 목사님의 설교 역시 기도에 집중되는 경우가 많으며, 예배의 중요한 요소 역시 기도다.

그런데도 문제는, 한국교회가 그토록 많은 기도를 드리면서도 기도의 응답은 여전히 미비하다는 점이다. 조지 뮬러가 5만 번의 기도 응답을 받았다는 이야기는 그저 전설처럼 느껴진다. 지금도 열심히 기도하지만, 기도의 응답을 경험하지 못하는 사람들이 많다. 그 결과, 아예 기도를 포기하는 이들도 생겨난다. 기도는 양이나 지식만으로는 이루어지지 않는다. 기도의 본질과 하나님과의 진실된 교제를 이해할 때, 비로소 기도는 능력 있는 기도가 된다.

여기서 바로 '변증법적 악순환'이 발생한다. 잘못된 기도를 하면 응답을 받지 못하고, 응답을 받지 못하니 기도할 마음이 생기지 않는 것이다. 응답이 없으니 기도를 멀리하게 되고, 기도를 멀리하니 응답이 없는 것은 당연하다. 이렇게 기도와 응답의 관계가 악순환에 빠지는 것이다.

하지만 하나님은 여전히 살아 계시며, 오늘도 불꽃 같은 눈으로 사랑하는 백성들을 지켜보고 계신다. 우리의 모든 기도를 낱낱이 들으시는 분이시다. 그럼에도 불구하고 왜 우리는 기대만큼의 기도 응답을 받지 못할까?

이 질문은 우리의 기도 자세와 마음을 점검해야 함을 상기시켜 준다. 기도는 양이 아니라, 하나님과의 진실된 관계와 신뢰 속에서 이루어져야 한다. 먼저 기도 응답을 막는 7가지의 문제들을 집중적으로 점검해 보려고 한다.

첫째, 죄를 회개하지 않고 하는 기도 때문이다.

기도는 100% 응답받을 수 있다. 기도는 성도의 특권이다. 하나님은 우리의 기도를 듣기 원하시며 응답하기를 즐겨하신다. 성경은 끊임없이 기도하라고 명령하고 있다. 기도하라고 명령하실 때는 반드시 응답을 전제로 한 것이다. 예수님은 하나님을 소개하시면서 그분을 '하물며 하나님'으로 묘사하고 있다.

> 하물며 하나님께서 그 밤낮 부르짖는 택하신 자들의 원한을 풀어 주지 아니하시겠느냐 그들에게 오래 참으시겠느냐 | 눅 18:7

하나님은 우리의 원한을 풀어 주시고 우리의 기도에 오래 참지 않으시고 응답하신다. 이런 분명한 약속이 있음에도 기도 응답을 받지 못하는 이유가 무엇일까? 그것은 바로 하나님과 우리 사이를 막고 있는 죄악 때문이다.

죄는 가증스럽고 무서운 것이다. 죄는 하나님이 가장 미워하시는 것이다. 따라서 죄가 있으면 기도는 응답받지 못한다. 모든 기도는 하나님이 들으시는 것을 원칙으로 하고 있지만 죄가 있을 때 기도는 막히고 응답받지 못한다. 주께서 듣지 않으시기 때문이다. 죄는 하나님이 우리에게 주시고자 하는 좋은 것을 막아버린다.

> 내가 나의 마음에 죄악을 품었더라면 주께서 듣지 아니하시리라 | 시 66:18

> 너희 허물이 이러한 일들을 물리쳤고 너희 죄가 너희로부터 좋은 것을 막았느니라 | 렘 5:25

우리는 죄의 본질을 정확히 이해할 필요가 있다. 많은 사람이 죄를 겉으로 드러난 행동이나 사회적 위치에서 찾으려는 경향이 있다. 예를 들어, 조직 폭력배나 사회에서 소외된 사람들을 보며 죄를 떠올리거나, 술주정뱅이의 삶을 죄로 규정하는 경우가 많다. 강도, 소매치기, 사기꾼, 뉴스에 나오는 살인범, 또는 감옥에 갇힌 죄수를 바라보며 그들이 죄에 빠진 불쌍한 사람들이라고 생각하는 것이다. 하지만 이는 죄의 본질을 잘못 이해한 것이다.

죄는 단순히 외적인 행동에 국한되지 않는다. 죄는 사람의 마음속에서 시작되며, 마음속에서 일어나는 생각과 동기가 그 근본이다. 죄는 눈에 보이지 않는 내면에서 시작되어 결국 외적으로 드러나지만, 본질적으로 죄는 사람의 마음과 생각, 그리고 그 마음속의 의도에서부터 비롯된다는 것을 잊지 말아야 한다. 이처럼 죄는 행동의 결과라기보다는, 인간의 마음과 내면 깊은 곳에서 비롯되는 생각과 의지로부터 시작된다는 점을 인식해야 한다.

우리가 꼭 기억해야 할 중요한 사실이 있다. 하나님과 우리 사이에 죄가 있을 때 기도가 응답되지 않는다는 말을 오해해서는 안 된다. 이를 두고 "하나님은 죄인의 기도를 절대 듣지 않으신다"라고 생각하면 안 된다. 하나님은 이미 당신의 자녀가 된 우리가 죄를 짓고 그 죄가 하나님과의 관계를 방해할 때, 기도가 막힐 수 있다는 것은 사실이다. 그러나 죄인이 회개하는 기도마저 하나님이 듣지 않으신다는 것은 잘못된 생각이다.

또한, 하나님께서 우리의 간구에 응답하시기 위해서는 특별한 성결의 수준에 도달해야 한다는 주장도 잘못된 것이다. 우리가 조금만 주변을 살펴보면, 하나님께서는 성결의 수준과는 상관없이 온갖 부류의 사람들에게 자비롭게 응답하신다는 사실을 알 수 있다.

성경에서 기도가 응답받지 못하는 이유로 '죄'를 언급할 때, 이는 단순한 행위로서의 죄만을 말하는 것이 아니다. 죄는 하나님과 우리 사이의 관계를 단절시킬 뿐만 아니라, 우리의 영적 민감성을 둔화시킨다. 죄는 우리의 영적인 시야를 좁게 만들고, 우리의 귀를 어둡게 하여 하나님의 세미한 음성을 듣지 못하게 만든다. 예를 들어, 하나님이 사무엘에게 말씀하셨을 때, 엘리 제사장이 그 음성을 듣지 못했던 것처럼 말이다.

이렇게 죄는 우리의 영적 민감성을 떨어뜨려, 하나님의 뜻을 제대로 깨닫지 못하게 만들 수 있다. 하지만, 하나님은 죄인이라 할지라도 그들이 회개할 때 그 기도를 분명히 들으시는 분이다. 중요한 것은 우리가 진정으로 하나님께 나아가고자 하는 마음이며, 하나님과의 관계 회복을 위한 기도는 언제나 응답을 기대할 수 있다는 점이다.

둘째, 용서하지 않고 하는 기도 때문이다.

　우리가 가족, 직장 동료, 이웃, 혹은 친구와 계속 갈등을 겪고 있다면, 아무리 기도에 애써도 응답을 기대하기 어렵다. 요한일서 2장 9절에서 "빛 가운데 있다 하면서 그 형제를 미워하는 자는 지금까지 어둠에 있는 자요"라고 말씀하듯이, 미움과 용서하지 않는 마음이 있는 상태에서는 진정한 기도가 이루어질 수 없다.

　성경에 따라 순종하고 기도했음에도 불구하고 응답을 받지 못한 이유는 무엇일까? 그 이유 중 하나는 바로 '용서의 문제'일 수 있다. 기도에 대한 성경의 가르침은 분명하다. 예수님은 마가복음 11장 25절에서 "서서 기도할 때에 아무에게나 혐의가 있거든 용서하라 그리하여야 하늘에 계신 너희 아버지께서도 너희 허물을 사하여 주시리라"라고 말씀하셨다. 용서하지 않으면 기도가 막혀버린다는 성경의 원리는 매우 중요하다. 용서하지 않는 마음은 하나님과 우리의 관계를 가로막고, 기도가 응답되지 않게 만드는 장벽이 된다.

　따라서 우리가 진정으로 기도의 응답을 기대한다면, 먼저 우리 자신을 돌아보며 용서하지 못한 이들이 있는지 살펴야 한다. 마음속의 미움을 내려놓고, 용서의 마음을 품을 때 하나님과의 관계가 회복되며, 그때 비로소 우리의 기도는 막힘없이 하나님께 상달될 수 있다.

서서 기도할 때에 아무에게나 혐의가 있거든 용서하라 그리하여야 하늘에 계신 너희 아버지께서도 너희 허물을 사하여 주시리라 하시니라 | 막 11:25

기도 중에, 기도가 막히는 듯한 느낌을 받은 적이 있는가? 이것은 하나님께서 우리에게 형제와 화목하라는 신호를 보내고 있는 것일 수 있다. 예수님께서는 산상수훈에서 예배보다 화목과 용서가 더 우선된다고 가르치셨다. 마태복음 5장 23~24절에서 "예물을 제단에 드리려다가 네 형제에게 원망 들을 만한 일이 있는 것이 생각나거든, 예물을 제단 앞에 두고 먼저 가서 형제와 화목하고 그 후에 와서 예물을 드리라"라고 말씀하신다. 이는 예배의 행위보다 관계 회복이 더 중요하다는 메시지를 전하는 말씀이다.

그러나 많은 성도는 이 순서를 거꾸로 생각하며, 형제와 화목하기보다는 예배를 먼저 드리고, 이를 통해 마음의 면죄부를 받으려 한다. 하지만 이는 예수님의 가르침에 어긋나는 행동이다. 예배는 중요한 신앙의 실천이지만, 예수님께서는 우리가 하나님께 나아가기 전에 형제와의 관계 회복을 우선적으로 해결해야 함을 강조하셨다.

이처럼, 기도가 막힌다고 느낄 때는 하나님이 보내시는 신호에 귀 기울여야 한다. 형제와의 관계를 돌아보고, 용서와 화해를 통해 하나님과의 관계가 막히지 않도록 하는 것이 중요하다. 이는 기도와 예배가 진정한 의미를 갖도록 하는 중요한 신앙의 원리이다.

셋째, 의심하면서 드리는 기도 때문이다.

기도는 시간에 의해 결정되는 것이 아니라 믿음에 의해 결정된다. 의심하면서 기도한다면 그 기도는 응답받지 못하는 기도가 된다. 오랫동안 기도하는 것은 아름다운 일이지만, 마음속의 의심을 버리지 않는 한 기도는 응답받기 어렵다.

　의심을 가지고 기도했을 때 응답을 받지 못하는 이유는, 성경에서 믿음의 중요성과 관련이 깊다. 의심은 하나님의 능력과 신실함을 신뢰하지 못하는 마음에서 비롯되며, 이는 기도가 효과적으로 응답받는 데 중요한 걸림돌이 된다. 야고보 사도는 이러한 점을 분명하게 말씀했다.

> 6 오직 믿음으로 구하고 조금도 의심하지 말라 의심하는 자는 마치 바람에 밀려 요동하는 바다 물결 같으니 7 이런 사람은 무엇이든지 주께 얻기를 생각하지 말라 | 약 1:6~7

　이 말씀은 기도할 때 의심하는 마음이 하나님의 응답을 받는 데 걸림돌이 될 수 있음을 분명히 말하고 있다. 의심은 하나님의 신실하심과 능력을 신뢰하지 못하는 태도로, 기도의 응답을 받지 못하게 한다. 우리가 하나님께 구할 때, 하나님이 응답하실 수 있는 분이라는 확신을 가지고 기도해야 한다. 하나님께 나아가는 자는 하나님이 살아 계시며 우리의 기도에 응답하시는 분임을 믿어야 한다. 의심은 하나님의 능력을 믿지 않는 것이며, 하나님께서는 이런 마음을 원치 않으신다. 하나님의 성품을 의심하는 기도는 응답받지 못한다고 말씀하신다. 결국, 기도의 힘은 시간의 길이에 있지 않고 믿음의 깊이에 있다는 점을 잊지 말아야 한다. 하나님께서는 우리의 마음에서 나오는 진정한 믿음을 보시고 응답하신다.

> 내가 진실로 너희에게 이르노니 누구든지 이 산더러 들리어 바다에 던져지라 하며 그 말하는 것이 이루어질 줄 믿고 마음에 의심하지 아니하면 그대로 되리라 | 막 11:23

기도할 때는 믿음으로 나아가야 응답을 받을 수 있다. 온 마음을 깨끗이 하고 믿음으로 간구하는 기도는 결코 실패하지 않는다. 하나님께서는 이러한 기도를 위한 약속의 말씀을 주셨다. 그러나 아직도 많은 크리스천이 기도에 대한 약속을 믿지 못하는 이유는 의심 때문이다.

믿음의 반대말은 의심이다. 따라서 믿음이 커질수록 의심은 줄어들고, 반대로 의심이 커지면 믿음은 약해진다. 기도는 마치 문제 보따리를 하나님 앞에 내어놓는 것과 같다. 많은 사람들은 하나님께 나아갈 때 자신이 안고 있는 문제들을 담은 보따리를 들고 간다. 기도하는 동안 그 보따리를 풀어놓고, 한 번 풀어놓았으면 그 문제를 놓고 다시는 고민하지 않고 떠나면 된다. 그렇게 할 때 비로소 문제 해결이 시작된다.

기도에 있어서 가장 중요한 것은 믿음이다. 하나님께서 선하시며, 우리의 기도에 응답하실 수 있다는 확신이 있을 때, 우리는 하나님께 담대히 나아갈 수 있다. 의심이 생길 때, 우리는 그 의심을 하나님께 맡기고 믿음의 기도로 나아가야 한다.

이처럼 기도는 신뢰의 행위이며, 하나님께 모든 문제를 맡길 때, 믿음이 자라나고 의심이 사라지는 길임을 깨달아야 한다. 하나님의 응답은 우리가 진정으로 믿음을 가지고 나아갈 때 이루어진다. 믿음을 가지고 기도하며, 그 믿음이 우리의 기도를 통해 역사하기를 기대해야 한다. 백부장의 믿음은 예수님을 놀라게 할 정도로 단단한 믿음이었다.

예수께서 들으시고 놀랍게 여겨 따르는 자들에게 이르시되 내가 진실로 너희에게 이르노니 이스라엘 중 아무에게서도 이만한 믿음을 보지 못하였노라
| 마 8:10

앞에서 언급했던 이영수 장로는 정말 독특한 인물이다. 하나님께서 그를 보신다면 분명히 "이만한 믿음을 만나보지 못하였노라"라고 말씀하셨을 것 같다. 그는 의심 없이 믿음의 십일조로 10,000명이 넘는 학생들을 하나님으로부터 받은 경험이 있지만, 그의 삶에는 그보다 더 많은 믿음의 사건들이 있었다.

학원 사업을 하던 중, 장소 협소의 문제로 어려움을 겪고 있던 이영수 장로는 어느 날 우연히 길을 가다가 본 빌딩을 보며 "하나님! 이 빌딩을 저에게 주옵소서."라고 기도했다. 많은 사람이 이와 같은 기도를 하면 비현실적이라고 여길 것이다. 하지만 이영수 장로는 교회의 권사님들을 초대하여 맛있는 음식을 대접한 후, 그들을 그 빌딩으로 데려가 "이 빌딩을 붙잡고 통성기도를 해 주세요. 이 건물이 이영수의 건물이 되게 해달라고 기도해 주세요."라고 요청했다. 권사님들은 의아한 마음으로도 기도를 시작했다. 결국 그 빌딩은 이영수 장로의 소유가 되었다.

나 역시 이영수 장로에게 그런 부탁을 받은 적이 있다. 그날도 그는 선상 뷔페에서 맛있는 아침 식사를 대접했다. 그리곤 나를 한 큰 공터로 데리고 가서 "여기에 쇼핑센터를 지으려 하는 데 주민들이 반대하고 있습니다. 건축허가를 위해 기도해 주세요."라고 부탁했다. 나는 기도할 수밖에 없었다. 이후 한국으로 돌아가기 위해 공항에 도착했을 때, 이영수 장로에게서 전화가 왔고, "목사님, 건축허가가 났습니다"라는 소식을 듣게 되었다.

이런 믿음은 분명 하나님께서 기이히 여기실 것이다. 하나님은 이런 믿음을 통해 역사하신다. 기도할 때 의심하지 말고, 믿음으로 구하는 것이 얼마나 중요한지를 잊지 말아야 한다. 믿음의 기도는 항상 놀라운 역사를 일으킨다.

> 6 오직 믿음으로 구하고 조금도 의심하지 말라 의심하는 자는 마치 바람에 밀려 요동하는 바다 물결 같으니 7 이런 사람은 무엇이든지 주께 얻기를 생각하지 말라 | 약 1:6~7

> 믿음이 없이는 하나님을 기쁘시게 하지 못하나니 하나님께 나아가는 자는 반드시 그가 계신 것과 또한 그가 자기를 찾는 자들에게 상 주시는 이심을 믿어야 할지니라 | 히 11:6

넷째, 우상숭배 하는 사람의 기도 때문이다.

하나님이 가장 가증히 여기시는 것은 우상숭배이다. 십계명의 첫 두 계명은 바로 우상숭배에 대한 하나님의 명령을 담고 있다. 우상숭배는 하나님을 버리고 다른 신을 섬기는 행위이며, 귀신과 교제하는 악한 행위로 간주하신다. 이러한 행위는 부정하고 가증한 것으로 여겨지며,

하나님이 미워하시는 일이다.

따라서, 이런 행위를 하면서 하나님께 응답받으려고 하는 것은 어리석은 행동이다. 하나님의 말씀은 분명히 그가 원하는 것을 요구하고 있으며, 우리는 그의 뜻에 순종해야 한다. 그러므로 진정으로 하나님께 기도하고 싶다면, 우상숭배를 멀리하고 하나님만을 섬기는 마음가짐이 필요하다.

> 너희가 나를 버리고 다른 신들을 섬기니 그러므로 내가 다시는 너희를 구원하지 아니하리라 | 삿 10:13

> 1 이스라엘 장로 두어 사람이 나아와 내 앞에 앉으니 2 여호와의 말씀이 내게 임하여 이르시되 3 인자야 이 사람들이 자기 우상을 마음에 들이며 죄악의 걸림돌을 자기 앞에 두었으니 그들이 내게 묻기를 내가 조금인들 용납하랴 | 겔 14:1~3

> 13 유다야 네 신들이 네 성읍의 수와 같도다 너희가 예루살렘 거리의 수대로 그 수치스러운 물건의 제단 곧 바알에게 분향하는 제단을 쌓았도다 14 그러므로 너는 이 백성을 위하여 기도하지 말라 그들을 위하여 부르짖거나 구하지 말라 그들이 그 고난으로 말미암아 내게 부르짖을 때에 내가 그들에게서 듣지 아니하리라 | 렘 11:13~14

다섯째, 인색한 사람의 기도 때문이다.

가난한 사람을 외면하는 사람은 자신이 어려움을 당할 때 외면을 당한다. 하나님은 가난한 사람을 외면하는 사람의 기도를 외면하신다.

마음속에 인색함을 가지고 살아가는 사람의 기도를 하나님이 들어줄 이유가 없는 것이다.

> 귀를 막고 가난한 자가 부르짖는 소리를 듣지 아니하면 자기가 부르짖을 때에도 들을 자가 없으리라 | 잠 21:13

이스라엘 백성들은 하나님이 왜 그들의 기도에 응답하지 않으시는지 의아해하고 있었다. 그들은 금식하며 자신을 낮추었지만, 하나님은 여전히 그들의 기도를 듣지 않으셨다. 그때 하나님께서 이스라엘 백성들에게 주신 말씀이 바로 그에 대한 해답이었다.

그들은 외형적인 경건과 종교적 행위를 통해 하나님께 가까이 가고자 했으나, 그들의 진정한 마음과 행동이 하나님이 기대하시는 것과는 달랐다. 하나님은 단순한 금식과 기도가 아닌, 마음의 변화와 진정한 회개를 요구하셨다. 이 말씀은 하나님과의 관계가 단순히 형식적이지 않다는 것을 일깨워 준다.

> [3] 우리가 금식하되 어찌하여 주께서 보지 아니하시오며 우리가 마음을 괴롭게 하되 어찌하여 주께서 알아 주지 아니하시나이까 [4] 보라 너희가 금식하는 날에 오락을 구하며 온갖 일을 시키는도다 보라 너희가 금식하면서 논쟁하며 다투며 악한 주먹으로 치는도다 너희가 오늘 금식하는 것은 너희의 목소리를 상달하게 하려는 것이 아니니라 [5] 이것이 어찌 내가 기뻐하는 금식이 되겠으며 이것이 어찌 사람이 자기의 마음을 괴롭게 하는 날이 되겠느냐 그의 머리를 갈대 같이 숙이고 굵은 베와 재를 펴는 것을 어찌 금식이라 하겠으며 여호와께 열납될 날이라 하겠느냐 [6] 내가 기뻐하는 금식은 흉악의 결박을

> 풀어 주며 멍에의 줄을 끌러 주며 압제 당하는 자를 자유하게 하며 모든 멍에를 꺾는 것이 아니겠느냐 ⁷ 또 주린 자에게 네 양식을 나누어 주며 유리하는 빈민을 집에 들이며 헐벗은 자를 보면 입히며 또 네 골육을 피하여 스스로 숨지 아니하는 것이 아니겠느냐 ⁸ 그리하면 네 빛이 새벽 같이 비칠 것이며 네 치유가 급속할 것이며 네 공의가 네 앞에 행하고 여호와의 영광이 네 뒤에 호위하리니 ⁹ 네가 부를 때에는 나 여호와가 응답하겠고 네가 부르짖을 때에는 내가 여기 있다 하리라 만일 네가 너희 중에서 멍에와 손가락질과 허망한 말을 제하여 버리고 ¹⁰ 주린 자에게 네 심정이 동하며 괴로워하는 자의 심정을 만족하게 하면 네 빛이 흑암 중에서 떠올라 네 어둠이 낮과 같이 될 것이며
>
> | 사 58:3~10

여섯째, 가짜로 드리는 기도 때문이다.

가짜 기도는 응답받지 못할 뿐만 아니라, 하나님과 사람을 속이는 행위이다. 주변에서 쉽게 가짜 기도를 하는 사람들을 발견할 수 있다. 예를 들어, 식사 기도를 할 때 눈을 잠시 감고 기도하는 척하는 모습은 가짜 기도의 한 형태이다. 진정으로 기도를 드리지 않으면서 크리스천이라는 이유로 잠깐 기도하는 척하는 사람들이 의외로 많다. 또한, 다른 사람들과 함께 기도할 때 멍하니 눈을 감고 있거나 다른 생각에 빠져 있는 것도 가짜 기도의 모습이다.

마음속으로는 전혀 진심이 없으면서 기도하는 것 또한 가짜 기도에 해당한다. 예를 들어, 속으로는 증오를 품고 있으면서 겉으로는 사랑하는 것처럼 기도하거나, 진실로 회개하지 않으면서 회개하는 척하는 행위는 가짜 기도의 대표적인 예이다. 상대방이 잘되기를 바라는 마음

이 전혀 없으면서 마치 잘되기를 바라는 것처럼 기도하는 것도 같은 맥락이다.

정말 무서운 가짜 기도는 주로 부흥사들이 기도를 인도할 때 자주 나타난다. 자신은 기도하지 않으면서 "쉬쉬쉬" 같은 소리를 내거나 "주여 믿습니다!" "랄랄라"을 반복해서 외치면서 기도를 유도하는 행위가 바로 가짜 기도의 모습이다. 사람들이 눈을 감고 있기 때문에 모른다는 이유로 효과음향 같은 소리를 내거나, 마이크를 들고 이리저리 다니며 기도하는 것처럼 하는 것도 잘못된 가짜 기도의 예이다. 이러한 모습은 하나님을 두려워하지 않는 사이비 교주들이나 이단 지도자들이 할 짓이다. 기도를 인도할 때는 인도자도 함께 진지하게 기도해야 한다.

일곱째, 자신이 마땅히 해야 할 일을 하지 않고 기도하기 때문이다.

하나님이 하실 일이 있고, 우리가 해야 할 일이 있다. 우리가 해야 할 일은 우리가 해야 한다. 우리가 해야 할 일을 하지 않으면서 하나님께 책임을 전가하는 사람들이 많다. 예수님은 크리스천 된 우리에게 세상의 소금과 빛이 되라고 하지 않으셨다. 우리는 이미 소금과 빛이라고 하셨다.

> [13] 너희는 세상의 소금이니 소금이 만일 그 맛을 잃으면 무엇으로 짜게 하리요 후에는 아무 쓸 데 없어 다만 밖에 버려져 사람에게 밟힐 뿐이니라 [14] 너희는 세상의 빛이라 산 위에 있는 동네가 숨겨지지 못할 것이요 | 마 5:13~14

그러나 우리는 소금과 빛의 역할을 다하지 않으면서 "소금이 되게 하소서!", "빛이 되게 하소서?"라고 기도한다. 예수님은 우리가 이미 소금이며 빛이라고 하신 것이지, 소금과 빛이 되게 해달라고 기도하라고 하지 않으신 것이다. 이 말씀은 기도하지 말라는 것이 아니다. 문제를 놓고 기도해야 하며, 응답이 오면 그때는 일어나서 자신이 해야 할 일을 해야 한다.

교회 성장을 위해 하루 7시간씩 7년을 기도한 한 목사님이 있었는데, 그가 목회하던 교회는 결국 문을 닫고 말았다. 그 이유를 묻자, 그는 하루 종일 기도해야 했기 때문에 밖에 나가서 전도할 시간이 없었다고 답했다. 결국 이 목사님은 기도는 많이 했지만, 자신이 해야 할 일을 전혀 하지 않았다. 이에 따라 교회는 문을 닫는 비극적인 결과를 맞이하게 되었다.

우리는 예수님을 알아야 한다. 예수님은 기도만 하지 않으셨다. 예수님은 습관적으로 기도하셨고, 아침 미명에 일어나 산에서 기도하셨다. 그러나 낮에는 하루 종일 주어진 사역에 최선을 다하셨다. 설교하시고, 병든 자를 고치시며, 제자들을 가르치시고, 친구의 집을 방문하셨다. 예수님은 앉아서 사람을 기다리지 않으셨다. 예수님은 하나님이셨지만 온 갈릴리를 두루 다니셨고 사람들을 치유하셨다.

> 예수께서 온 갈릴리에 두루 다니사 그들의 회당에서 가르치시며 천국 복음을 전파하시며 백성 중의 모든 병과 모든 약한 것을 고치시니 | 마 4:23

> ³⁸ 이르시되 우리가 다른 가까운 마을들로 가자 거기서도 전도하리니 내가 이를 위하여 왔노라 하시고 ³⁹ 이에 온 갈릴리에 다니시며 그들의 여러 회당에서 전도하시고 또 귀신들을 내쫓으시더라 | 막 1:38~39

예수님은 가만히 앉아서 사역하신 분이 아니시다. 온 갈릴리를 다니셨고, 직접 전도하시기 위해 가까운 마을들을 방문하셨다. 예수님이 친히 온 마을을 두루 다니시며 전도하시고 병든 사람들과 귀신 들린 사람들을 고치셨다.

사도바울을 보라. 그는 얼마나 열심히 사역했는가? 사도바울은 쉬지 않고 사역에 전념했으며, 그의 사역은 그 어떤 사람들과도 비교할 수 없을 정도로 열심이었다. 비시디아 안디옥에서 복음을 전하다 쫓겨난 그는 이고니온으로 가서 또 복음을 전했다. 만일 예수님이 기도만 하시고, 사도바울이 기도만 하고 앉아 있었다면 어떤 결과가 나왔을까?

그런데 왜 당신은 가만히 있으면서 내가 해야 할 일을 하나님께 책임을 전가하고 원망하는가? 지금, 이 순간도 가만히 앉아서 기도만 하는 사람들이 있다. 그러면서 하나님은 기도에 응답하지 않는다고 말한다. 제 일에 책임을 다하는 사람을 향해 '기도하지 않는 사람들'이라고 정죄하고 있다. 분명한 사실은 그런 사람의 기도는 평생 응답받지 못할 것이다.

하나님이 하실 일이 있고, 우리가 해야 할 일이 있다. 기도라는 거룩한 명분으로 내가 해야 할 일을 회피하는 것은 바보 같은 짓이다. 운동을 전혀 하지 않으면서 건강을 달라고 기도하거나, 공부하지 않은 사람이 공부를 잘하게 해달라고 요청하거나 성경암송을 하지 않으면서 말씀의 능력을 달라고 하는 것은 어불성설이다.

예를 들어, 밤마다 삼겹살과 라면을 먹으면서 "주여! 날씬하게 하옵소서!"라고 기도한다면 하나님은 어떻게 응답하실까? 분명 하나님께서는 "삼겹살과 라면을 당장 중단하라!"고 말씀하실 것이다. 하나님은 기도하면서 자기에게 주어진 일에 최선을 다하는 사람의 기도를 응답하시고 사용하신다는 사실을 기억하라.

결론

지금까지 기도를 응답받지 못하는 7가지 문제들을 살펴보았다. 이런 문제들이 존속하는 한 기도는 응답받기 어려울 것이다. 하나님이 가장 미워하시는 문제들이기 때문이다. 따라서 결론은, 기도의 응답은 하나님과의 직접적 관계에 있다는 사실이다. 엘리야의 예로 하나님과의 관계 문제를 풀면서 이 장을 마감하겠다.

> [16] 그러므로 너희 죄를 서로 고백하며 병이 낫기를 위하여 서로 기도하라 의인의 간구는 역사하는 힘이 큼이니라 [17] 엘리야는 우리와 성정이 같은 사람이로되 그가 비가 오지 않기를 간절히 기도한즉 삼 년 육 개월 동안 땅에 비가 오지 아니하고 [18] 다시 기도하니 하늘이 비를 주고 땅이 열매를 맺었느니라 | 약 5:16~18

엘리야는 우리와 성정이 같은 사람이었지만 엘리야 기도의 능력은 대단했다. 야고보서 기자는 엘리야 기도의 능력을 말하기 전, '의인의 간구는 역사하는 힘이 크다'라고 언급하였다. 다르게 표현하면 결국 엘리야의 기도에 대한 응답은, 엘리야와 하나님의 깊은 관계로부터 나왔다는 것이다.

 마찬가지로, 당신의 기도에 대한 하나님의 응답은 당신이 하나님과 얼마나 깊은 관계를 올바르게 맺고 있는가에 대한 결과로써 오는 것이다. 하나님과 올바른 관계가 즉 기도의 응답으로 나타난다는 사실을 명심하라.

하브루타 질문

1. 응답받지 못하는 기도 때문에 겪는 어려움이 있다면 구체적으로 적어 보라.

2. 우리가 잘못된 기도인지 깨닫지 못한 채 하나님께 구하는 기도에는 어떤 것들이 있는지 적어 보라.

3. 응답받지 못하는 기도의 여섯 가지 문제를 나열해 보라. 그 외에 어떤 기도가 응답을 방해하는지 생각해 보라.

4. 기도 중에 가짜로 드리는 기도가 있다는 사실이다. 당신은 혹시 삶의 과정에서 가짜 기도를 드린 적이 없는가?

5. 이단 지도자들이 할 것 같은 가짜 기도가 한국교회 안에서 나타나고 있음에도, 누구 하나 안타까워하는 사람이 없는 것 같다. 왜 부흥사들이나 기도 인도자들이 가증스럽고 하나님이 미워하시는 행위를 한다고 생각하는가?

2
잘못 구하는 기도

성경은 잘못 구하는 기도가 있다고 말씀한다.

야고보서 4장 3절을 보면 "구하여도 받지 못함은 정욕으로 쓰려고 잘못 구하기 때문이라"고 말씀하고 있다. 잘못 구하는 기도는 기도 자체가 잘못된 것이기 때문에 하나님께서 응답할 수 없는 기도이다. 물론 의도적으로 잘못된 요청을 하겠다고 작정하는 사람은 없을 것이다. 다만 우리의 요청이 하나님의 뜻과 어긋난다는 사실을 깨닫지도 못한 채 아뢰는 기도가 있을 것이다. 그럼 어떤 기도가 잘못 구하는 기도인지 자세히 살펴보자.

첫째, 구하는 근거가 잘못된 기도이다.

하나님께 우리의 요청을 아뢰기 전에 다음과 같은 질문을 해보는 것이 좋다. "이 요청이 하나님께 영광이 되겠는가?", "이 요청이 다른 사람들에게 유익이 되겠는가?", "이 요청이 하나님의 나라와 교회를 위해 필요한 것인가?", "이 요청이 나의 영적 성장에 도움이 되는가?" 등을 살펴볼 수 있어야 한다. 그렇지 않다면 그 기도는 잘못 구하는 기도이다. 하나님께 영광이 되고, 교회와 사람들에게 유익이 되고 나의 영적인 기도 생활에 도움이 되는 기도이어야 한다. 만일 이 중의 하나라도 거침이 된다면 기도를 재고해야 한다.

> 그런즉 너희는 먼저 그의 나라와 그의 의를 구하라 그리하면 이 모든 것을 너희에게 더하시리라 | 마 6:33

둘째, 이기심에 근거한 기도가 잘못된 기도이다.

기도에서 가장 범하기 쉬운 오류는 이기적이라는 것이다. 마음 중심에서 나오는 이기적인 기도는 하나님과 우리 사이를 가로막는 가장 보편적인 장애물이다. 기도는 내 뜻이 이루어지는 것이 아니라 하나님의 뜻이 이루어지는 것이다. 하나님의 은혜는 잊어버리고 내 요구만 관철하려고 한다면 그 기도는 이미 이기적인 기도라는 사실을 부인하기 어렵다.

> 4 그들 중에 섞여 사는 다른 인종들이 탐욕을 품으매 이스라엘 자손도 다시 울며 이르되 누가 우리에게 고기를 주어 먹게 하랴 5 우리가 애굽에 있을 때에는 값없이 생선과 오이와 참외와 부추와 파와 마늘들을 먹은 것이 생각나거늘 6 이제는 우리의 기력이 다하여 이 만나 외에는 보이는 것이 아무 것도 없도다 하니 | 민 11:4~6

> 20 그 때에 세베대의 아들의 어머니가 그 아들들을 데리고 예수께 와서 절하며 무엇을 구하니 21 예수께서 이르시되 무엇을 원하느냐 이르되 나의 이 두 아들을 주의 나라에서 하나는 주의 우편에, 하나는 주의 좌편에 앉게 명하소서 | 마 20:20~21

나의 기도 제목을 노트에 적어 보자. 펜을 들어 적는 순간, 내 기도의 많은 부분이 잘못되었다는 사실에 아연실색할 수 있다. 실제로 내가 기도한 내용을 살펴보면, 내 속에서 흘러나오는 탐욕을 쉽게 발견하게 된다. 중심을 먼저 보시는 하나님이 이러한 기도에 응답하지 않을 것은 너무나 자명한 일이다.

셋째, 상식에서 벗어난 기도는 잘못된 기도다.

어느 신학생이 시험공부는 하지 않고, 하나님께 "내일 시험에서 100점을 맞게 해주세요"라고 밤새워 기도했다. 그런데 시험지를 받는 순간, 자신이 아는 문제가 하나도 없다는 것을 깨달았다. 결국 그는 시험지에 "하나님은 모든 것을 아십니다!"라고만 적고는 시험장을 나왔다. 얼마 후, 시험 결과가 나왔고 담당 교수는 시험지에 점수를 정성스럽게 적었다.

"하나님 100점, 너는 0점!"

이 이야기는 우리가 감당해야 할 역할과 책임을 저버린 채, 기도로만 모든 것을 해결하려는 비상식적인 믿음의 잘못을 지적한다. 하나님은 때로는 상식을 넘어 기적을 베푸시지만, 기본적으로 상식의 법칙 안에서 이 세상을 운영하신다. 그 상식을 무시한 채 기적으로 모든 것을 요구하는 것은 잘못된 기도이다. 앞에서도 언급한 것처럼, 매일 밤 삼겹살을 구워 먹고 라면을 끓여 먹으면서 "주여, 저를 날씬하게 해 주옵소서"라고 기도한다면, 이는 올바른 기도가 아닐 것이다.

> 하나님은 무질서의 하나님이 아니시요 오직 화평의 하나님이시니라 모든 성도가 교회에서 함과 같이 | 고전 14:33

필립 얀시는 그의 책 "하나님이 나를 외면할 때"에서 흥미로운 질문을 던진다. 오랄 로버츠 대학교(Oral Roberts University)와 휘튼 대학교(Wheaton College)라는 두 기독교 학교가 농구 경기를 앞두고, 양측 모두 하나님께 "우리 학교가 이기게 해 주세요"라고 기도한다면, 과연 어느 학교가 승리할 수 있을까?

이 상황은 전쟁 중의 나라들이 승리를 위해 기도하는 모습과도 비슷하다. 미국 남북전쟁 당시, 에이브러햄 링컨, 스톤웰 잭슨, 로버트 리 같은 경건한 인물들 모두 승리를 위해 간절히 기도했다. 하지만 남과 북이 모두 이길 수는 없는 것처럼, 이 두 기독교 학교도 모두 승리할 수는 없다.

또 다른 예를 들어, 두 사람이 같은 장소에서 한 사람은 비가 오기를, 다른 한 사람은 맑은 날씨를 기도했다고 가정해 보면, 하나님께서 이 두 사람의 기도를 동시에 들어주실 수는 없다.

넷째, 자기중심적인 기도가 잘못된 기도이다.

만약 누군가가 나에게 "하나님께서 당신의 모든 기도에 응답하셨습니까?"라고 묻는다면, 나는 주저 없이 "아니오"라고 답할 것이다. 하나님께서 내 모든 기도에 응답하셨다면, 아마도 그 결과는 축복이 아닌 저주가 될 만한 상황이 너무나 많았기 때문이다. 우리 모두 인간적인 연약함을 가지고 있기 때문에, 종종 기도 속에 자기중심적인 욕구를 담을 때가 있음을 기억해야 한다.

무속신앙이나 다른 종교에서 자주 볼 수 있는 자기중심적인 기도는 하나님께서 응답하지 않으신다. 예를 들어, "저 사람의 다리를 부러뜨려 걷지 못하게 해 주소서" 또는 "저 사람의 사업이 망하게 해 주소서" 같은 기도는 하나님께서 듣지 않으실 것이다. 물론, 대부분의 크리스천은 이러한 노골적인 저주 기도를 하지 않겠지만, 우리가 무심코 드리는 기도 속에도 은근히 자기중심적인 마음이 숨어 있을 수 있다.

예를 들어, "오 주님, 저 사람을 변화시켜 주십시오"라는 기도는 매우 쉽게 할 수 있는 기도이다. 아내가 남편을 바라보며, 남편이 아내를 바라보며, 부모가 자녀를 보며, 혹은 자녀가 친구를 바라보며 이런 기도를 드릴 수 있다. 사실, 두 명 이상의 크리스천들이 가까운 관계를 맺게 되면 어느 한쪽은 상대방이 변하기를 기도하는 일이 자연스럽게 생길 수 있다.

그러나 우리는 이러한 기도가 본질적으로 하나님 앞에서 자기중심적인 요구가 아닌지 돌아보아야 한다. 하나님께서 우리의 기도를 들으시되, 우리의 뜻이 아닌 하나님의 뜻이 이루어지길 기도하는 것이 중요한다.

내가 사역했던 지방의 모 교회에 담임목사로 부임할 때부터 나를 반대하던 권사님이 있었다. 그분은 다른 목사를 지지했지만, 투표 결과 내가 담임목사로 임명되자 이후로 나를 공개적으로 공격하기 시작했다. 그 권사님은 교회와 지역사회에서 영향력이 커서, 많은 목회자들조차 두려워하던 사람이었다.

어느 날 그 권사님이 찾아와서 말했다. "목사님, 1년 안에 교회를 두 배로 부흥시키지 못한다면 교회를 떠난다는 각서를 쓰세요. 그리고 외부 집회에 절대 나가지 마세요." 나는 마음이 무거웠지만, 교회의 평화를 위해 어쩔 수 없이 서명을 했다. 그 각서는 다음 주일 예배 시간에 전 교인들에게 배포되었다.

그러나 더 큰 문제는 새벽기도 시간에 일어났다. 그 권사님은 내 바로 뒤에 앉아 방언으로 기도하면서, 억울함과 분노가 가득한 목소리로 "주여, 불쌍히 여겨 주옵소서!"를 수없이 반복했다. 나로 인해 불편함을 느끼는 자신을 불쌍히 여겨달라는 기도였다. 성도들이 다 자리를 떠난 후에도 나는 그 권사님과 끝까지 남아 기도하곤 했다.

나도 결국 이렇게 기도하기 시작했다. "하나님, 저 권사님을 변화시켜 주옵소서. 도저히 견딜 수 없습니다." 본의 아니게 기도의 대결이 벌어졌다. 그렇게 1년 넘게 기도했지만, 그 권사님은 변하지 않았고, 오히려 더 강하게 나를 반대했다. 그녀가 지나간 자리에는 차가운 바람만 남았다.

그러던 어느 날, 그 권사님의 집을 심방하면서 그분의 사정을 알게 되었다. 남편을 일찍 여의고 행상으로 자식들을 키운 힘든 삶을 살아온 분이었다. 그 이야기를 듣자, 내 기도는 완전히 달라졌다. "하나님, 제가 잘못했습니다. 지금까지 저 권사님 때문에 힘들다고 불평했지만, 사실은 저 권사님이 아니라 제가 변해야 합니다. 제가 부족한 사람입니다. 주님의 은혜로 지금까지 버티고 있지만, 저를 변화시켜 주옵소서." 그리고 슬그머니 그 권사님의 손을 잡았다.

놀라운 일이 벌어졌다. 기도를 바꾼 지 일주일도 채 되지 않아, 그 권사님은 완전히 달라졌다. 밝은 얼굴로 나에게 먼저 인사를 건넸다. 그분은 나를 좋은 식당으로 초대해 음식을 대접했고, 와이셔츠까지 선물해 주었다. 더 놀라운 것은 새벽기도 시간에도 그 권사님의 태도가 바뀐 것이었다. 그 후 그분은 주일마다 교회를 깨끗이 청소하며, 내가 지나갈 때마다 따뜻하게 내 손을 꼭 잡아주셨다. 이 경험은 나에게 큰 깨달음을 주었다. 하나님께서 상황을 바꾸시는 가장 중요한 방법은 먼저 나 자신을 변화시키는 것이라는 사실을 말이다.

그리스도께서 너희를 사랑하신 것 같이 너희도 사랑 가운데서 행하라 그는 우리를 위하여 자신을 버리사 향기로운 제물과 희생제물로 하나님께 드리셨느니라 | 엡 5:2

7 범사에 네 자신이 선한 일의 본을 보이며 교훈에 부패하지 아니함과 단정함과 8 책망할 것이 없는 바른 말을 하게 하라 이는 대적하는 자로 하여금 부끄러워 우리를 악하다 할 것이 없게 하려 함이라 | 딛 2:7-8

다섯째, 하나님의 뜻을 남용하는 기도는 잘못된 기도이다.

통성기도가 일반인들로부터 비판받는 이유 중 하나는, 그 기도가 자기중심적이고 이기적인 것으로 인식되기 때문이다. 많은 기도에서 우리는 성경적 가르침에 근거하지 않고, 자신의 욕망과 바람만을 하나님께 매달리며 요구하곤 한다. 하나님의 뜻은 고려하지 않은 채, 오직 자신의 뜻만 이루어지길 간절히 원하는 모습이 자주 드러난다.

예수님께서 겟세마네 동산에서 기도하실 때, 그는 자신의 뜻을 내려놓고 하나님의 뜻에 순종하기로 결단하셨다. 땀방울이 핏방울이 되도록 간절히 기도하셨지만, 결국 하나님의 계획에 자신을 맡기신 것이다. 이것이 바로 '복종의 기도'(Submit Prayer)이다. 우리의 기도 역시 예수님처럼 하나님의 뜻을 구하고 그분의 인도하심에 자신을 맡기는 자세가 되어야 한다.

> 36 이에 예수께서 제자들과 함께 겟세마네라 하는 곳에 이르러 제자들에게 이르시되 내가 저기 가서 기도할 동안에 너희는 여기 앉아 있으라 하시고 37 베드로와 세베대의 두 아들을 데리고 가실새 고민하고 슬퍼하사 38 이에 말씀하시되 내 마음이 매우 고민하여 죽게 되었으니 너희는 여기 머물러 나와 함께 깨어 있으라 하시고 39 조금 나아가사 얼굴을 땅에 대시고 엎드려 기도하여 이르시되 내 아버지여 만일 할 만하시거든 이 잔을 내게서 지나가게 하옵소서 그러나 나의 원대로 마시옵고 아버지의 원대로 하옵소서 하시고 |
> 마 26:36~39

응답받는 기도의 특징은, 기도 중에 하나님의 뜻을 발견하고 그 뜻에 순종하는 데 있다. 이는 결코 쉬운 일이 아니지만, 하나님의 뜻 앞에 내 뜻을 내려놓고 복종하는 것이 성숙한 기도이며, 하나님을 주님으로 모시는 성도의 바른 자세다.

교회사역을 하다 보면 교역자들이 들어오고 나가는 일이 잦다. 그런데 이 과정에서 하나님의 뜻을 쉽게 남용하는 이들이 있다. 부임하는 것도, 두 달 만에 사임하는 것도 하나님의 뜻이라고 주장하는 경우다. 하지만 하나님이 두 달 앞의 어려움을 모르셨겠는가? 문제가 생기면 좀 더 인내하며 기도해야 하는데, 단순히 떠나는 것을 하나님의 뜻으로 치부하는 경우가 많다. "좀 더 기도하고 결정하자"고 권해도, 이미 마음에 결정해놓고, "하나님께서 개척하라고 하십니다" 또는 "다른 교회로 인도하십니다"라고 말한다. 실제로는 자신이 다른 교회에 청빙서 및 이력서를 넣은 후 하나님의 뜻이라고 말하는 것을 이해할 수 없다. 실상은 하나님의 뜻이 아니라 자신의 뜻일 뿐이다. 이렇게 하나님의 뜻을 남용하는 사람들의 결말이 좋지 않은 것은 자명하다.

사임 후에도 교회를 떠나지 않고 주변을 맴돌며, 교회와 담임목사를 비방하거나 교인들을 유혹하여 교회를 개척하자고 말하는 이들도 있다. 자신이 교회에서 부당한 대우를 받았다며 교회에 갈등을 일으키는 경우도 있다. 교인들에게 전화를 걸거나 찾아가 담임목사와 교회를 비방하는 행위는 결코 하나님의 뜻이 아니다. 이것은 세상의 직장에서도 하지 않는 짓이다. 목회자는 교회를 떠나게 되었을 때, 깨끗하게 정리하는 것이 기본적인 예의이며, 그 또한 하나님의 뜻이다.

빌 하이벨스는 그의 책 "너무 바빠서 기도합니다"에서 이런 문제를 지적한다. 어느 날 한 남성이 빌 하이벨스 목사에게 이렇게 말했다고 한다.

> "저는 한 교회에서 30년 가까이 장로로 섬겼습니다. 그동안 많은 목사님들이 저희 교회를 거쳐 가셨죠. 그런데 더 큰 사례금, 더 많은 혜택, 더 좋은 목회진과 사택을 제공하는 교회에서 초빙이 오면, 항상 그것을 하나님의 인도하심으로 받아들이더군요. 하지만 더 적은 월급과 혜택을 제공하는 작은 교회로의 인도하심을 받았다고 하는 목사님은 한 분도 없었습니다."

하나님의 뜻을 남용하는 사람들이 참 많다. 그것도 다른 사람이 아닌 목회자들의 입에서 말이다. 어떻게 하나님의 뜻은 자기에게 불리하게 적용되지 않고 유리하게만 적용되는지 의문이다. 많은 경우, 하나님의 뜻을 남용하는 사람들은 자신의 욕망이나 목표를 달성하기 위해 하나님의 이름을 사용하는 것이다. 그들은 하나님의 뜻을 빙자하여 자신이 원하는 것을 정당화하고, 자신의 계획이나 행동을 거룩하게 보이도록 만들려 한다. 하나님께서 예레미야에게 직접 하신 말씀을 보면, 거짓 선지자들이 하나님의 말씀을 남용하는 모습을 볼 수 있다.

> [16] 만군의 여호와께서 이와 같이 말씀하시되 너희에게 예언하는 선지자들의 말을 듣지 말라 그들은 너희에게 헛된 것을 가르치나니 그들이 말한 묵시는 자기 마음으로 말미암은 것이요 여호와의 입에서 나온 것이 아니니라 [17] 항상 그들이 나를 멸시하는 자에게 이르기를 너희가 평안하리라 여호와의 말씀이니라 하며 또 자기 마음이 완악한 대로 행하는 모든 사람에게 이르기를

재앙이 너희에게 임하지 아니하리라 하였느니라 | 렘 23:16~17

이 말씀은 자기 마음에서 나온 것을 하나님의 뜻으로 왜곡하는 자들에 대한 경고이다. 그들의 마음은 하나님을 경외하는 마음이 아닌, 자기중심적이고 자기 이익을 추구하는 욕망으로 가득 차 있었다. 그들은 자신의 목적을 이루기 위해 하나님의 이름을 사용하지만, 그 마음속 깊이에서는 하나님을 진정으로 경외하거나 그분의 뜻에 따라 살려는 마음이 없다. 성경은 이러한 태도에 대해 분명히 경고하고 있으며, 우리는 하나님의 뜻을 남용하지 않고 겸손한 마음으로 그분의 뜻을 구하고 순종해야 함을 상기해야 한다.

예수님이 가르쳐주신 주기도에는 "뜻이 하늘에서 이룬 것 같이 땅에서도 이루어지이다"라는 기도가 담겨있다. 진정으로 하나님의 뜻이 이루어지는 기도가 가장 바른 기도다. 다윗의 위대함도 그가 하나님의 뜻대로 살았기 때문이다.

다윗은 당시에 하나님의 뜻을 따라 섬기다가 잠들어 그 조상들과 함께 묻혀 썩음을 당하였으되 | 행 13:36

C.S 루이스는 자기 맘대로 결정해 놓고 '하나님의 뜻'이라고 주장하거나 남용하는 사람들을 향해 이렇게 말한 적이 있다.

"우리가 하나님의 뜻을 말할 때, 그 뜻이 진정으로 하나님으로부터 오는 것인지 스스로의 욕망에서 오는 것인지 분별해야 한다."

하브루타 질문

1 당신은 잘못 구하는 기도를 해본 적이 있는가? 그런 기도가 있었다면 어떤 기도였는지 이야기해 보라.

2 구하는 근거가 잘못된 기도를 피하기 위해 우리가 기준으로 삼아야 할 내용은 무엇일까?

3 이기적인 기도를 피하는 간단한 방법 중 하나는 기도 목록을 작성하는 것이다. 기도 목록을 작성하는 과정에서 우리의 잘못된 기도를 걸러낼 수 있다. 당신도 기도를 기록하며 드릴 준비가 되어 있는가?

4 어떤 기도는 이기적이거나 지나치게 자기중심적이라는 비판을 받기도 한다. 그렇다면 기도가 이러한 비판을 받는 이유는 무엇일까?

5 기도의 궁극적인 목표는 하나님의 뜻에 순종하며 그분을 섬기는 데 있다. 당신도 하나님의 뜻에 순응하며 섬기는 기도로 나아가기 위해 노력할 수 있겠는가?

3
기도응답의 유형

기도 응답에는 네 가지 유형이 있다.

기도하는 사람에게 가장 민감한 문제는 바로 기도 응답이다. 사람들은 기도할 때 언제나 응답을 기대하지만, 동시에 "정말 하나님께서 우리의 기도에 응답하시는가?"라는 의문을 품기도 한다.

목회의 현장에서 만난 많은 사람들은 응답되지 않은 기도 때문에 실망하고 낙심했다. 좀 더 정확히 말하자면, 아예 응답을 기대하지 않으면서도 기도하는 사람들, 고통 속에서 기도했으나 아무런 응답을 받지 못해 신앙생활에 회의를 느끼는 사람들, 경제적인 문제로 간절히 기도했지만 해결을 받지 못한 사람들, 불치병을 앓으며 기도했지만 치유되지 않은 사람들을 자주 만나게 된다. 이들의 공통된 질문은, "하나님께서는 지금도 기도에 응답하시는가?"라는 것이다.

하나님은 분명 기도에 응답하신다. 그분은 모든 기도를 들으시며 응답하기를 기뻐하시는 분이다. 응답이 없는 기도는 존재하지 않는다.

그러나 문제는 하나님이 응답하시는 방식이 우리가 기대하는 방식과 다르다는 점이다. 이것을 이해하지 못하면 실망할 수밖에 없고, 일부 사람들은 신앙을 떠날 위험도 있다. 그들은 하나님을 신뢰하지 않게 될 것이며, 심지어 하나님의 존재 자체를 의심할 수도 있다.

많은 목회자가 기도의 중요성을 강조하지만, 기도가 어떻게 이루어지며 그 응답이 어떻게 오는지 구체적으로 설명하는 경우는 드물다. 그 결과, 오랫동안 신앙생활을 하면서도 기도 응답에 대해 오해하는 사람들이 많다. 하나님께서는 언제나 하나님의 방식으로 응답하시며, 사람들의 기대와 다르게 응답하신다. 가끔 하나님의 방식과 우리의 기대가 일치할 때도 있지만, 이는 하나님이 우리의 눈높이에 맞춘 것이 아니라, 우리가 하나님의 뜻에 맞추어진 것이다. 먼저 하나님의 말씀을 통해, 그분의 응답 방식이 얼마나 다른지 알아보자.

> 8 이는 내 생각이 너희의 생각과 다르며 내 길은 너희의 길과 다름이니라 여호와의 말씀이니라 9 이는 하늘이 땅보다 높음 같이 내 길은 너희의 길보다 높으며 내 생각은 너희의 생각보다 높음이니라 | 사 55:8~9

하나님께서는 기도 응답을 약속하셨다. 오늘도 그분은 우리의 기도에 귀를 기울이시며, 응답하실 준비가 되어 있다. 우리의 생각과는 다를지라도, 하나님은 성경을 통해 수십 번, 아니 수천 번이나 기도에 응답하시겠다고 약속하셨다. 반복적으로 말씀하셨다는 것은 그만큼 중요하게 여기신다는 의미다. 그러나 하나님은 우리가 최소한의 기도의 예의를 갖추기를 원하신다. 그래서 사도 요한은 이렇게 말했다.

> ¹⁴ 그를 향하여 우리가 가진 바 담대함이 이것이니 그의 뜻대로 무엇을 구하면 들으심이라 ¹⁵ 우리가 무엇이든지 구하는 바를 들으시는 줄을 안즉 우리가 그에게 구한 그것을 얻은 줄을 또한 아느니라 | 요일 5:14~15

그렇다면 우리의 방식과 하나님의 방식에는 어떤 차이가 있을까? 이 차이를 이해하면, 기도 응답이 어떻게 이루어지는지 더 명확히 알 수 있다. 이로써 보채는 어린아이의 단계를 지나, 하나님과 성숙하게 대화할 수 있는 성인의 단계에 도달하게 된다. 그렇다면 하나님의 응답 방식은 어떠할까? 하나님의 응답 방식은 크게 네 가지로 나눌 수 있으며, 이는 우리의 기도 생활에 큰 도움을 준다. 꼭 기억하기 바란다.

첫째, 긍정적인 응답이 있다(Yes).

하나님이 우리의 기도에 긍정적으로 응답하시는 것이다. 우리가 하나님의 뜻대로 기도할 때에 우리의 기도를 들으시고 그대로 응답해 주신다. 하나님께서 우리의 기도를 들으시고 급하게 여겨지는 것은 즉각적으로 응답을 하신다.

갈멜산에서 엘리야의 기도를 즉각적으로 응답하지 않으시면 엘리야는 이방신을 섬기는 바알 선지자와 아세라 선지자에게 죽임을 당하여야 하기 때문에 즉각적으로 불로 응답을 하셨다. 하나님은 엘리야가 이방 선지자 850명을 대적할 때 간절한 마음으로 기도한 것을 들으셨다.

37 여호와여 내게 응답하옵소서 내게 응답하옵소서 이 백성에게 주 여호와는 하나님이신 것과 주는 그들의 마음을 되돌이키심을 알게 하옵소서 하매 38 이에 여호와의 불이 내려서 번제물과 나무와 돌과 흙을 태우고 또 도랑의 물을 핥은지라 | 왕상 18:37~38

유다 왕 히스기야가 병들어 죽게 되었을 때 그는 벽을 향하여 통곡하면서 기도했다. 하나님은 히스기야의 기도를 들으시고 그의 목숨을 연장해 주셨다.

5 너는 돌아가서 내 백성의 주권자 히스기야에게 이르기를 왕의 조상 다윗의 하나님 여호와의 말씀이 내가 네 기도를 들었고 네 눈물을 보았노라 내가 너를 낫게 하리니 네가 삼 일 만에 여호와의 성전에 올라가겠고 6 내가 네 날에 십오 년을 더할 것이며 내가 너와 이 성을 앗수르 왕의 손에서 구원하고 내가 나를 위하고 또 내 종 다윗을 위하므로 이 성을 보호하리라 하셨다 하라 하셨더라 | 왕하 20:5~6

다니엘이 세이레 금식기도를 할 때 하나님은 다니엘의 기도를 첫날부터 들어 주셨다. 바사 왕국 군대의 방해로 응답이 지연되었지만 첫날부터 하나님은 다니엘의 기도를 듣고 계셨다.

12 그가 내게 이르되 다니엘아 두려워하지 말라 네가 깨달으려 하여 네 하나님 앞에 스스로 겸비하게 하기로 결심하던 첫날부터 네 말이 응답 받았으므로 내가 네 말로 말미암아 왔느니라 13 그런데 바사 왕국의 군주가 이십일 일 동안 나를 막았으므로 내가 거기 바사 왕국의 왕들과 함께 머물러 있더니 가장 높은 군주 중 하나인 미가엘이 와서 나를 도와 주므로 14 이제 내가 마지

막 날에 네 백성이 당할 일을 네게 깨닫게 하러 왔노라 이는 이 환상이 오랜 후의 일임이라 하더라 | 단 10:12~14

둘째, 하나님께서 '아니오'라고 응답하실 때가 있다(No).

이 표현이 적절할지 모르겠지만, 우리가 간구하는 기도를 거절하시는 경우가 분명히 존재한다. 이는 반드시 우리가 알고 있는 죄나 고의적인 죄 때문만은 아니다. 물론 무지에서 비롯된 죄일 수도 있지만, 그 이상의 이유가 있다.

사도 바울도 이 같은 경험을 했다. 고린도후서 12장 8~9절에서 그는 육체의 가시로 인해 큰 고통을 겪으며, 그 가시를 제거해 달라고 간절히 세 번이나 기도했다. 사도 바울은 능력의 사도로서 그의 손수건만으로도 병이 낫고 귀신이 쫓겨나는 기적을 행할 정도로 하나님께 쓰임 받았지만, 자신의 간절한 기도에는 '아니오'라는 응답을 받았다. 하나님께서는 바울에게 그 가시를 제거하지 않으셨다. 여기에도 하나님의 놀라운 은혜가 깃들여 있다.

8 이것이 내게서 떠나가게 하기 위하여 내가 세 번 주께 간구하였더니 9 나에게 이르시기를 내 은혜가 네게 족하도다 이는 내 능력이 약한 데서 온전하여짐이라 하신지라 그러므로 도리어 크게 기뻐함으로 나의 여러 약한 것들에 대하여 자랑하리니 이는 그리스도의 능력이 내게 머물게 하려 함이라 | 고후 12:8~9

위대한 기도의 사람 엘리야도 때로는 기도 응답으로 '아니오'를 응답받았다. 그러나 엘리야가 불 수레를 타고 하늘 영광 가운데로 승천하면서 그는 "오 여호와여 지금 내 생명을 취하시옵소서."라고 기도하였을 때, 하나님께서 '아니오'라고 하신 것을 원망하겠는가?

우리는 이런 상황 앞에서 낙심하는 경향이 있다. 그러나 낙심하지 말라. 이것은 더 좋은 것으로, 그리고 더 큰 소망을 갖도록 하실 때 주시는 방법이다.

셋째, 기다리라고 응답하신다(Wait).

만약 시간이 적기가 아니라면 하나님은 기다리라고 말씀하신다. 탄원한 선물을 받기에 합당하지 않을 때 하나님께서는 지연시키신다. 물론 우리는 이 응답을 '안된다'로 이해할 수 있을 것이다. 이 응답은 더 좋은 것을 주시기 위해 인내를 시험하시며 연단하시는 과정이다. 그뿐만 아니라 하나님은 가끔 응답을 지연시키심으로 그분 자신에게 더 큰 영광이 돌아가게 하신다.

교회와 주차장의 공간 부족으로 시작한 교회 건축이 끝났을 때, 나는 큰 기대를 품었다. 어렵게 마무리한 공사였지만, 좋은 입지와 아름다운 건물은 새로운 교인들을 맞이하기에 충분하다고 생각했다. 지상 7층 규모의 현대식 교회에서 수백, 수천 명의 새 신자가 올 것을 기대하며 다양한 프로그램과 전도 행사를 준비했다.

그러나 1년이 지나도 새로 등록한 교인은 십여 가정에 불과했다. 기대와는 달리 실망감이 컸고, 목회를 포기하고 싶을 정도로 힘든 상황이었다. 특히 교회 앞 아파트 단지에서 단 한 가정도 등록하지 않았다는 사실은 더욱 나의 마음을 아프게 했다. 이렇게 아름답고 훌륭한 교회를 외면하고 다른 교회로 향하는 사람들을 볼 때마다 마음이 무너지는 듯한 기분이 들었다. 나는 너무 답답한 마음을 가지고 하나님께 간절히 기도했다.

"하나님, 왜 이 많은 사람이 우리 교회에 나오지 않습니까? 새 신자를 보내주세요! 새 신자를 보내주세요! 새 신자를 보내주세요!"

그러나 하나님은 침묵하셨다. 나는 날마다 하나님의 뜻을 구하며 간절히 응답을 기다렸다. 오랜 시간이 지난 어느 날, 하나님께서 내게 이런 깨달음을 주셨다.

"사랑하는 아들아, 네가 너무 힘을 주고 있구나. 네 자신의 힘만 의지하고, 나를 의지하지 않는구나. 이제 네 힘을 내려놓고, 나를 온전히 믿고 맡기거라."

그제야 나는 하나님께서 응답을 주지 않으신 이유를 깨달았다. 하나님은 내가 지나치게 힘을 쏟고 있다는 것을 이미 알고 계셨다. 비록 내가 말로는 하나님을 의지한다고 했지만, 실제로는 내 힘을 의지하고, 건물을 의지하고, 사람을 의지하고 있음을 깨닫게 되었다. 그래서 하나님은 응답을 하지 않으신 것이었다. 이 사실을 깨달으면서, 내 기도가 얼마나 성급했는지도 알게 되었다. 그때 나를 붙들어주었던 말씀이 바로 하박국 2장 3절의 말씀과 시편 37편 7절의 말씀이다.

이 묵시는 정한 때가 있나니 그 종말이 속히 이르겠고 결코 거짓되지 아니하리라 비록 더딜지라도 기다리라 지체되지 않고 반드시 응하리라 | 합 2:3

여호와 앞에 잠잠하고 참고 기다리라 자기 길이 형통하며 악한 꾀를 이루는 자 때문에 불평하지 말지어다 | 시 37:7

하나님은 나에게 담임 목회자로서 힘을 빼고 의탁하는 법을 가르치셨다. 내가 주인이 아닌, 하나님께 의지하며 맡기는 사람이 되길 원하셨다. 목회는 내 능력으로 이루어지는 것이 아니라, 오롯이 하나님의 은혜로 성취된다는 것을 깨닫게 하셨다. 은혜는 내가 스스로 강해지려 할 때가 아니라, 오히려 하나님께 나를 온전히 내어드릴 때 깊이 체험할 수 있다. 힘을 뺀다는 것은 하나님이 일하실 여지를 드리는 것이며, 그로 인해 참된 평안에 이르게 됨을 깨닫게 하셨다.

하나님은 내 힘만으로 더 많은 사람들이 교회에 몰려드는 것이 축복이 아니라 오히려 재앙이 될 수 있음을 깨닫게 하셨다. 하박국 2장 3절과 시편 37편 1-40절 말씀을 암송하고 묵상하며, 힘을 내려놓고 하나님의 때를 기다렸다. 그때 하나님은 내가 성장한 만큼의 사람들을 보내주셨다.

기도 응답 중 '기다리라'는 응답은 하나님의 계획 속에서 중요한 의미를 지닌다. 기다리라는 응답은 하나님께서 우리의 기도를 들으셨지만, 그 응답을 주시기에 아직 적절한 때가 아니라는 것을 의미한다. 이는 하나님의 타이밍이 우리의 타이밍과 다르다는 것을 인정하는 자세가 필요함을 알려준다. 하나님은 우리의 상황과 능력, 그리고 주변의 모든 요소들을 고려하여 가장 완벽한 때에 응답을 주시기 때문이다.

"기다림" 속에서 우리는 신뢰와 인내를 배운다. 이 과정에서 하나님은 우리의 그릇을 더 크게 만드시거나, 준비되지 않은 부분들을 채우시기도 하며, 우리가 더 성숙한 믿음으로 나아가기를 원하신다. 또한, 기다림은 우리를 성급한 결정이나 실수로부터 보호하는 역할을 하기도 한다. 결국, 기다리라는 응답은 하나님의 타이밍과 방법을 신뢰하라는 초대이며, 그 속에서 하나님의 뜻을 이해하고 더 깊이 의지하는 기회로 삼을 수 있다.

하나님의 지연은 거절이 아니다. 하나님께서는 왜 가끔 응답을 지연시키는지 또 어떤 때에는 우리가 부르기 전에 응답해 주시는지 이해할 수 없을 때가 많다. 역사 이래로 가장 위대한 기도의 사람 중 하나인 조지 뮬러는 친구 한 사람을 회심시키기까지 63년 동안이나 기도했다는 사실을 누가 설명할 수 있겠는가? 조지 뮬러는 이렇게 말했다.

> "가장 중요한 점은 응답이 올 때까지 결코 포기해서는 안 된다는 것이다. 나는 한 사람의 회심을 위해 63년 8개월간을 기도해 왔다. 아직 그는 돌아오지 않았다. 그러나 돌아올 것이다. 어찌 그렇지 않을 수 있으랴? 변함없는 여호와의 약속이 있으니 나는 그것을 의지한다."

결국 그 사람은 뮬러가 죽을 때까지 돌아오지 않았다. 그러나 놀라운 사실은 뮬러가 죽자마자 그 사람이 회심했다는 것이다. 그는 뮬러의 장례식 전에 회심하였다. 그렇다. 뮬러의 기도는 지체되었으나 결국에는 응답을 받았던 것이다.

넷째, 더 좋은 것으로 응답하신다(Others).

하나님은 우리에게 더 좋은 것으로 응답하시는 분이시다. 엄마는 아이가 학교 앞에서 파는 저렴한 아이스크림보다 더 좋은 아이스크림을 사주고 싶어 한다. 결혼해서 아이를 키워본 사람이라면 이 마음을 쉽게 이해할 수 있을 것이다. 부모는 자녀가 원하는 것보다 항상 더 나은 것을 주기 위해 애쓰고, 그 수고를 기쁨으로 여긴다. 더 주지 못해 아쉬워할 때도 있다. 이러한 마음이 부모의 마음이라면, 하나님의 마음은 그보다 더 깊고 간절하시다.

아이들은 건강하고 영양이 풍부한 음식보다 길거리에서 판매되는 인스턴트 식품이나 자극적인 간식에 더 큰 관심을 보인다. 마트에 간 아이들이 엄마에게 눈에 띄는 것들을 사달라고 조르기 일쑤인 모습은 익숙한 장면이다. 그러나 엄마는 아이에게 무엇이 진정으로 필요한지 알고 있기 때문에 인스턴트 식품 대신 아이에게 필요한 물건을 구매해 준다. 그 물건이 더 비싸더라도 아깝지 않다.

이처럼 우리도 어린아이처럼 눈에 보이는 것들에만 집착하고 매달릴 때가 있다. 우리의 모습이 어린아이와 다를 바 없을 때가 많다. 그러나 하나님은 우리에게 필요한 것을 아신다. 예레미야가 옥에 갇혀 있을 때도 이렇게 말씀하셨다.

> 너는 내게 부르짖으라 내가 네게 응답하겠고 네가 알지 못하는 크고 은밀한 일을 네게 보이리라 | 렘 33:3

하나님이 응답하시는 두 가지 방법이 있다. 하나는 크게 응답하시는 방법이고, 다른 하나는 은밀한 방법으로 응답하신다는 사실이다. 여기서 '크고'(Great)라는 말은 위대하다는 말이고, '은밀한 일'(Unsearchable)이란 사람의 눈으로 절대로 파악할 수 없는 신비한 일을 말한다. 하나님은 우리에게 기도를 통해 위대하고 사람의 눈으로 파악할 수 없는 은밀한 방법으로 응답해 주시기를 원하신다.

그러나 우리는 하나님의 마음과 달리 너무나 근시안적인 눈을 가지고 있다. 우리가 만일 예레미야의 입장이라면 "하나님, 다른 것은 다 필요 없고 빨리 이 감옥에서 나갈 수 있도록 해 주세요."라고 기도할 것이다. 하나님의 크고 비밀스러운 일은 둘째이고, 가장 중요한 것은 감옥에서 나가는 것을 기도 제목으로 설정될 것이 분명하다.

만약 하나님이 우리가 구하는 대로 기도를 들어주신다면 세상의 질서는 온통 깨어지고 어두움과 혼돈으로 가득했을 것이다. 아마 창세 이전으로 돌아갈지 모른다. 끔찍한 일이 벌어지고도 남았을 것이다. 엘리야의 경우가 바로 그렇다. 그는 매우 지쳐있었다. 그래서 그는 하나님께 이렇게 간구했다.

> 자기 자신은 광야로 들어가 하룻길쯤 가서 한 로뎀 나무 아래에 앉아서 자기가 죽기를 원하여 이르되 여호와여 넉넉하오니 지금 내 생명을 거두시옵소

서 나는 내 조상들보다 낫지 못하니이다 하고 | 왕상 19:4

만일 이때 하나님이 갈멜산에서처럼 엘리야의 기도를 들어주셨다면, 하늘에서 불이 내려와 엘리야를 태워 죽였을 것이다. 하지만 하나님께서는 천사를 보내어 죽기를 바라는 그를 회복시켜 주셨다. 만일 이때 엘리야가 죽었다면 그는 아마도 엘리사를 세울 수도 없었을 것이고 또한 불말과 불병거를 타고 승천하는 놀라움도 맛볼 수 없었을 것이다. 하나님은 우리가 구하는 것보다 더 좋은 것을 주시는 하나님이시다.

온갖 좋은 은사와 온전한 선물이 다 위로부터 빛들의 아버지께로부터 내려오나니 그는 변함도 없으시고 회전하는 그림자도 없으시니라 | 약 1:17

우리가 기도에 대해 조금 더 깊이 생각한다면, 훨씬 더 현명한 기도를 드릴 수 있을 것이다. 그러나 일부 크리스천들은 기도할 때 자신의 상식과 이성을 잠시 제쳐두는 경우가 있다. 조금만 더 숙고해 보면, 하나님께서 어떤 기도는 응답하실 수 없다는 사실을 깨닫게 된다. 이를 위해 기도문을 작성해 보는 것도 좋은 방법이다. 가장 중요한 것은, 진실한 기도에는 결코 불응이 없다는 사실이다.

하브루타 질문

1. 기도의 응답을 받지 못해서 실망한 적이 있는가? 그렇다면 어떤 기도에 응답받지 못했는지 이야기해 보라.

2. 저자는 하나님의 응답 방식과 사람들이 바라는 응답 방식 사이에 차이가 있다고 말한다. 당신은 과연 하나님의 방식으로 응답받을 준비가 되어 있는가?

3. 요한일서 5장 14~15절은 "하나님의 뜻대로 구하라"고 하는데, 하나님의 뜻은 어떤 것이며 당신은 하나님의 뜻대로 구하고 있는지 이야기해 보라.

4. 하나님이 기도에 긍정적으로 응답하실 때는 기쁘지만, 부정적으로 응답하실 때 우리는 하나님의 크신 뜻을 헤아리기보다는 응답이 없다고 생각하고 슬퍼하곤 한다. 당신은 과연 하나님의 거절에도 사도 바울처럼 만족할 수 있는가?.

5. 하나님은 우리가 구하는 것보다 더 좋은 것으로 응답하신다. 당신이 이런 경험이 있다면 이야기해 보라

4
기도보다 더 중요한 것

기도보다 더 중요한 것이 있다.

지금까지 기도에 대해 언급했다. 기도의 육하원칙을 비롯한 기도의 대부분을 점검했다. 기도에 대해 많은 도움이 되었으리라 생각한다. 좀 더 기도에 관해 연구하고 싶은 사람은 말씀과 기도에 관한 책들이 기독교 서점에 많이 나와 있다. 참조하면 도움을 얻을 수 있을 것이다.

기도에서 가장 중요한 것이 있다. 아니, 기도보다 더 중요한 것이 있다. 그것은 바로 복음이다. 기도를 강조하다 보면 상대적으로 복음이 약화되는 경향이 있다. 그래서인지 기도를 중시하는 교단이나 교회에서는 복음보다 기도를 더 강조하는 곳이 많은 것 같다. 기도는 복음이 없어도 실행이 가능하기 때문이다. 따라서 복음을 깨닫지 못한 사람의 기도는 가장 불행한 기도이다. 기도가 진정으로 응답하기 위해선 복음을 깨달아야 한다. 하나님과 교제하기 위해서는 먼저 복음을 받아들여야 한다. 복음이 없이는 기도는 아무런 의미가 없는 것이다. 아무리 열심히 기도해도 복음을 깨닫지 못했다면 그 기도는 사상누각에 불과하다. 복음보다 더 중요한 것은 없으며 복음보다 더 선행되어야 할 것은 없다. 그것은 사도바울이 고백한 '은혜의 복음'이다. 당신은 은혜의 복음을 깨달았는가?

> 내가 달려갈 길과 주 예수께 받은 사명 곧 하나님의 은혜의 복음을 증언하는 일을 마치려 함에는 나의 생명조차 조금도 귀한 것으로 여기지 아니하노라
> | 행 20:24

복음이란 예수 그리스도께서 나의 죄를 위하여 십자가에 돌아가셨다가, 나를 의롭게 하기 위하여 부활하셨다는 사실을 받아들이는 것이다(롬 4:25). 무척 단순한 것 같지만 복음에는 하나님의 의가 나타나서 믿음으로 믿음에 이르게 하는 능력이 있다(롬 1:17). 즉 복음은 죄로 죽었던 나를 살리며, 구원에 이르게 하며, 죄 사함을 얻게 하며, 영생을 얻게 하며, 하나님의 자녀가 되게 하며, 사망에서 생명으로 이르게 하는 능력이 담겨있다.

한국교회에서 이단으로 정죄된 〈구원파〉의 등장으로, 교회나 개인이 복음에 대해 강조를 하지 못하는 한국교회의 실정이 매우 안타깝다. 당연히 질문되어야 할 "구원받으셨나요?"라는 질문은 크리스천들에게 가장 기본적인 질문이며 가장 중요한 질문이다. 이 중요한 구원의 문제들을 〈구원파〉가 사용한다고 해서 질문하기를 꺼리고 있다면 이보다 큰 위험은 없다.

"죄 사함을 받으셨습니까?", "거듭나셨습니까?", "의롭다 함을 얻으셨습니까?", "지금 죽어도 천국에 갈 확신이 있습니까?"라는 질문들은 〈구원파〉만의 질문이 아니라 성경적이고 가장 기본적인 질문이다. 이제는 더 이상 〈구원파〉를 의식하지 말고 이 문제를 점검해야 한다. 복음은 기도보다 더 중요하기 때문이다.

물론 〈구원파〉의 질문처럼 언제, 어디서, 어떤 말씀으로 구원받았는지를 명확히 알지 못할 수도 있다. 구원은 육체적인 출생과 비교되곤 하지만, 사실 대부분의 사람은 자신이 언제, 어디서, 어떻게 태어났는지를 기억하지 못한다. 우리가 알고 있는 출생에 대한 기억은 대개 부모님으로부터 전해 들은 이야기일 뿐이다. 따라서 〈구원파〉의 주장처럼, 언제, 어디서, 어떻게 구원받았는지에 대한 대답이 불확실할 수 있다(그런데도 나는 내가 거듭난 날을 정확히 기억하고 있다).

많은 사람이 말하는 '구원받은 날'은 사실 자신이 구원받은 날이기보다는 구원받았다는 사실을 깨달은 날일 가능성이 크다. 즉, 거듭난 날이 아니라 거듭난 사람으로 살아가기로 결단한 날을 구원받은 날로 여길 가능성이 크다. 따라서 중요한 것은 정확한 구원의 날짜보다는 구원의 확신, 거듭남의 확신, 죄사함에 대한 확신이 있느냐는 것이다.

구원받았는가? 죄 사함을 받았는가? 거듭났는가? 의롭다 함을 얻었는가? 지금 죽어도 천국에 들어갈 확신이 있는가? 만약 이 질문에 조금이라도 거리낌이 있다면 당신의 기도는 아무런 의미가 없다. 하나님과 당신은 전혀 관계가 없기 때문이다. 하나님은 당신의 자녀들의 기도에 응답하신다. 내가(여기서 '우리'라고 하지 않은 것은 구원은 개인적인 일이기 때문이다) 구원받았다는 사실은 크게 다섯 가지로 확인할 수 있다.

첫째, 말씀을 통해 구원의 확신을 갖게 된다.

이 말은 성경의 말씀, 즉 하나님의 진리가 우리의 믿음을 강화하고 구원에 대한 확신을 주는 역할을 한다는 의미이다. 말씀을 통해 우리는 하나님의 약속과 구원의 계획을 이해하게 되며, 예수 그리스도의 희생과 사랑을 깨닫게 된다. 이러한 이해는 우리가 하나님과의 관계를 더욱 깊이 있게 만들고, 구원에 대한 확신을 심어준다. 따라서, 성경 말씀을 통해 구원의 확신을 갖게 되는 것이 가장 중요한 사실이다.

둘째, 체험을 통해 구원의 확신을 갖게 된다.

여기서 체험이란 기도원에서 불을 받았다든가 방언을 의미하는 것이 아니다. 구원의 체험은 구원받은 사람이 알 수 있다는 말이다. 이 말은 신앙생활에서 하나님과의 직접적인 경험이 우리에게 구원에 대한 확신을 준다는 의미이다. 믿음 안에서 기도하고, 하나님께서 응답하신 경험이나, 어려운 상황에서 하나님의 도우심을 체험한 일들은 우리의 믿음을 더욱 굳건하게 만들어준다. 이러한 체험은 단순한 이론적 이해를 넘어, 하나님과의 관계를 깊게 하고, 그분의 은혜와 사랑을 실제로 느끼게 해 준다. 결과적으로, 이러한 경험들은 우리가 구원받았다는 확신을 주고, 앞으로의 신앙 여정에서 지속적인 힘과 위로가 된다.

셋째, 변화된 삶을 통해 구원의 확신을 갖게 한다.

구원을 받으면 찬송가의 가사처럼 "나의 모든 것 다 변하고 그 피로 구속받았네."라는 고백이 넘쳐날 것이다. 이 말은 하나님을 믿고 따르는 신앙이 우리의 삶에 실질적인 변화를 불러온다는 의미이다. 예를 들어, 이전에는 부정적인 행동이나 습관을 지니고 있었던 사람이 회심 후에 사랑, 용서, 겸손과 같은 긍정적인 가치로 변화하게 된다. 이러한 변화는 단순한 외적인 행동의 변화뿐만 아니라, 내적인 가치관과 태도의 변화도 포함된다. 이런 변화는 우리가 진정으로 구원받았다는 확신을 주며, 하나님께서 우리 안에서 역사하고 계신다는 증거로 여겨진다. 따라서, 변화된 삶은 신앙의 진실성을 입증하는 중요한 요소가 되며, 이는 우리에게 더욱 깊은 믿음과 확신을 불어넣어 준다.

넷째, 성령을 통해 구원의 확신을 갖게 된다.

로마서 8장 16절을 보면 "성령이 친히 우리의 영과 더불어 우리가 하나님의 자녀인 것을 증언하시나니"고 기록하고 있다. 이 말은 성령이 우리 안에서 역사하시며, 구원에 대한 확신을 주는 역할을 한다는 의미이다. 성령은 믿는 이들에게 내주하시고, 그들의 마음과 생각을 인도하신다. 성령의 역사로 인해 우리는 하나님의 진리를 깨닫고, 그분의 사랑을 깊이 느끼게 된다.

또한, 성령은 우리의 마음에 평안과 기쁨을 주며, 우리가 구원받았다는 확신을 심어준다. 예를 들어, 성령의 인도하심을 통해 우리는 죄를 회개하고, 하나님과의 관계가 회복된 것을 경험하게 된다. 이러한 경험은 우리가 하나님의 자녀로서의 정체성을 더욱 확고히 하며, 구원의 확신을 더욱 깊게 만들어준다. 결국, 성령은 우리의 신앙 여정에서 중요한 동력과 위로가 된다.

다섯째, 귀신을 통해 구원받은 것을 확인할 수 있다.

결코 권장할 방법은 아니지만, 구원받은 사람을 귀신들도 알아본다는 놀라운 사실이다. 성경에서는 예수 그리스도의 이름과 권세 앞에 귀신들이 두려워 떨며 순종하는 장면을 여러 번 볼 수 있다. 마가복음 1장 24절에서는 귀신이 예수님을 알아보고 "하나님의 거룩한 자여, 우리와 무슨 상관이 있나이까?"라고 외치는 장면이 등장한다. 이는 귀신들이 예수님과 그를 따르는 자들을 인식하고 두려워한다는 것을 보여준다.

구원받은 사람은 성령으로 말미암아 하나님의 자녀로서의 정체성을 갖게 되며, 이에 따라 영적 세계에서도 특별한 위치에 놓이게 된다. 귀신들은 이러한 변화를 인식하고, 구원받은 자에게는 저항할 수 없음을 알고 있다. 따라서, 구원받은 사람은 귀신들이 그를 알아본다는 사실에서 자신이 하나님의 자녀임을 다시 한번 확인할 수 있다.

내가 예수님을 만나 거듭남을 체험하고 신앙생활을 이어가던 어느 날, 길을 걷다가 우연히 한 집에서 무당이 굿을 하는 장면을 보게 되었다. 호기심에 잠시 구경하고 있는데, 무당이 갑자기 "여기 예수쟁이가 있네! 굿을 망쳤어!"라며 사람들을 쏘아보기 시작했다. 주변에는 백여 명의 사람들이 있었고, '저 무당이 정말 내가 예수님을 믿는 것을 알아볼까?'라는 생각을 하고 있는데, 얼마 지나지 않아 그 무당이 정확히 나를 가리키며 "나가! 나가! 여기가 어딘데 감히 예수쟁이인 네가 와!"라고 소리를 치는 것이 아닌가. 순간 당황한 나는 그 자리를 떠나야 했지만, 그 순간 귀신들이 예수 믿는 하나님의 자녀를 분명히 알아본다는 사실을 깨닫게 되었다.

물론, 귀신을 통해 구원의 확신을 얻는 것은 바람직한 방법은 아니다. 대신, 우리는 말씀과 성령의 인도하심을 통해 구원에 대한 확신을 더욱 굳건히 해야 한다. 그러나 이와 같은 현상은 구원이 단순히 개인적인 경험이 아닌, 영적 세계와의 관계에서도 중요한 의미가 있음을 상기시켜 준다.

만약 예수님을 믿는다고 하고, 교회를 다니며, 자신이 크리스천이라고 자처하는데도 귀신이 그를 알아보지 못한다면, 그것 또한 매우 놀라운 일이 아닐 수 없다. 그 사람은 자신의 신분을 다시 확인해야 할 것이다. 귀신은 예수님을 믿는 사람을 알아보는 영력이 있기 때문이다. 사도행전 19장 15절에 나오는 장면을 누가는 이렇게 기록했다.

악귀가 대답하여 이르되 내가 예수도 알고 바울도 알거니와 너희는 누구냐 하며 | 행 19:15

이 장면은 바울처럼 능력을 발휘하려던 유대인 제사장 스게와의 일곱 아들이 예수의 이름을 사용하여 귀신을 쫓으려 할 때, 귀신이 그들에게 말한 내용이다. 귀신은 예수님과 바울을 알고 있지만, 그들에게는 예수님과 관계된 그 어떤 것이 없음을 지적하면서 그들을 무시하고 공격한 사건이다. 이는 귀신이 거듭난 하나님의 백성을 알아본다는 사실과 함께, 진정한 믿음과 권세를 가진 자들만이 영적인 싸움에서 승리할 수 있음을 보여주는 사건이다.

결론적으로, 귀신을 통해 구원받은 사실을 확인할 수 있다는 것은 구원의 신비와 하나님의 권세를 다시 한번 깨닫게 해주는 요소이며, 이를 통해 우리는 하나님께서 우리를 얼마나 특별하게 여겨 주시는지를 느낄 수 있다. 다양한 방법을 통해 우리는 구원받았음을 확신하게 되며, 이는 우리의 신앙생활에서 중요한 부분이 된다.

하지만 문제는 그동안 만난 많은 사람들 속에서 구원의 확신을 찾아보기 힘들었다는 사실이다. 이는 한국교회가 구원의 복음을 충분히 강조하지 않고 있다는 것을 보여준다. 많은 교인이 자신이 이미 구원받았다고 생각하는 경향이 있지만, 실제로 상담을 해보면 구원에 대한 확신과 기쁨을 가지고 살아가는 사람들은 많지 않았다. 교회가 구원을 등한시하고 있다는 느낌을 지울 수 없다.

실제로 주위를 살펴보면 구원의 확신이 없는 사람들이 매우 많다. 심지어 "구원받은 것을 어떻게 알아요? 죽어봐야 알지." 또는 "구원받아야 한다는 말을 처음 들었어요."라고 말하는 사람도 있다. 어떤 사람은 "믿으면 구원이죠, 구원이 따로 있나요?"라는 등 구원의 중요성을 모르는 사람들이 있었다.

이들에게 공통으로 보이는 것은 예수 그리스도께서 자신의 죄를 위해 십자가에 죽으시고, 사흘 만에 다시 살아났다는 구원의 진리에 대한 감격과 확신이 결여되어 있다는 점이다. 그들은 예수님의 희생이 자신과 관련이 있다는 사실을 단순히 지식적으로만 이해하고 있으며, 복음의 능력을 체험하지 못하고 있다. 이에 따라 구원에 대한 환희와 감격이 전혀 없는 사람들이 교회를 가득 채우고 있다. 그래서인지 기도에 대한 간절함이 더욱 절실하게 느껴진다.

기도는 구원받고 거듭난 사람만의 특권이다. 기도는 누구나 할 수 있지만, 응답받는 것은 그리 간단하지 않다. 교회를 다니지만, 구원을 받지 못하고 거듭나지 않은 사람에게는 기도가 사실상 무의미하다. 그 기도가 마음에 위안을 줄 수는 있지만, 하나님과의 관계는 전혀 형성되지 않는다.

> 21 나더러 주여 주여 하는 자마다 다 천국에 들어갈 것이 아니요 다만 하늘에 계신 내 아버지의 뜻대로 행하는 자라야 들어가리라 22 그 날에 많은 사람이 나더러 이르되 주여 주여 우리가 주의 이름으로 선지자 노릇 하며 주의 이름으로 귀신을 쫓아 내며 주의 이름으로 많은 권능을 행하지 아니하였나이까 하리니 23 그 때에 내가 그들에게 밝히 말하되 내가 너희를 도무지 알지 못하니 불법을 행하는 자들아 내게서 떠나가라 하리라 | 마 7: 21~23

심각한 이야기이다. 이는 결코 남의 이야기가 아니다. 예수님이 이토록 심각하게 경고하셨음에도 불구하고, 많은 사람이 이를 별로 신경 쓰지 않는 것 같다. 교회 안에는 얼마나 많은 사람들이 "주여! 주여!"를 외치고 있는가? 예수님은 더 나아가, 자신의 이름으로 선지자 노릇한다고 말씀하셨다. 이는 목회자를 의미하는 것으로 해석할 수 있다.

또한, 예수님의 이름으로 귀신을 쫓아내는 능력을 언급하셨다. 이는 강력한 사역자를 상징한다. 예수님의 이름으로 여러 가지 권능을 행하는 것 역시 많은 기독교적인 행사나 선교 활동을 의미한다. 그러나 놀랍게도, 이러한 조건들이 천국에 들어가는 기준이 되지 못할 뿐만 아니라, 그런 사역을 하는 사람 중에서도 천국에 들어가지 못하는 이들이 부지기수라는 사실이다. 그 이유는 단 하나, 그들이 예수님과 전혀 관계가 없기 때문이다. 구원과 거듭남을 통해 예수님과 맺어진 관계가 전혀 없이 목회자가 되고 귀신을 쫓아내며 여러 일을 했다고 해서 천국에 들어갈 수 없다는 사실을 분명히 하셨다.

중요한 것은 교회에 출석하는 것이나, 얼마나 많은 사역을 했느냐가 아니다. 정말 중요한 것은 바로 예수님과의 관계를 맺는 것이다. 관계 없이 행한 모든 일들은 아무런 의미가 없다고 보아야 할 것이다.

하물며 기도는 말할 것도 없다. 예수님과 관계가 없는 사람이 예수님의 이름으로 통성기도하고, 금식기도 하며, 중보기도를 하고 찬양과 감사를 드린다 해도, 그것은 아무 의미가 없다. 관계가 없는 사람의 기도가 무슨 의미가 있을까? 그래서 예수님은 요한복음 15장에서 포도나무 비유를 통해 관계의 중요성을 분명히 말씀하셨다. 이 비유는 우리가 그분 안에 거하고, 그분이 우리 안에 거해야만 진정한 열매를 맺을 수 있음을 강조한다. 관계가 없는 기도와 사역은 허사일 뿐이다.

그렇다면 가장 중요한 것은 교회에 출석하거나 얼마나 많은 사역을 했는지가 아니라, 예수님과의 관계를 형성하는 것이다. 관계없이 했던 모든 일들은 의미가 없다고 할 수 있다.

하물며 기도는 말할 것도 없다. 예수님과 관계가 없는 사람이 예수님의 이름으로 통성기도하고, 금식기도하고, 중보기도하고, 찬양과 감사를 드려도 그것은 아무 의미가 없는 것이다. 관계도 없는 사람의 기도가 무슨 의미가 있단 말인가? 그래서 예수님은 요한복음 15장에서 포도나무 비유를 통해 관계에 대해 분명히 말씀하셨다.

> 5 나는 포도나무요 너희는 가지라 그가 내 안에, 내가 그 안에 거하면 사람이 열매를 많이 맺나니 나를 떠나서는 너희가 아무 것도 할 수 없음이라 6 사람이 내 안에 거하지 아니하면 가지처럼 밖에 버려져 마르나니 사람들이 그것을 모아다가 불에 던져 사르느니라 7 너희가 내 안에 거하고 내 말이 너희 안에 거하면 무엇이든지 원하는 대로 구하라 그리하면 이루리라 | 요 15:5~7

예수님이 포도나무라면, 구원받고 거듭난 사람은 바로 그 가지에 해당한다. 이런 사람은 자연스럽게 많은 열매를 맺게 된다. 그 열매는 내가 노력해서가 아니라, 포도나무인 예수님에게 붙어 있기만 하면 저절로 맺히는 것이다.

그래서 예수님은 "무엇이든지 원하는 대로 구하라. 그리하면 이루리라."고 말씀하신 것이다. 예수님 안에 거하면 기도 응답은 너무나 자연스럽고 당연한 일이 된다. 반대로 기도 응답이 이루어지지 않는 것은 기도를 잘못했다고 보기보다는, 그 안에 관계가 없기 때문이라는 것이 더 실질적이다. 문제는 우리가 포도나무에 붙어 있는지다.

자신이 포도나무인 예수님께 붙어 있다고 생각하지만, 그 결과는 그렇지 않을 수 있다. 그런 이들은 마치 밖에 버려진 가지처럼 시간이 흐르면서 점점 말라가고, 결국에는 불에 던져져 불타는 인생이 된다. 이는 천국의 반대인 지옥을 상징하는 말씀이다.

이처럼, 우리의 신앙이 진정한 관계에서 비롯되지 않는다면, 언젠가는 그 결과가 드러나게 마련이다. 예수님과 깊은 연합이 없다면, 우리는 결국 영적 생명력을 잃고 말 것이다. 그러므로 우리는 항상 예수님과의 관계를 점검하고, 그분 안에 거하는 삶을 살아야 한다. 그럴 때만이 진정한 열매를 맺고, 기도의 응답을 경험할 수 있다.

그렇다면 어떻게 예수님께 접붙임을 받을 수 있을까? 접붙임은 단순한 지식이 아니라, 하나의 경험이며 일종의 사건이다. 바로 예수님께 접붙임의 사건을 경험해야 한다. 이는 단지 교회에 나오는 것을 의미하지 않으며, 충실한 교회 생활이나 모태 신앙, 직분을 갖는 것과도 관련이 없다. 그렇다면, 무엇이 진정한 접붙임을 의미하는가?

그것은 바로 예수 그리스도를 나의 구주와 주님으로 영접한 사건이 있었는가 하는 문제이다. 예수 그리스도를 나의 구주와 주님으로 영접하여 그분께 접붙임이 되었는지가 매우 중요한 것이다.

어느 날, 나는 예수 그리스도를 통해 "나는 죄인입니다."라는 사실을 구체적으로 깨달았다. 그리고 나 자신을 돌아보며 "나는 내 힘과 노력으로 구원받을 수 없다."라는 사실을 주님 앞에 엎드려 고백하게 되었다. 예수 그리스도를 나의 구주와 주님으로 시인하던 그 순간이 바로 예수님께 접붙임이 되는 동시에 구원을 받는 것이다.

이러한 접붙임의 경험은 우리의 삶을 근본적으로 변화시킨다. 예수님과의 관계가 회복되고, 그분 안에 거하는 삶이 시작된다. 그리하여 우리는 자연스럽게 열매를 맺으며, 기도의 응답을 경험하게 된다. 접붙임은 단순한 종교적 행위가 아니라, 하나님과 깊은 관계를 형성하는 사건임을 잊지 말아야 한다.

> 9 네가 만일 네 입으로 예수를 주로 시인하며 또 하나님께서 그를 죽은 자 가운데서 살리신 것을 네 마음에 믿으면 구원을 받으리라 10 사람이 마음으로 믿어 의에 이르고 입으로 시인하여 구원에 이르느니라 | 롬 10:9~10

그 순간, 나는 구원받았고, 죄 사함을 받으며 하나님의 자녀가 되었고, 내 이름이 하늘나라의 생명책에 기록되었다. 당신에게도 그런 경험이 있는지, 당신의 이름이 하늘나라의 생명책에 기록되어 있는지 궁금하다.

나는 다른 목회자들에 비해 구원의 문제를 좀 더 강하게 강조하는 특징이 있다. 목회자 대부분이 구원의 문제를 강조하지만, 솔직히 말해 그 강조가 부족하다고 느끼기 때문이다. 나는 이 구원의 문제를 지나치게 강조해도 부족하다고 믿는다. 그 이유는 우리의 구원자 되신 예수님께서 구원과 천국에 대해 상상할 수 없을 정도로 강하게 말씀하시기 때문이다. 다음 말씀을 읽어보자.

> 무엇이든지 속된 것이나 가증한 일 또는 거짓말하는 자는 결코 그리로 들어가지 못하되 오직 어린 양의 생명책에 기록된 자들만 들어가리라 | 계 21:27

> 누구든지 생명책에 기록되지 못한 자는 불못에 던져지더라 | 계 20:15

그렇다면 어떻게 예수님과 접붙임을 받을 수 있을까? 예수님께 접붙임을 받도록 안내하는 내용이 바로 복음이다. 복음이란 예수 그리스도를 통해 내가 죄인임을 깨닫고 회개하며, 예수 그리스도만이 내 인생의 구주와 주님이심을 믿고 그분을 영접하는 것이다. 즉, 그 이름을 믿는 것이다. 그때 나는 구원을 받게 된다. 이러한 접붙임을 통해 우리는 예수님과 깊은 관계를 형성하며, 그분 안에서 새로운 삶을 시작하게 된다. 구원의 확신과 기쁨이 넘치는 삶을 살게 되는 것이다.

> 영접하는 자 곧 그 이름을 믿는 자들에게는 하나님의 자녀가 되는 권세를 주셨으니 | 요 1:12

바로 이것이다. 예수 그리스도의 이름을 믿고 영접하는 그 순간, 나는 하나님의 자녀가 되고, 하나님은 나의 아버지가 되신다. 나는 예수 그리스도의 피로 거듭났으며, 사망에서 생명으로 옮겨졌다. 지금 당장 죽더라도 천국에 들어갈 수 있는 확신을 얻게 되는 것이다. 이 놀라운 변화는 우리의 삶을 완전히 새롭게 만든다.

> 내가 진실로 진실로 너희에게 이르노니 내 말을 듣고 또 나 보내신 이를 믿는 자는 영생을 얻었고 심판에 이르지 아니하나니 사망에서 생명으로 옮겼느니라 | 요 5:24

지금으로부터 2,000년 전, 예수라는 33세의 젊은이가 십자가에 못 박혀 죽었던 사건이 바로 나를 위한 사건임을 깨닫는 것이 중요하다. 나는 그 십자가에 달려 죽었던 사실을 받아들이고, 주님과 함께 다시 살아났다는 고백이 바로 구원이다. 내가 십자가에 못 박혔다가 다시 살아난 것이 바로 거듭남의 의미이다. 이 진리를 이해하고 경험할 때, 우리는 진정한 변화와 새로운 삶을 얻게 된다.

> 내가 그리스도와 함께 십자가에 못 박혔나니 그런즉 이제는 내가 사는 것이 아니요 오직 내 안에 그리스도께서 사시는 것이라 이제 내가 육체 가운데 사는 것은 나를 사랑하사 나를 위하여 자기 자신을 버리신 하나님의 아들을 믿는 믿음 안에서 사는 것이라 | 갈 2:20

나를 사랑하사 나를 위해 돌아가셨다가 다시 살아나신 예수 그리스도를 믿음으로 바라보는 것이 바로 구원이다. 그 순간, 나는 구원받은 하나님의 자녀가 되며, 나의 이름이 하늘나라의 생명책에 기록되고, 거듭남을 경험하게 된다. 그러므로 나는 지금 죽어도 천국에 갈 수 있는 특권이 주어졌다. 이는 믿는 자마다 멸망치 않고 영생을 얻게 하시기 때문이다. 이 놀라운 은혜는 우리의 삶을 변화시키고, 영원한 소망을 안겨준다.

> 14 모세가 광야에서 뱀을 든 것 같이 인자도 들려야 하리니 15 이는 그를 믿는 자마다 영생을 얻게 하려 하심이니라 16 하나님이 세상을 이처럼 사랑하사 독생자를 주셨으니 이는 그를 믿는 자마다 멸망하지 않고 영생을 얻게 하려 하심이라 | 요 3:14~16

이런 확신이 있는가? 이런 경험과 확신을 가지고 살아가는 사람이 진정한 크리스천이다. 구원은 행함으로 받는 것이 아니며, 노력으로 받는 것도 아니다. 구원은 충성스러운 교회 생활로 이루어지는 것이 아니다. 오직 예수 그리스도의 십자가 복음을 받아들일 때, 우리는 구원받고 거듭나게 된다. 당신은 거듭났는가? 구원을 받았는가? 만약 아직 구원에 대한 확신이 없다면, 기도를 잠시 멈추고 구원의 복음을 받아들이라. 진정한 변화는 그 복음을 통해서만 이루어질 수 있다.

> 이르시되 내가 은혜 베풀 때에 너에게 듣고 구원의 날에 너를 도왔다 하셨으니 보라 지금은 은혜 받을 만한 때요 보라 지금은 구원의 날이로다 | 고후 6:2

하브루타 질문

1 당신은 구원의 확신, 거듭남의 확신이 있는가?

2 사람들은 종종 '구원을 받았는가?' 또는 '거듭났는가?'라는 질문을 불편하게 느끼곤 한다. 이는 이단인 〈구원파〉와 같은 이유도 있겠지만, 사실 그 질문에 대한 자신의 확신이 부족하기 때문일 수도 있다. 다른 이유가 있다면 어떤 것이 있을까?

3 사도 바울이 말한 '은혜의 복음'을 깨닫고 구원의 확신이 있는가? 그렇다면 간단하게 간증을 해보라. 구원을 받기 이전의 모습, 구원을 받은 과정, 구원을 받은 이후의 삶에 대해 옆에 있는 사람에게 설명해 보라.

4 마태복음 7장 21~23절을 읽고 이 말씀에 대해 나누어 보라. 이 말씀에 대해 당신은 예외라고 할 수 있는가?

5 저자는 지금까지 기도에 관해 설명하다가 갑자기 기도보다 더 중요한 것이 있다고 주장한다. 당신은 저자의 생각에 동의할 수 있는가? 동의한다면 어떤 이유로 동의하는가?